社会の解読力

〈文化編〉

生成する文化からの反照

出口剛司・武田俊輔 編著

新曜社

序に代えて——文化社会学の力

『社会の解読力』というタイトルには、微妙な作用のからみあいが表現されているように思う。それは、私自身が社会学という名のもとで思いをめぐらせてきた、分析するという実践をめぐる二つの力の共存である。方向性が異なる、あるいは、ときに正反対のようにも位置づけられる作用の、対抗とも、共鳴とも、協奏ともとらえられるからみあいが、そこにある。

「社会の解読力」に込められた、二つの作用とはなにか。

ひとつは、《社会を解読する》という働きである。

そこにおいて「社会」は、対象としてあらわれる。すなわち「社会」という対象を、主体としての研究者が解読する。その実践をささえる主体の側の能力として、社会の解読力が浮かびあがる。社会学はたしかに、「社会」ということばで指ししめされる客体の現実を、注視の焦点にすえ、観察と測量と記述と分析とに取り組んできた。事物とも、集合とも、機構とも、場とも、ゲームとも抽象化できる実在を、理論的対象として措定してきたのである。そこにおける「社会の解読力」とは、その対象のありようを具体的に読む力であり、その生成のメカニズムを説くに必要な、主体の側の知の技能であり、そこから立ち上がる解読の実践である。

もうひとつは、いささか意外なものいいになるが、《社会が解読する》という働きである。

そこにおいて「社会」は、解読するという実践の力そのものをささえる知の配置・装置としてあらわれる。すなわち、社会という名で語られるものの存在形態それ自体が、そこに内属する主体に、解読する力をあたえてくれる。鋭く対称させるために、あえて主語を立ち上げる格助詞の「が」を使ったが、これまで何度かくりかえしそうした表現をしてきたように、「で」という格助詞を用いても、ここでの趣意は変わらない。つまり、《社会が、解読する》は、社会を認識の手段として使いこなす《社会で解読する》でもある。[1]

対象として解読される主題は、もちろん多様であっていい。社会学がかなり幅広い対象領域をもつことは否定すべくもない。

ここでの強調点は、対象と主体や、客観と主観といった対置の図式とは、別のところにある。方法としての「社会」といいかえてもいいだろう。ゲームとも、場とも、機構とも、集合とも、事物とも抽象化しうる関係性が、対象のありようを描きだす触媒となり、対象の動きのメカニズムを分析するときの重要な補助線[2]となる。既成の概念の配置に適切な補助線を引くことで、問題の見えかたを変えることができるかが、主体に問われる。

この「対象としての社会」と「方法としての社会」の共存と、その特異なズレを含みこんだ交響こそが、『社会の解読力』というフレーズに、微妙なゆらぎと巧まざる動きを可能性としてあたえている。そして、その動きを楽しむゆとりこそが、主体としての研究者に、思いがけない視点の転換や発想の変容を引き起こす。

この絶妙なタイトルの選択は、だれの工夫なのだろうか。

*

今回、同時に刊行されるもう一冊[3]が、「歴史社会学」という呼称を強く意識しているとすれば、この一冊が分担している主題の拡がりは、おそらく伝統的には「文化社会学」という名づけの領域に位置づけられる。しかしながら「歴史社会学」と同じく、これを一九三〇年代的な意味で厳格に使う論者は、社会学史の研究者の一部を除き、いまでは皆無だろう。

そして、この国において「文化社会学」という主張がたどった道筋もまた、思ったほどには平坦でも順調なものでもなかった。だから、「文化」という概念をより自由に活用するために、あえて「文化社会学」は、どのように誕生したのかを、すこし確かめておこう。その経緯の確認は、いまどのように「社会」や「文化」をとらえるべきか、それを考えることにもなるにちがいない。

＊

文化社会学の主張のひとつの文脈が、「特殊社会学」であった。

「一般」「総合」に対し、「特殊」という形容を用いた。後々にあらわれる、さまざまな連字符社会学は、この「総合社会学／特殊社会学」の対立は、まさに十九世紀から二十世紀にかけての学問の転換にかかわる概念で、いまは古めの社会学辞典でも引かないと語義の解説に出会えない。その「特殊社会学」は、コントやスペンサーのいわゆる「総合社会学」を批判し、社会という対象の特殊性を限定する動きの重要性を指ししめしていた。

批判のポイントは、固有な対象としての社会事象の具体化である。なるほどコントは実証主義の主唱者であり、社会学は観察の対象となりうる「社会」の発見において成立した。しかしながら諸学の統合をはるかに望む「総合社会学」においては、その方法としての観察も実証も、いわば一般的で普遍的な「理念」として指ししめされていたにすぎなかった。

観察をまさに方法として活用するには、みるべき対象を具体的に限定する必要がある。そこにおいて、たとえばゲマインシャフトからゲゼルシャフトへの発展、社会化の形式や心的相互作用の幾何学、あるいは社会的凝集・結合の分析に焦点をあわせる試みが生まれる。そのようにして固有な対象を有する科学として、テンニエスやジンメルやデュルケームの社会学が誕生した。

もうひとつの文脈が、「形式社会学／文化社会学」の対立である。

これもまた、まことに古めかしい対の図式で、歴史的な状況の説明が必要だろう。そこにおける「文化」は、先行する特殊社会学における関係性への一般的な注目の、いわば不十分さを批判するための記号であった。対象を限定したとはいえ、なお外形的で静態的な「形式」の理解にとどまっているではないか、という批判のポイントは、現実性の欠如である。

しかし実際のところ、文化社会学は「形式」に対して「内容」「中身」の重要性を提示するという以上の意味をもたず、運動のスローガンでしかなかったような印象がのこる。知識社会学・歴史社会学という、内容となるべき文化の「知識」「歴史」へのいいかえにしても、つまり、批判すべきであると主張した「結合」「形式」と同じていどの抽象性しかもたなかったのではないか。(4)

ただ、この主張が生みだされた第一次世界大戦後のドイツの状況をみたとき、マルクス主義における社会の下部構造決定論に対する抵抗という、補助線を引いておく必要もあろう。

上部構造として位置づけられる宗教・哲学・科学・芸術などの文化が、経済的な下部構造に規定され従属しているという拘束性を、どこか外在的な形式としての理解にすぎないと、批判する意味あいが含まれていたからである。だから、その意味での文化社会学の成果が、マンハイムのイデオロギー論に集約されたのも自然な流れであったろう。

その「相関主義」(Relationismus) の立場は、文化相対主義の自閉と排外との乗り越えと向かいあうとともに、後にいわゆる構築主義として注目される反省性とも響きあうものであった。その単純で一方向的な決定論の批判は、やがてあらわれてくる「重層的決定」論への展開を予感させるものであった。また、ユートピアとイデオロ

*

ギーの弁証法は、見かたによっては、科学とイデオロギーの作用の違いを踏まえて論じられたアルチュセールの知識・認識の生産様式論と重なる。[5] すなわち、「認識論的切断」を積み重ねることにおいてはじめて可能になる「理論的実践」、すなわち新しい理論の生産の図式とも呼応する特質をもつものでもあった。

＊

そのような後世からの関連づけや可能性の理解はともあれ、戦後日本の社会学において、文化の具体的な分析を実際に推し進めたのは、結局のところ文化社会学ではなかった。[6]

時代の文化社会学は理論的な立場の主張でしかなかったからである。それゆえに、そこで主張された現実性や現実科学もまた、もっともな理念でしかなかった。その実態への反省が、実証の必要性と調査への熱き思いと結びつき、民主化の理想とからみあいながら論じられることとなったのが、日本の社会学の戦後である。

「社会心理学」を名乗る広い意味でのプラグマティズムに根ざす方法と、[7] 現代社会の特質に焦点をあてた「大衆社会」「機械時代」論の問題意識のなかで、新たな「文化」の分析が具体化していったように思う。[8]

私自身はそこにおいて、多くの研究者たちが文化分析の魅力と自由に気づく触媒となった、思想の科学研究会の試みがユニークであったと思う。

一九五〇年代の文化研究のひとつの成果として長く参照される『夢とおもかげ』（中央公論社、一九五〇）では、大衆小説、浪花節、映画、演劇、寄席娯楽などが、大衆に向けて発信された文化として解読されている。この一冊は「ひとびとの哲学叢書」と位置づけられ、日本の大衆文化の形成に参加しているさまざまな主体の体験と信条を聴き取った『私の哲学』（正・続、中央公論社、一九五〇）の試みと響きあうとともに、『現代人の生態――ある社会的考察』（大日本雄弁会講談社、一九五三）のさまざまな職業に就く庶民の意識と哲学とに迫ろうとする共同研究をも生みだした。明治から戦後までの歴史的な厚みにおいて男女交際や恋愛や家庭の悩みを相談する投書を分析した『身上相談』（河出書房、一九五六）の共同研究も先駆的であった。

具体性を深く掘り下げることを通じて、その現象に含まれる「文化」を概念として浮かびあがらせる。そうした方向性をもつ研究スタイルを、私自身は豊かなものだと感じたし、望ましいと思った。おそらく、文化はそこに在るものではなく、だれかによって、なにかの必要ときっかけに導かれ、それなりの素材をもとに「生産」され、社会に認知される実践である。であればこそ『文化資源学講義』（東京大学出版会、二〇一八）において、次のように述べた。

しかし「文化」と呼ばれる現象が、だれに担われ、なにに託され、どこで成立するのか。具体的に記述されるだけでなく、分析的に説明しなければ、明らかにしたことにならない。さらに、それを「文化」として語っている主体は、社会のどこに位置しているのか。そうした構造が自覚的かつ具体的に探られなければ、文化を研究するという問題意識それ自体が溶けてなくなってしまう。

いいかえれば、文化といいうる現象をなにがささえているのか。その構造としての「場」の認識や分析が、いわば立体的なものとして、また実践的なものとして問われているのである。〔……〕すなわち、われわれはいかなる「文化」の認識枠組みのもとで、具体的な研究の対象を立ち上げているのか。別ないいかたをするなら、研究する主体、あるいは生活する主体に、「文化」の見かたのどのようなバージョンが、いかなるかたちで介入しているのか。

それが問われているのである。（『文化資源学講義』前掲、二五—二七頁）

この記述には、一見してわかるように、フーコー以降の主体論やイデオロギー論の影響が刻みこまれている。すなわち、文化を対象化するなかで、その対象を文化とみる主体の認識枠組みと実践とが問われているのである。そして、その枠組みの明確化は、いつも思考の動きや認識の再構築を含んだもので、見かたや考えかたの転回を含みこんでいる。

＊

一九七〇年代頃からしだいに浸透していくジェンダー論の問題提起、一九八〇年代の『文化を書く（*Writing Culture*）』（カリフォルニア大学出版局、一九八六）が提起したフィールドワークそのものの権力性や、一九九〇年代ににわかに流行になる国民国家論の批判力など、構築主義的な再帰性・遂行性への注目は、文化のとらえかたそのものを、一面では大きく「転回」させていくことになる。これは、冒頭で区別した二つの解読力のうち、第二の《社会が解読する》すなわち、方法として活用される「社会」の局面において、より鮮明な意義をもつ。

すなわち、社会があたえてくれる解読力は、いかに私において新たな発見のように感じられたとしても、そのまま新たな認識の生産に役立つとはかぎらない。旧来の確信・信憑あるいはイデオロギーの単なる再生産でもありうるからだ。社会で共有されている思いこみが、新たな認識の「生産」ではなく、既存の拘束の「再生産」にしかつながらないという問題の指摘は、ブルデューの専売ではなかった。

であればこそ、切断という実践が幾重にか必要になる。

そして、認識を生みだす、さまざまな局面でその実践が呼び出されることになる。

その一例として、『文化の社会学』（有斐閣、二〇〇七）の総論を書くなかで気づいた、切断についての思いつきをあらためて論じて、この序を閉じたい。それは「文化（Culture）」という、なにげない表記のもとで隠されてしまっている動きであり、断層である。

私たちは、この併記を普通は「イコール」の意味にとってしまう。無邪気にも、この日本語と英語の含意は等しいのだと思ってしまうのである。

しかしながら、この語の間にあるのは「見えない等号」ではなく、「ねじれを含む断層」である。

たとえば、日本語では、文すなわち文字に書かれたものを中核にして、武という軍事力との対抗が含まれる。それに比して、英語のカルチャーは、「カルト（Cult）」という宗教集団の排他性や狂信性との接続も深く、「植民地主義（Colonialism）」の征服・獲得・支配の正当化とも、ラテン語の原義においてつながっている。そうした、それぞれの意味の拡がりを思いえがくならば、二つの語の単純な等置は一面的で平板な理解への縮減であり、異質な意味の切り捨てである。むしろ、等号の作用を切断することで拡がる、それぞれのことばのネットワークの拡がりをたどることこそが、思考に動きをあたえてくれる。(9)

思えば、社会学を大学で学び始めた頃に出会った「比較社会学」は、戦後の社会心理学の新たなインパクトを文化研究に実装してきた卓越した社会学者が、ある切断のなかで生みだした新境地であった。(10) いまならば、その比較を語呂あわせのことば遊びではあるが「異文化社会学」と呼んで、なお一九三〇年代の残滓を切断しきれていない「文化社会学」の可能性のなかに含めるだろう。(11) そして「歴史社会学」もまた、異文化としての歴史を深く理解するための方法として、文化社会学の力のなかに数え入れてもよいと考えるだろう。

佐藤健二

【注】

（1）その原点は、「郷土研究」をめぐる柳田国男自身の説明である。郷土研究とは、郷土を研究することではなく、郷土であるものを研究することだと、その場としての意味、手段性を強調した。であればこそ、その方法性を引き受け、『読書空間の近代』（弘文堂、一九八七）の一冊は、柳田国男を研究する書物ではなく、柳田国男で日本の近代を論じようという意図のもとでまとめられたのだと主張した。この一冊が「方法としての柳田国男」という副題をもつのは、それゆえである。このスタンスは、『真木悠介の誕生』（弘文堂、二〇二〇）における「方法としての見田宗介＝真木悠介」までつながっている。

（2）補助線の思想ともいうべきものを、鶴見俊輔に学んだことは『歴史社会学の作法』（岩波書店、二〇〇一）の「あとがき」に書いた。

（3）『社会の解読力〈歴史編〉』（新曜社、二〇二二）のことである。

（4）いま考えると、形式社会学として固定化され貶められた視点が、むしろメディア論の枠組みでいうならばメディアの水準への注目として先駆的であったことのほうがおもしろい。メッセージの分析でしかなかったマスコミュニケーション現象や内容分析の批判として、その形式・形態への注目による反転は、逆に高く評価しうる可能性を有していたようにも思うからである。

（5）アルチュセールの思想とその探究の戦略については、今村仁司『アルチュセール』（清水書院、一九八〇）の明晰な整理に多くを教えられた。後に毎日新聞の書評委員として何度か会議を同席し、親しく話す時間を得た。私の柳田国男の解釈について、「新しい読み方がもう生まれてきているんだな」と評価してくれ、たいへんに勇気づけられた。

（6）すでに「文化社会学」は一九三〇年代に、ある種の飽和に達していた。社会学研究会編『文化社会学研究叢書』（I～Ⅲ、同文館、一九三一～一九三二）や松本潤一郎『文化社会学原理』（弘文堂書房、一九三八）など。一九七〇年代の福武直監修『社会学講座』（全十八巻、東京大学出版会、一九七二―一九七六）に「文化社会学」の巻が存在しないことは、どこか象徴的である。その理論枠組みの文脈とイデオロギー論が分担していた領域は「知識社会学」として再設定され、いわゆる社会心理学的な拡がりをもつ具体的な諸主題は「社会意識論」が分担している。

（7）ここでいう社会心理学には、南博『社会心理学――社会行動の基礎理論』（光文社、一九四九）や清水幾太郎『社会心理学』（岩波書店、一九五一）などが含まれるが、思想の科学研究会の大衆芸術分析の活動なども広く含まれる。

（8）その方向ともいうべき動きは、すでに一九五〇年代末の『講座社会学』（全九巻、東京大学出版会、一九五七―一九五八）の構成にもあらわれている。第三巻が『社会と文化』であるが、これは第一巻『個人と社会』、第二巻『集団と社会』を受けた一般枠組みのほうが強調されている。これに対して、第七巻が『大衆社会』という現代的な主題で、大衆文化もまた視野には入っていた。対象としての社会のアプローチが『社会と文化』では前面に出ているのに対して、じつは第七巻は方法としての社会の要素が視点そのものに大きく作用し、社会の現代性を浮かびあがらせる補助線として、「大衆社会」が使われている。そして最初の刊行が「大衆社会」の一冊であったことは偶然でなく、現代思想として論じられていた『機械時代』(『岩波講座現代思想 八』、一九五七)や『近代日本思想史講座 六』(筑摩書房、一九六〇)に寄せられた高橋徹、作田啓一、福武直・綿貫譲治、丸山真男らの論考との共鳴も論じられるべきだろう。

(9) 同じく『文化の社会学』(前掲)の総論で試みた、「文化」概念の五つの糸への分解という作業もまた、ネットワーク上の位置としてのことばの意味をさぐる実験であり、社会そのもののネットワーク性をたどる工程であった。この総論は、改訂して『文化資源学講義』(前掲)に、第一章「文化とはなにか」として収録した。

(10) 佐藤健二『真木悠介の誕生――人間解放の比較=歴史社会学』(前掲)参照。

(11) もちろん、一九三〇年代の「文化社会学」の語義からはまったく異なる、切りはなされた自由な立ち位置から、このことばを活用する動きもないわけではない。吉見俊哉『メディア時代の文化社会学』(新曜社、一九九四)、井上俊・長谷正人編『文化社会学入門――テーマとツール』(ミネルヴァ書房、二〇一〇)、井上俊『文化社会学界隈』(世界思想社、二〇一九)など。

目次

第10章　地方都市社会論の構築に向けて
――「伝統消費型都市」概念再考

装幀――新曜社デザイン室

凡例

・引用文中の引用者による補足箇所は、〔　〕で表した。
・引用文中の引用者による中略は、〔……〕で表した。
・引用文中の傍点は、とくに断りがない限り、原文通りとする。
・章末に掲げてある文献一覧は、アルファベット順に配列してある。

第1章

振る舞いの近代
——背負うという身振りの消失

中筋由紀子

1　背負うという身振りと日本文化

映画監督黒澤明の映画には、「背負うという身振り」が繰り返し登場したという。朝日新聞の黒澤の追悼特集記事で、映画評論家蓮實重彦はそのことを指摘して、次のように述べる。

おそらく「背負うこと」は優れて黒澤的な主題を構成している。そうせずにはいられない衝動がこの映画監督をかりたてているとしか思えないほど、この身振りはいたるところでくりかえされているのである。（『朝日新聞』1998.9.7夕刊）

蓮實によれば、黒澤はその作品の中で、「背負うという身振り」に、顔の表情と同じくらい豊かな表情を与えていたという。たとえば「七人の侍」では、三船敏郎演じる菊千代という七人の侍の一人は、腰に差すはずの刀を背中に背負っていることで、その出自の怪しさを鮮烈に表現していると、蓮實は述べる。それは、何かを「背負う」ことに慣れているのは、伝統的には武士ではなく農民であるからである。農民は農作業で何かを運ぶとき、背負子《しょいこ》などの背負う道具を用いるが、武士はいざという時のために、いつでも両手を空けるものであるとされていた。

また俳優の身振りだけでなく、黒澤はその演出においても、俳優の背中を十分に活用していたという。たとえば、「夢」の兵士たちは、トンネルの暗がりの中で、背嚢《はいのう》にランプを隠し持って、後ろに立った兵士たちの蒼白な表情を浮かび上がらせるという演出をしたと蓮實は指摘する。このような黒澤の「背負われたものの聡明な活用ぶり」を、蓮實は「背中の知恵」と呼び、そうした知恵は、黒澤に刺激を受け彼を模倣した外国の監督、マーチン・リットやセルジオ・レオーネには見られなかったという。蓮實はこれを黒澤の「監督としての大きさの証」と述べている。

ここで蓮實が指摘しているのは、「背負うという身振り」を重要な表現手段として用いることのできる、黒澤の監督としての資質であるが、一方で私たちは、その意味を受け取ることのできる日本の観客についても、同様に考えることができるのではないだろうか。すなわち、私たち日本人にとって、「背負うという身振り」は、日常生活の中に多く見られ、使い慣れた身体技法だったということである。兵士の背嚢でなくても、小学生のランドセルに始まって、私たちの日常には背負う道具が色々見出される。今では少なくなったが、近郊農村から電車に乗って農産物の行商に来る女性たちも、自分では持ち上げられないほど重い野菜の山を背負子に担いでいた。小学校にしばしば置かれている二宮尊徳の少年像は、背中にまきを背負って運ぶ仕事をしながら読書をしている姿だった。背負うという身体技法は、重い荷物を運ぶときの日本文化の身体技法であり、私たちの日常生活の中に見慣れた身振りだったと考えられる。

2 身体技法の型

では身体技法とはどのようなものだろうか。どうやって人々はそれを習得し、そうした習得によって人々は何を得ることになるのだろうか。こうした問題について、ハビトゥスという言葉を用いて分析した研究として、フランスの人類学者マルセル・モースの研究を取り上げたいと思う。

モースは、クロールという新しい泳法を、どうしても習得できなかったという。彼は自分が子どものときに習得した、水を呑み込んで吐き出すという「自分をまるで汽船のように見立てて」泳ぐ仕方を、「馬鹿げたこと」と言いながらも変えられなかった。そこから彼は「身体技法の特殊性」ということに思い至る。

実は、わたくしは第一次大戦中にこのような技法の特殊性に関する多くの見聞をすることができたが、シャベルの使い方もその一例である。わたくしと一緒にいた英軍はフランス製のシャベルを使うことができなかったので、われわれがフランス軍の一師団を交代させる場合には、師団ごとに八〇〇〇丁のシャベルを取り換えることを余儀なくされたし、その反対の場合も同じようにしなければならなかった。このことからも手先の器用さというものがいかに徐々にしか習得されるにすぎないものであるかは明白である。いわゆる技法というものにはすべてその型があるのである。(Mauss 1968=1976: 124)

彼は、このように振る舞いや姿勢には、それぞれに社会に独自の慣習、型があると述べる。たとえば歩幅によってフランス人かイギリス人かを判断できるという研究に触れ、歩き方を見れば、その人が帰属する社会がわかるというのである。モースはここで「型の社会性」という概念を持ち出してくる。彼は、型(habitus)というラテン語の意味についてこう述べる。

この《習慣》(habitude) というものは、〔……〕とりわけ、社会、教育、世間のしきたりや流行、威光とともに変化するものである。通常は精神とその反復能力のみしか見出さないところに、技法と集合的個人的な実践理性を見出す必要があるのである。(Mauss 1968=1976: 127)

すなわち、身振りというものは、個人個人の意識的な振る舞いであるよりは、身に付けた半ば無意識の社会的なパターンだというのである。ここでモースは、ニュージーランドのマオリ族の女性の「オニオイ」という歩き方について触れている。モースはマオリ族の母親たちが、「あんたはオニオイをしていないよ」と、幼い娘たちにその歩き方を仕込む様子や、それが自分たち欧米人には不格好に見えても、彼らには「なかなか惚れ惚れするような恰好」に見えているのだと述べている。

すなわち、モースが言う「身体技法の型」とは、それぞれの社会に固有なもので、かつその社会の中でどのような位置にいるかという、属性や地位を表現するものでもある。それはマオリのオニオイのように、幼時から母親に仕込まれるなどの、しつけや教育によって徐々に身に付けるもので、女性らしさや美しさという審美的な価値を与えられ、世代を超えて再生産される。そして個々人はそうした身体技法の型を身に付けることで、誰にでも見える形で社会の中に位置づけられ、社会の担い手となるのである。

3　背負うという人との関わり

ところで私たちが背負うのは、物だけではない。今では少なくなったが、母親や子守の女は、かつては子どもを「おんぶ」していた。筆者が子どもだった頃もまだ、母親たちは子どもをよくおんぶしていた。彼女らは腰ひも一本で上手に子どもを背中に括り付けていた（もはや私にはどう括っていたか思い出せないが）。またたとえば三木露風の歌詞による、よく知られた童謡「赤とんぼ」は、こう歌う。

夕やけ小やけのあかとんぼ、負われて見たのはいつの日か、山の畑の桑の実を、小籠に摘んだはまぼろしか、十五でねえやは嫁に行き、お里の便りも絶えはてた、夕やけ小やけの赤とんぼ、止まっているよ竿の先（園部 1974: 250）

この歌の主人公は、自分をおぶって子守をしてくれた姉の背中で、赤とんぼを見たと歌う。かつて子守は、農作業などの貴重な働き手である母親ではなく、年上の姉妹の辛い仕事だった。遊びたい盛りに、年下の赤ん坊を背負わされて遊び仲間に付いてもゆけず、背中で大声で泣かれて自分も泣きたくなったという話は、かつてはよく聞かれた。一方で負われた背中の記憶は、甘えた記憶の温かさ、背負ってくれた姉の慕わしさの記憶として語られる。

ところで、こうしたおぶって子守をしてくれた慕わしい相手の記憶は次第に、姉から母へと移行する。それは、近代化の中で、母親が家業の労働力から、次第に、家事労働の担い手へと、移行することに伴う変化である。たとえば、石川啄木の次の有名な短歌には、おぶってくれた母への慕情がにじんでいる。

たはむれに母を背負いて　そのあまり軽きに泣きて　三歩あゆまず（石川／金田一編 1952: 19）

かつて自分を背負って育ててくれた母親が老いて、母のおかげで大きくなった自分が今度は母親を背負う。その軽さに泣けるのは、母親が子どもを育てるために忍んでいた苦労を思ってのことである。軽くなってしまったのは自分のせいなのだ。日本人の多くが子どものときに体験する、母が身を削って自分を育ててくれたこと、甘えさせてくれた母の自己犠牲への感謝の思いが、そこに表現されていると思われる。このような、子どもが手放しで親に寄り掛かるような甘えと、その重荷を身を削って引き受ける側という、依存と庇護の非対称な関わりが、「背負う」という身体技法の象徴する、日本文化の関わりのあり方だったのではないだろうか。

私たちは次に、「背負う」という身体技法が、マオリ族にとってのオニオイが女性らしさとして価値づけられ規範化されているように、どのような価値や規範と関連付けられているかを考察してみたい。

4 負い目をおって生きる

アメリカの文化人類学者R・ベネディクトは、第二次大戦中の軍事協力として行った研究をもとに書いた著書『菊と刀』で、英語に翻訳できない日本独特の観念として「恩」をあげている。彼女は「恩」を、「決して消滅することのない債務」に例え、それに基づいた日本人の生き方についてこう述べる。

> 非の打ち所のない人間は、アメリカで言うように、私は誰からも何一つ恩義を受けていないとは言わない。彼らは過去を度外視しない。日本では義とは、祖先と同時代者とを共に包含する相互債務の巨大な網状組織の中に、自分が位置していることを認めることである。(Benedict 1946=1967: 113-4)

そしてその「恩」の中でも最も尊いのは、「皇恩」を外せば「親の恩」であるという。ベネディクトによればそれは次のようなものである。

恩という語は、［……］彼の母親が赤ん坊時代に彼のためにしてくれた一切の事柄、幼少時代に耐え忍んでくれたかずかずの犠牲、成人してからも何くれと彼の利益になるように尽くしてくれた一切の事柄、単に母親が存在するというだけの事実から彼が母親に対して負っている一切の負い目を指す言葉である。(Benedict 1946=1967: 116)

そして「決して消滅することのない債務」という例えのように、それは強制力を持っており、「どんなに努力しても決してその全部を返しきれず、また時間的にも限りのない義務」(Benedict 1946=1967: 136) である。さらにそれはベネディクトによれば、「自動的にすべての人の肩の上にかかってくる」(Benedict 1946=1967: 135) という。そしてこのような「恩」に対して「万分の一」でも報いていくことが、正しい生き方として価値づけられていたとベネディクトは述べる。

私たちは、このような恩返しを基本とする日本の生き方の基本姿勢が、背負うという身振りの中に示されていたと考えることができるのではないだろうか。すなわち詳述すれば、ベネディクトによれば、かつて私たちは、自分がこの世に生まれて今生きているのは、過去と世間の一切と、特に両親のおかげであると捉え、それに対して万分の一でも恩返ししていくことが、正しい生き方と捉えていた。背負うという身体技法は、単に何かを運ぶだけでなく、このような「恩」返しを基本とする生き方の象徴とされていたのではないだろうか。たとえば、徳川家康が言ったとされる「人の一生は重き荷を負うて遠き道を行くがごとし」というよく知られた言葉のように。だから赤とんぼのような、自分を背負って育ててくれた親や姉妹への慕わしさ、甘えた記憶のなつかしさは、一方で「恩」として捉えられ、返しきれない負債という、これから自分が負っていく重荷でもあったと考えられるのである。

5　背負うという身振りの消失

しかし読者諸氏も身近な光景を見回せば、背負うという身振りが、日本文化の中から次第に消失しつつあることに気付くだろう。それはモノを背負うことにおいてより、「おんぶする」という人を背負う身振りにおいて、特に気付かれる点であろう。たとえば、赤ん坊をおぶっている母親を見かけることは、今ではほとんどない。赤ん坊を運ぶのは、ほとんどがベビーカーか抱っこひもで、いずれも海外から輸入されたり、あるいはそれに倣って製造されたものである。

それに伴い、赤ん坊の顔が母親と向き合っている、という点が特に育児において重視されるようになっている。お互いの表情が見えるということが、子どもに母親との絆を確認し安心感を与え、心理面での発達に貢献するとされている。今では、母親が髪を振り乱して、自分の身なりもかまわず子育てに一生懸命になることは、一般に推奨されない。自分を犠牲にして子どもに尽くす母親像は、もはや良いものとはされていないのである。今では子どもの安心や幸福は、かつてのように母親自身の安心や幸福を犠牲にしてではなく、母親自身もそうした安心や幸福を感じていることで、子どもにも与えられるのだとされる。

もちろんそのような移行は完全なものではない。まだまだ、母親が笑顔の裏で苦労していることへの感謝が語られ、産みの苦しみが子どもの命の価値や母としての自覚を生み出すと言われて、無痛分娩が非難されたりする。とはいえ現代では、親が子どもに働き手としてその収入に頼ったり、あるいは老後のケアや経済的なサポートを求めたりすることは、適切なこととはされていない。実際にはもちろん子どもに地元で就職してとお願いしたり、結婚してもそばに住んでほしいと期待したりすることはあるだろうが、それが親を扶養する責任として語られることはほとんどないのではないだろうか。親が子どもを自分の身を削って育て上げることが推奨されないように、子どもが親を義務感で扶養することも、喜ばしいこととはされていない。

背負うという身振りの消失は、このような、物理的に誰かを背負うことのみならず、関係として誰かを背負い込むことが、もはや成り立ちにくいことを表していると思われる。老後の両親の扶養は、跡継ぎとなった息子の果たすべき責任であるとはもはやされず、それは家族内の女性のケア役割になっている。それは、女性なら当然持っているとされる共感や愛情の表現とされ、したがってそれを行うのは女性ならば当然のことと考えられ、恩返しのような道徳的な価値を与えられることはない。

ところでこのような、背負うという身体技法の消失は、私たちの社会で、それが表現していた物や人との関わりが、何か別の関係のあり方へと変容したということなのだろうか。そうだとすると、それはどのような変化だろうか。私たちは先にモースの身体技法の型という議論を取り上げて、それが人々の振る舞いに刻み込まれ、いかに変えがたいものであるかという彼の経験についての叙述を見たが、実はモースは同時に、身体技法が急速に変化した体験についても述べている。次にそれについて見てみたい。

6　身体技法の近代――選択可能なものとしての身振り

モースは「身体技法の型」を変えがたいものと述べる一方で、次のような彼の経験について述べている。

わたくしは、以前に付き添いの看護婦と同じ歩きぶりをする娘たちをどこかで見たような気がすると思った。わたくしは落ち着いてそのことを思い出してみたのである。やっと、わたくしはそれが映画のなかであったことに気付いた。フランスに帰ってからも、とりわけパリで、よくこんな歩き方がわたくしの目を惹いた。若い娘たちはフランス人であったが、彼女らもまたそのように歩いているのである。事実、アメリカ人の歩き方が、映画の力で、わが国でも見られはじめたのである。（Mauss 1968=1976: 126）

すなわち、歩き方は、その人の帰属する社会がどこかを判断できるほど、それぞれの社会に固有で固定的なものだと述べながらも、モースはそれが、メディアの影響で変化していくことを見出すのである。兵士として戦い、負傷してパリに帰還したモースにとって、彼が守ろうとしたフランスのこうした変化はどのように体験されたろうか、という点は興味深いが、ここでは立ち入らない。だがモースがどうしても汽船のように泳いでしまうことを変えられなかったというのに、こうした若い娘たちは、どうして容易に歩き方を変えることができたのだろうか。

ここで私たちは、このような身体技法の獲得、という問題について研究したものとして、フランスの社会学者ピエール・ブルデューのアルジェリアでの研究を取り上げたいと思う。ブルデューは、一九六〇年前後にフランス植民地だったアルジェリアで、フィールドワークを行った。社会調査の中での彼の問いは、安定した職業的地位にある労働者と、定職を持てない労働者との社会的分断（ディスタンクシオン）はどこから来るのだろうか、というものだった。ブルデューはこの問いを、ハビトゥスという彼の学問的概念から考察した。すなわち彼によれば、前者と後者の違いは、資本主義的経済に適合した行為の性向（ハビトゥス）を獲得できたか否か、という違いにある。

経済組織は、進展をとげるにつれ、ほぼ自律的に作動するシステムと化し、個人に対して、ある特定の実践と経済的性向とを要求するようになる。つまり、計算と予測の精神が、明示的にせよ暗黙の裡にせよ、教育を介して、少しずつ、獲得、習得され、かくして、その精神は、自然な自明のこととして現れる。なぜなら、その精神の内実である「合理化」は、人々がそこで呼吸している大気のごときものとなるからだ。〔……〕前資本主義的社会の人間にとっては、このようなハビトゥスのうちに自明として前提とされていることは、未知のことがらであり、苦労して獲得することが問題となるのだ。(Bourdieu 1977=1993: 14-5)

ブルデューがここで述べているのは、アルジェリアの労働者たちが、彼らにとって未知の新しいハビトゥスを獲得できるかどうかで、その後の経済的社会的地位が変わってくる、ということである。しかしその新しいハビトゥスとは、単なる新しい身体技法ではない。ブルデューによれば、それは彼らがなじんだ前資本主義的な社会におけるのとは全く異なる時間との関係を前提とする。ではそれはどのような時間感覚の違いなのだろうか。ブルデューによれば、資本主義のハビトゥスは、「合理化」を内実とするというが、それは次のようなものである。

経済行動の「合理化」は、未来における、まだ実在していない想像上の目標点との関連において、あらゆる存在が組織化されることを前提とするのである。(Bourdieu 1977=1993: 19)

またこの未来とは、「当該の主体にとっての、抽象的に可能なものの場」(Bourdieu 1977=1993: 33)であり、このような未来の捉え方は、伝統的な社会においては未知のものであるという。つまりブルデューによれば、伝統的な社会においては「伝統的秩序は、それが、最良の可能なものとしてではなく、唯一の可能なものとして、人々に受け取られてい」(Bourdieu 1977=1993: 56)て、そのような前提の下で生きる人々は、「世界を変える手段を拒絶」し、選択の存在を拒絶するという。これに対して資本主義のハビトゥスは、未来の利得のために現在の満足を先延ばしにする計画を可能にし、長期的な将来の展望のための様々な投資、教育や保険などを行う主体を生み出すという。

すなわちブルデューに従えば、伝統社会における身体技法は、「唯一の可能なもの」として受け取られており、それ以外の身体技法を選択する、ということはあり得ない、ということである。したがって、もしパリ娘たちがアメリカ映画の歩き方をまねしていたとすれば、そうしたことが可能なのは、彼女らにとってもはや身体技法そのものが、マオリ族のオニオイと異なり、選べるものとなっていたからである。そしてそれこそが、身体技法が近代化した、ということではないだろうか。すなわち、近代社会を生きる私たちにとって身体技法とは、もはや生まれながらに与えられた属性によって定められた型を習得し、それによって生きるものではなく、自ら選択し、模倣して取り換えていくものなのである。

したがって、背負うという身振りの消失は、ある身体技法が消失したとか、別の型にとってかわられた、ということではない。それは、モノや子どもを運ぶ手段が選択可能なものとなり、背負うという型の共通性が失われ多様化したことと同時に、庇護と依存という非対称な関係の型から、人々が解放されたということでもあると考えられる。では、選択可能なものとなったモノや人との関わりは、背負うことだけが唯一の可能なものだった場合から、どう変わったのだろうか。それはかつてのように社会の中の成員の地位や位置づけを表すのでなければ、何を表すものとなったのだろうか。

7　自己表現としての近代の身体技法

評論家荻上チキは、メディアと身体の関係についての論考でこう述べる。

私たちの社会では日々、様々なメディアが生まれては消えていく。人は必要に応じ、新しいメディアを作り上げ、使いこなせるように訓練をしていく。そうして新しいメディアを「身体に取り込む」一方で、古くなったメディアは役割を終え、「身体から切り離される」のだ。(荻上 2009: 4)

荻上が言うように、私たちは古くは文字や数字などに始まって、近年はPC、携帯電話、スマートフォンと、いろんなメディアを発明し、普及させ、使ってきた。そうしたメディアは、ただ私たちに高い想起や計算能力などを獲得させただけではない。

社会は人々にメディアを通じた特定の振る舞い方が学習されていくことを期待している。同時に人々は、時代や状況に応じて、その身体を社会的に組み替えていく必要性を知っている。(荻上 2009: 41)

たとえば、携帯電話は、私たちにいつでも誰かに電話で連絡を取ることができるような便利さを与えてくれた。同時に私たちは、それを携帯しいつでも連絡がつくようにしていることを、電話が鳴ったらいつでもそれに応じることができるような身構えをしておくことを、期待されるようになる。このように「ひとたび特定のメディアが社会身体化されると、その利用はすでに社会的に埋め込まれた「約束」になる」(荻上 2009: 42)。待ち合わせの時間が近づいても電話がつながらない相手は、「マナー違反」と思われるようになると荻上は言う。

人々は今日でもスマホを持って生まれてくるわけではない。スマホ育児された子どもたちも、大きくなる中で現れた新しいメディアに適応する必要が生まれるかもしれない。今日ではメディアのライフサイクルは人間のそれよりずっと短い。私たちは、次々に現れる新しいメディアに適応して、身体技法を自ら変えていくことを求められている。パリジェンヌたちが、ハリウッド映画を見て、その歩き方を習得していったように、私たちの身体は、メディアを通じてメディアに対応して、個人個人で学習してそれに適応していかなくてはならない。それは世代を超えて親から子へと引き継がれ教えられる、オニオイのような身体技法の型とは、全く異なる。私たちはもはや、上の世代から与えられる身体技法の型に安住できず、自ら変化していくメディア環境へと適応し、振る舞いを変えていくのである。

このとき、では私たちにとって新しいメディアに対応する身体技法とは、単なる適応に過ぎないのだろうか。もう一度ブルデューに戻って考えるならば、私たちは可能性の中から自ら選択を行うとき、計算と予測を行い、ただ振る舞いを「合理化」しているだけだろうか。いや、私たちはいつも常に合理的に振る舞っているのではないだろう。もしそうならば、条件が同じならば誰もが同じ選択をするはずだが、現実の人々の振る舞いはそうではない。では私たちは何を基準としてそれぞれの振る舞いを選択しているのだろうか。SNSを例にとって考えてみよう。私たちはSNSにあげる言葉や写真や動画によって、何を表現しているのか。端的に言ってそれは、自分らしさということではないだろうか。宗教社会学者R・N・ベラーらが『心の習慣』(Bellah et al. 1985=1991)で指摘するように、現代社会の個人主義は、功利主義的な側面と同時に、表現主義的な側面によって成り立っている。言い換えると、振る舞いにおいても、私たちはそれぞれの振る舞い方の選択を行うことで、自分を表現しているのではないだろうか。つまり、伝統的な身体技法が、生得的に与えられた属性を表現しているのに対して、近代的な身体技法は、絶えず新しいメディアに対応してアップデートしていく中で、自分を表現するものとなっていると考えられるのである。

たとえば、私はある同僚の教員が、卒論指導で学生が次のように不満を述べて、なかなか卒論に取り組まないと嘆いていたのを聞いたことがある。その同僚によれば、学生は「SNSならばたくさんの読者から反応がもらえるのに、卒論は読んでくれる人があまりいないからつまらない」と言ったというのである。その学生は、当人によればかなりのフォロワーを持っていて、書き込めばすぐに多くのリアクションがあるのだと言ったという。

つまりこの学生にとっては、卒論もこのような自己表現の一種として位置づけられていて、ＳＮＳのように読んでくれる他者の反応のために書くものなのである。卒論を、公共的な知への貢献への試みと捉えていた筆者には、思いもよらない捉え方だったことが印象に残ったのだった。

ではこのような、伝統的な共同体から解放され、他者と異なる自己を表現するメディアとして身体技法を選び取っていくという、近代的な身体技法は、どのような変化を私たちの日常にもたらすと考えられるだろうか。本稿ではその点についてまだ示唆的な考察しかできないが、ここでその考えられる効果について二つを述べたいと思う。その一つは、あらゆる絆の選択化による孤独ということ、もう一つは、他者からの承認をめぐる競争である。それぞれについて以下で見ていこう。

8　近代の身体技法の孤独と競争

資本主義のハビトゥスについて、ブルデューは、その獲得が伝統社会の共同体の絆を解体させることを指摘している。すなわち、未来の選択の可能性を視野に入れることは、集団のほかの成員と異なる行動を取ることを可能にし、集団の歩調を乱し、今いる世界を合理的に計算された未来へ向かって変革する意思を可能にする。また計算するということは、共同体の曖昧な共有の状態から、自らの取り分を明確なものにすることで家族を分裂させる。ブルデューは、次のようなアルジェリアの労務者の言葉を引用している。

> みんなで共通の鍋を使うのはやめた。なぜなら、女たちが、「私の子どもが充分食べなかったわ」と言ったりするからだ。いつも、争いが絶えないのだ。(Bourdieu 1977=1993: 82)

このように、自分の利害が計算可能になると、より多い利得をめぐって争いが起き、家族成員は共有財産へすべて捧げるのではなく、自らの取り分を増やそうと、より小さい単位へと分裂するのである。身体技法の近代化は、このように共同体を分裂させ、人々を伝統的な絆から解放するが、そのことは同時に、その連帯や相互扶助から孤立させられるということでもある。オニオイをしていたマオリの女性たちが、共同体の中に確かな地位をもって位置づけられ、生得的な相互扶助の絆の中に安住していたのに対して、近代的な身体技法は、私たちを選択によって表現される自己へと転換し、そうした絆の束縛や重圧から解放すると同時に、孤立化させたのである。私たちの身体技法は、もはや社会の中に確かな位置を与えたり、誰かとの絆を確実に得られる手段とはならない。それは自分らしさを表現して共感による絆を得るための一種の賭け、あるいは実存主義的な投企となった、と表現することもできるだろう。

もう一つの近代的な身体技法の効果は、自らの選択した身振りや振る舞いによる自己表現は、他者の承認によってはじめて成り立つものであるという点である。たとえば、ポストフェミニズムという視点から映画を分析した社会学者河野真太郎は、フェイスブックについて次のように述べる。

ここで起きていることは、私たちがフェイスブック上に自分のアイデンティティを再構成し、それを維持管理し、さらにほかの人たちとネットワーク化するということである。そしてそのアイデンティティは、つねに「いいね」と呼ばれるようなものでなければならない。(河野 2017: 90)

河野はこうした「アイデンティティの労働」が、自己実現として位置づけられながら労働資源として取り込まれ、結果として「やりがい搾取の構造」を生み出していることを指摘する。そうした労働との関係についてはここでは立ち入らないが、ここで述べられているのは、ＳＮＳにおける自己表現が、他者の承認を目的とするものであること、そのことは翻って、他者の承認を得られるようなアイデンティティを形成することが、人々のアイデンティティ管理の主目的となるという指摘である。かつてエーリッヒ・フロムは、「市場的性格」という言葉で、市場の需要に合わせて自己を変容させられるような社会的性格の成立について述べた（フロム／佐野訳2020）。その用語を応用するならば私たちは、パーソナリティの市場において競争させられ、より承認を多く得るものが成功する、という資本主義の構造に規定されているのである。

ブルデューの言うディスタンクシオンは、資本主義のハビトゥスを獲得することだけにとどまるものではない。それはたえざる差異化の運動であり、次にはそうしたハビトゥスを獲得した者同士でさらに、優越性をめぐる果てしない競争を繰り広げるものとなっているということである。そして、身振りや振る舞いなどの近代的な身体技法も、こうしたディスタンクシオンを生み出す力となっていると言えるだろう。

だから、誰かを背負うという身振りがもし今でも見られるとしても、それはもはや背負われるものと背負うものとの間に、依存し庇護するという非対称な関係があることを意味しない。それは背負うという身振りを選択して見せる主体の自己表現なのであり、より多くの他者にそれを見せて承認を得るためなのである。

9　終わりにかえて

では現代の私たちの身振りは、近代的な身体技法を得て以降、こうした優越性をめぐる果てしない競争の中で、お互いを差異化し、それによって生まれた格差の分断や孤立の中で私たちは生きるしかないということを表しているのだろうか。ただ、ブルデューはこうも述べている。

相互扶助は、つねに、事実ないしは擬制の血族関係の範囲内で、個々人を結合するが、これに対して、特定の事業の計算された目的に従って人々を選抜し、動員する協同関係は、相互扶助とラディカルに対立するものだ。〔……〕つまり、植民地化の影響から比較的免れた地域の小土地所有者と比較すれば、大掛かりな植民地化の実施地域の労働者の方が、土地と伝統を奪われているがゆえに、新たな協同関係の構造により適応しやすいのである。(Bourdieu 1977=1993: 33)

つまり、ブルデューによれば、資本主義のハビトゥスを身に付けている人々は、伝統的な絆以外の協力関係を築くことができない人々と違って、新しい協力関係を作ることができるというのである。このことは、ボランティア活動が伝統社会になじみにくいことを考えてみても気付かれる点であろう。社会関係が唯一の可能なものとして見えている伝統社会では、与えられた関係以外の関係を作りあげる可能性は、視野に入らないのである。

言い換えれば、近代的な身体技法は、それを通じて新しい協力の絆を作りあげる可能性を開いていると言えるだろう。そしてそれは、与えられた唯一の形としての相互扶助ではなく、自らの主体的な選択による、したがって必ず得られるかは不確かであるが、一方で現代の私たちの実感から言えば、与える側が自ら選択した、したがって「心からの」支援の可能性となるだろう。その可能性がどこでどのように実現されているか、あるいはされていないかについては、いずれ稿を改めて考察したい。

【文献】

Bellah, R. N., W. M. Sullivan, R. Madsen, A. Swidler and S. M. Tipton, 1985, *Habits of the Heart:*

Individualism and Commitment in American Life, California: University of California Press.（島薗進・中村圭志訳、一九九一、『心の習慣——アメリカ個人主義のゆくえ』みすず書房。）

Benedict, R., 1946, *The Chrysanthemum and the Sword*, New York: World Publishing Company.（長谷川松治訳、一九六七、『菊と刀』社会思想社。）

Bourdieu, P., 1977, *Algérie 60*, Paris: Les Éditions de Minuit.（原山哲訳、一九九三、『資本主義のハビトゥス』藤原書店。）

エーリッヒ・フロム／佐野哲郎訳、二〇二〇、『生きるということ』紀伊國屋書店。

石川啄木／金田一京助編、一九五二、『一握の砂・悲しき玩具』新潮社。

河野真太郎、二〇一七、『戦う姫、働く少女』堀之内出版。

Mauss, M., 1968, *Sociologie et Anthropologie*, Paris: Presses Universitaires de France.（有地亨・山口俊夫訳、一九七六、『社会学と人類学Ⅱ』弘文堂。）

荻上チキ、二〇〇九、『社会的な身体』講談社。

園部三郎、一九七四、『日本の詩歌　別巻日本歌唱集』中央公論社。

第2章　宝塚少女歌劇と日本におけるオペラの模索

宮本直美

　女性のみから成るレヴュー劇団である宝塚歌劇団は、その演目にレヴューだけではなくミュージカルも含んでいることも知られているが、クラシック音楽ジャンルである「オペラ」と繋がっていることは、現在ではほとんど認識されていない。時折オペラやオペレッタを宝塚流アレンジで上演することはあっても、オペラと宝塚歌劇が同列に語られることなどないし、話題を共有するメディアも皆無と言ってよいだろう。今やオペラは「芸術」であり、宝塚歌劇は商業演劇というエンターテインメントである。その区分自体が本来的には無意味であるとしても、習慣的な住み分けが出来上がってしまっているのも事実である。

　しかしながら、宝塚歌劇の創立当初の大正から昭和初期はそうではなかった。個人間のネットワークが、芸術音楽と商業演劇とを育成してゆくために協同し、様々な異業種が複雑に緩やかに結びついていた。それらを繋いでいたのは、日本における「オペラ」というまだ見ぬ夢であった。

　明治期以来の洋楽（西洋音楽）の輸入と国内育成については洋楽受容論の学術研究が蓄積されているが、その多くは交響曲を演奏するオーケストラを中心とする器楽の受容に照準している。洋楽受容史の中で「オペラ」が目立って注目されるのは大正時代の浅草オペラくらいであろう(1)。日本が西洋音楽を積極的に受容していた時、クラシック音楽の二大ジャンルである交響曲とオペラは歩調を合わせることができなかった。東京音楽学校や宮内庁、軍楽隊など、国家主導で推進された器楽受容とは対照的に、オペラは別の困難を伴っていたために、その流れに乗ることができなかった。代わりにオペラを試みたのは民間領域であり、その模索の中で、宝塚少女歌劇も登場したのである。

1　宝塚少女歌劇の始まり——唱歌から歌劇へ

宝塚少女歌劇団の第一回公演は一九一四年に行われ、これをもって現在まで続く宝塚歌劇団がスタートした。しかしこの催しはそれより一年ほど前から準備されていた。

宝塚歌劇団の創立者小林一三は、箕面有馬電気軌道取締役であり、そもそもは鉄道利用者を増やすための戦略の一つとして、宝塚という温泉地の何もない村落に集客を見込める娯楽施設を構想した。その最初の試みはプールであったが、これはまだ男女が同じプールで泳ぐということが許されない時代にあって、失敗に終わった。そのプール跡地を利用して試みたのが、宝塚少女歌劇の公演である。少女による催しは、先に三越百貨店で洋装の少年音楽隊が評判を呼んでいたのをヒントに、それとは重複しない形でのアトラクションとして考えついたものであった。商業施設と鉄道会社が集客のために催したこれら二つのイベントは、その後のオーケストラとオペラにそれぞれ寄与することとなる(2)。

十代の少女のみによる公演は好評を得たため、当初予定の二ヵ月を超えて恒常的な興行となっていった。小林は、鉄道会社の経営を担うビジネスマンであると同時に、若い頃から文学青年でもあり、日本の演劇界に対する文化人的な意識も持ち合わせていた。明治期以来、西洋から様々な文化を輸入する中で多くの文化人に問題視されていたのは、日本の演劇には男性による歌舞伎しかないということであった。西洋の学問と文化を輸入するようになった日本の知識人層は、海外の演劇作品を上演する場も人材もないことに気づかされたのである。しかし一般大衆に人気のある舞台は江戸時代から変わらず歌舞伎であり、知識人たちと大衆の嗜好の落差は大正時代に入ってもなかなか埋められずにいた。演劇改良運動[3]もそのような意識の中で起こっていたが、舞台上のジャンルを見直すためのものであったはずのその運動は、劇場のあり方に注目するようになり、「芝居小屋」文化から「劇場文化」へと転換するための議論に占められることとなった（大西 2018: 23)。その一方で現場では様々な形で日本の新しい演劇形態が試みられ始めていた。

しかし日本に西洋と同等の「演劇」を確立しようとする際の課題は女優であった。もともと女性が舞台に立つことには風紀的・道徳的な問題が見出されてきたが、そうした社会的偏見を克服するとともに、女優を新たに育成しなければ人材がいなかった。日本の演劇の中心には歌舞伎が強力に存在していたため、女性が舞台でドラマを演じる機会はほとんどなかったのである。

その必要性が気づかれながらも、実際に女優の育成と活用を始めたのは、明治末期から大正期に入ってからであった。一九一一年に日本最初の西洋式劇場として開業した帝国劇場[4]は、その組織内に付属の養成所を設けていた。それは日本の女優第一号とされる川上一座の貞奴が一九〇八年にすでに始めていた帝国女優養成所を引き継いだもので、そこに所属していた女優を帝国劇場が抱えることとなった。川上貞奴の養成所の一期生十五名の中には、十九歳の森律子がいた。父親を衆議院議員に持つような良家の子女である彼女は、自身も跡見女学校出身であったが、女優として帝国劇場の舞台に立ったために同窓会から除名されたという逸話もある。その他にも「女優のような下賤な者」という扱いを受けたというエピソードがあるが、当時の「女優」とは先進的な意欲が評価される一方で、保守的な女性観を持つ社会からは白い目で見られる存在だったことは想像に難くない。

それほど、舞台に立つことがタブー視されたのは、単に歌舞伎が男性のみで行われてきたからというだけではなく、「舞台」に類するジャンルとして花柳界が存在していたからでもある。つまり芸者がお座敷で三味線などの楽器を奏し、舞を舞うということが、たとえそれが訓練された芸であっても、飲酒の場で男性向けに提供される娯楽であったという点で、風俗業に近いものと見なされた。日本で女優を育成するということは、そのスキルを身に付けた女性を生み出すということ以外に、観客や社会の価値観を変更させる必要性を伴った。

このような演劇や舞台への社会的な目線を、宝塚少女歌劇を創始した小林も十分に意識しており、宝塚少女歌劇には、その成立当初から戦後に至るまで、女性の舞台人に対するイメージとの闘いが常にあった。小林もまた、日本の演劇界における女優の不足を問題視していたのだが、彼はその「女優」の育成が社会的に難しいことも十分に認識していた。歌劇構想で「少女」を強調したことは、三越百貨店の少年音楽隊との対比で話題性もあったが、(5)それは大人の女優との差別化にも寄与した。花柳界とは異なる少女の芸はまた、男性向けではなく女性や子供を含むファミリー向けの新しい娯楽を開拓するという鉄道会社の計画とも合致した。当時の「少女」とは、歌川によれば一八九〇年から一九一〇年にかけて教育の場や雑誌メディアに登場したものであり、高等女学校に通うエリートと中流以上の階級と、そして西洋文化との近さを示す記号として機能していた（歌川 2019: 103）(6)。つまり少女とは、「子供」あるいは「年少者」を意味するものではなく、その階級文化的イメージゆえに小林が目指した新しい健全な家庭の娯楽のあり方に親和性のある概念でもあったのである。

そしてさらに「女優」イメージからの距離を取るために選ばれたのが、洋楽であった。宝塚少女歌劇の当初の題材は日本のお伽噺であったが、その伴奏を三味線などの和楽器にすればお座敷の芸能のイメージに近づいてしまう。それに対して、ピアノやヴァイオリンのような洋楽器を使えば良家の子女の文化というイメージを得ることができた。以前の良家の子女が嗜むべき楽器は琴であったが、大正期には徐々にそれがピアノになってゆく(7)。宝塚少女歌劇は、日本のお伽噺も日舞でさえも洋楽を伴奏にすることによって、お座敷や女優のイメージから距離を取ったのである。「少女」と「西洋音楽」は宝塚少女歌劇の特徴であるが、宝塚が恒常的な団体として西洋音楽と結びつこうとした時、必然的に東京音楽学校と繫がる道が見えてくる。

2　宝塚音楽学校と小林の「国民劇」構想

宝塚少女歌劇が宝塚だけではなく京阪神での慈善公演などで知名度を上げる中、一九一八年には文部省私立学校令に基づいて宝塚音楽歌劇学校が創設された。少女歌劇への人材を養成する教育機関として小林が構想したものである。この音楽学校の教育内容は、東京音楽学校の規則を踏襲した。宝塚では十五歳以下の少女を募集対象とし、器楽・唱歌・和洋舞踊・歌劇を教授した。(8) そして公演団体であった宝塚少女歌劇養成会はその音楽学校生と卒業生からなる「宝塚少女歌劇団」に改編されることとなった。

東京音楽学校は、伊澤修二のもとで始められた音楽取調掛が一八八七年に改称した国の教育機関で、日本が文化的にも近代化を果たすための重要な役割を与えられた。国を挙げて西洋の芸術音楽を習得して「西洋並み」になることを目指したのである。その東京音楽学校を範にとり、関西の民間の少女歌劇団体が学校を設立した。初代の学校長には小林一三自身が就任し、イギリス帰りの劇作家坪内士行を招き、また高木和夫、久松一声、原田潤、楳茂都陸平、金健二、金光子を教員として迎えた（根岸 2012: 36）。

東京音楽学校と宝塚音楽学校に組織的な繫がりはないが、人的な繫がりは深かった。教授陣にもカリキュラムにも東京音楽学校を重視した背景には、先に述べたように、女性の舞台人を育成するためにお座敷音楽から差異化するための西洋音楽というファクターが確かにあった。しかし小林は単に見倣うべき西洋文化の一つとして「オペラ」を意識していたわけではなかった。少女歌劇に西洋音楽を採用するという点で、東京音楽学校を参考にするということは当然のことと思えるが、しかし実は東京音楽学校ではオペラの実践はほとんど行われていなかったのである。それでもその東京音楽学校から宝塚が模したのは、とりわけ声楽教育である。

小林がオペラを構想した理由には、一九一二年二月の帝国劇場でのオペラ体験がある。彼は当時の創作オペラである《熊野》を観劇した。歌舞伎ファンが客席の大半を占めたその公演は嘲笑や罵倒の嵐で不評だったが、小林は野次を飛ばす観客たちとは対照的に三階席でまじめに舞台を観ている学生たちに意見を聞いたという。その体験から彼は「小学校でオルガンやピアノなどによって西洋音楽による音楽教育を受けて育った人達が、従来の和楽より洋楽の方に親しみを持つのは当然であり、そういう若い人の数は年々増加してゆくだろう」と予見していた（小林 1997: 234）。歌舞伎に親しんでいた大人がオペラ的な試みに拒否反応を示している中、それとは異なる反応をしていた若者に目を向けたのが小林の先見の明と言えよう。彼は将来的には西洋音楽に基づくオペラのようなものが求められるようになると気づいていたのである。

その小林が、東京音楽学校の声楽教育に目を向けたことは当然であろう。とはいえ、西洋のオペラが最終目標ではなかった。彼は早くからオペラが西洋の真似に過ぎないことを自覚していたのである。オペラのような音楽劇を持たない日本が、さしあたってそれを踏襲することで学ぶ必要性を自覚してはいたものの、いずれはその模倣から脱却して、日本人に合った発声法に基づく新しい歌劇を確立する必要があると、小林は考えていた。宝塚の音楽学校で西洋音楽の発声法を採用するのは、そのための訓練と位置付けていたためである。宝塚音楽学校でオペラ教育がなされていたことは、当時のファンの投稿からも分かる。宝塚の声楽教師としてこれまでのルビニ夫人に代わってカラスロワ夫人が招聘されたことから、前任者のイタリア系歌唱ではなく、ヴァーグナー・オペラのドラマチック・ソプラノが基調になるとすればそれは宝塚には合わない、という意見が一九三四年十月号の『歌劇』に投稿されている。名前の挙がった二名はいずれも海外で活躍していたオペラ歌手であり、カラスロワ夫人は東京音楽学校でも教鞭を取っていた。ここからも、宝塚の発声法・唱法はオペラ歌唱に基づいて教育されていたことが分かる。男役第一号とされる高峰妙子は宝塚の管弦楽団コンサートにおいて、《魔弾の射手》のアガーテのアリアを歌っており、「プロのオペラ歌手としても十分に通用する力量を備えていた」（根岸 2012: 52）。この評価の信憑はともかく、本格的に歌える生徒もいたのだろう。

西洋音楽の教育を採用しながら小林が目指したのは「国民劇」なる新しい音楽劇である。(9) それはまず、歌舞伎のような旧劇からの脱却を主張するために掲げられた。小林にとって歌舞伎は遊郭すなわち花柳界の演芸であり、国家は遊郭ではないのだから国民本位・家庭本位の国民劇が必要だと考えた（徳永 2003: 78-9）。未だ具体的には描かれていなかった国民劇のイメージを、小林は帝劇でのオペラ鑑賞体験から得ていると思われるが、ともかくいずれ日本においても男女による国産の国民劇を創造する必要があると見ていた。それは歌舞伎のような旧劇とも、西洋のような演劇を目指す新劇とも、そしてオペラとも異なる目標であった。小林が少女歌劇団および音楽学校を設立したのは、いずれは男性と女性が同じ舞台に立つことを念頭に置いた暫定的な措置であって、現在の宝塚歌劇のように女性のみによる舞台を目指していたわけではなかった。彼は男女の共演による音楽劇によって国民劇を確立しようとしていたのである。そのため、宝塚音楽学校設立以降、小林は何度か男子加入を実際に試みている。最初の試みは一九一九年で、つまり学校設立から間もなくである。しかしその試みはそのたびに大きな反発に遭い、頓挫した。男子加入の試みを諦めたのは、宝塚歌劇が商業演劇であったためであろう。すでに女性のみによる舞台の人気が定着していたために、男子を加入させることへの反発が強かったのである。

3　オペラの模索

洋楽受容の拠点としての東京音楽学校が、器楽の実践を着実に進めていたにもかかわらず、オペラに同じ関心を向けられずにいた一方、明治時代の中頃にはドイツへの留学者経由で日本に「オペラ」のブームが起こった。

ドイツでオペラを観てきた日本人知識人たちがその熱狂を言語で広め始めたのである。日本ではまだオペラ上演がかなわないにもかかわらず、オペラというジャンルへの憧れは高まっていった。そんな中でオペラを上演してみたいという意欲が生まれるのも当然だろう。その試みは様々な場で始められた。

日本人による最初のオペラ上演の試みは、一九〇三年七月二十三日の東京音楽学校奏楽堂における《オルフォイス（オルフェオとエウリディーチェ）》である。グルックのこの作品のほぼ全曲が日本語の訳詞により、日本人キャストによって上演された（増井 1990: 47）。指揮は東京音楽学校外国人教師のノエル・ペーリで、主要な女性三役と合唱の男女十六人は東京音楽学校の学生と卒業生であった。そしてこの準備を進めていたのは、東京帝国大学学生のワグネル会であり、そうした研究の上に上演が実現したのである。言うまでもなくワグネル会の目標はヴァーグナーであったが、まだそのレベルには至らないため、グルックを選んだというのが実情だったようだ（増井 1990: 47）。ここでエウリディーチェを歌ったのは二十歳の柴田（後の三浦）環である。衣装協力には三越も関わり、女子学生たち自身も縫った。美術家による舞台美術への無償協力や裸電球による照明など、コストのかかるオペラ上演も、手作りでどうにか実現することができたのである。

しかしながらこの画期的な有志によるオペラ上演は、東京音楽学校にとっては問題だった。この五年後に再度オペラ上演計画が起こったのだが、その企画は直前に中止された。その経緯には文部省が関わっているなど諸説あったが、東京音楽学校長の湯原元一は「地方の学校で歌劇上演をまねる動きが出ては困る」との懸念を示しており、「舞台の上で、男女が接吻をやるような事は採用せぬ」などと、舞台上の風紀を重視した発言があった（大西 2018: 131）。これ以降、東京音楽学校は第二次大戦後まで、学生と卒業生のオペラ上演を禁止し続けたのである（増井 1990: 49）。それは舞台に立つこと、とりわけ男女が同じ舞台に立つことに厳しい目が向けられるという背景ゆえであった。[10] 東京音楽学校での歌劇試演後には新聞各紙が東京音楽学校の風紀の乱れを問題視するような記事を上げた（大西 2018: 132）。ここでも、宝塚少女歌劇で小林が懸念したように、男女が舞台に立って演じることの困難が現実的な障害となっていたのである。洋楽受容の先頭を走っていた東京音楽学校がオペラに対してこのような消極的姿勢を見せていたこともあり、民間領域で様々な試行錯誤が行われた。交響曲のような器楽は東京音楽学校における教育と実践が正統な手法で進められたのに対し、民間によるオペラの試みは、東京音楽学校関係者が有志で関わってもいたのだが、かなり自由な――東京音楽学校ではありえないような展開も含めて――試みとなった。

そのようなオペラ実験の一つは、一九一一年に完成した帝国劇場で大正時代に行われた。帝国劇場は、日露戦争勝利後の日本で高まった国威の意識から、ヨーロッパ並みの劇場文化（そこには外国の貴賓接待という外交や社交目的も含まれる）への必要性が説かれて建設されたものである。そうした背景ゆえに、この事業を推進したのは主として財界であった。国策ではないが、国家に近い民間人エリートたちによる活動と言ってよいだろう。そしてこの新しい近代的建築物としての劇場建設にあたり、明治期から唱えられてきた演劇改良運動の思想が交わる。そこでは歌舞伎小屋に備わっていたような桟敷席《さじきせき》や、芝居茶屋を通しての入場券販売――これらは舞台鑑賞以外の営業活動とも連動していた――を撤廃する劇場構造が目指されたのである。そしてその上で、一七〇〇の椅子席とオーケストラボックスを備えた劇場設備だけではなく、付属技芸学校を設けて女優を養成すること、管弦楽団（洋楽部）を設けてオーケストラ要員を準備すること、一九一一年八月からは歌劇部を創設し、男女の歌劇部員を養成することなどを定めた。日本で男女が同じ舞台に立つことが許されたのは一八九〇年だったが、その後二十年間にわたり、実際に女優として活動していたのは川上貞奴のみであった。

帝国劇場の様々な試みの中で、オペラに関わるのは歌劇部の創設と実際の上演である。一期生は男女十一人だったが、声楽指導にはドイツ人ペッオルドに加えて柴田環、清水金太郎があたり、早くも一九一二年には、謡曲を基にした、杉谷代水作・ユンケル作曲の新作歌劇《熊野》が上演された。これが小林一三も観たオペラである。

しかしこの意欲的な国産オペラの評判は散々だった。当時はまだ観客の多くがオペラを知らない歌舞伎ファンだったせいでもあるが、上演中に客席から笑いや野次が起こったという。当時の様々な批評から、大西は、和装の男性歌手が洋楽の発声で歌うことの違和感、日本語を解さない外国人作曲家による楽曲、声楽の専門教育を受けてはいても歌いながら演じることにおいてはほぼ素人だった柴田環と清水金太郎の演技の未熟さに対して、批判的な目が向けられていたと整理している（大西 2018: 190–204）。帝劇での試みがすべてこのように失敗だったわけではないのだが、日本語による日本の物語に西洋音楽を合わせる試みは難しかったのだろう。そうした批判は、次の歌劇は日本人が作曲するべきだという意見に収斂していった。

一九一二年にはロンドンからジョバンニ・ヴィットリオ・ローシーというイタリア人振付師が招聘された。一九一三年にはモーツァルトの《魔笛》上演も試みられたのだが、やはり訳詞が馴染まず、難易度も高かったため失敗に終わった。以後ローシーはレベルを下げてオペレッタの試みを目指すようになった（高木 1983: 17）。その間に三浦環、清水金太郎、石井漠、沢モリノ、原信子、原田潤らを育成し、それなりに実績を上げたものの、結局は商業的成功とまではいかず、帝劇は一九一六年に、ローシーとの契約満了をもって洋劇部を解散することにした(11)。しかし、ローシーは日本におけるオペレッタ上演をさらに進めるべく、オペラ育成活動を続け、私財を投じて赤坂にオペレッタ劇場「ローヤル館」をオープンした。

ローシーは日本におけるオペレッタ活性化にエネルギーを注いだものの、帝劇のようには観客が集まらず、また演者たちとしばしば対立した。彼らは次々にローシーのもとを去り、今度は浅草に新たな拠点を作り始めた。帝劇とローヤル館が目指したものは、つまるところ翻訳オペラであり、訳詞の原語も登場人物も舞台も衣装もすべてヨーロッパのもので、日本の観客との接点が見出せなかった。それに対して、歓楽街にはむしろ正反対の方向性を持つ、「日本流」に大胆に改変した大衆向けのオペラが新たに登場した。浅草オペラである。

浅草オペラのブームの軸となったのはアメリカ帰りのダンサー高木徳子と新劇界のリーダーである伊庭孝であった（高木 1983: 19）。ここに帝劇時代にローシーの指導を受けた沢モリノ、小島洋口、石井漠、岸田辰弥らが加わることにより、ローシーの遺産が花開くこととなった。勢いに火をつけたのは一九一七年の初演以来大ヒットとなった伊庭孝作の《女軍出征》である。菊池清麿は浅草オペラの三つの系統を指摘している。一つは帝劇からローシーに連なる正統派のオペラ、二つ目は高木に代表されるアメリカのミュージカル、三つ目は伊庭らの創作オペラである（菊池 2012: 21）。ここでの演目は、オペラの抜粋や短縮版、コメディなど、大衆が気軽に観られるようにアレンジされたものだった。浅草オペラは西洋のものをそのまま真似るのではなく、「オペラ」なるものをうまく日本化したものである。それは本来的なオペラというよりは、歌あり踊りありの西洋風芝居ではあったが、商業的には成功した社会現象となった。かなり大衆的なドタバタ劇の印象もある浅草オペラを演じていたのは素人ではなく、東京音楽学校や帝国劇場、三越音楽隊の出身者であり、つまり正統な西洋音楽教育を受けた人々だった。この活動は、関東大震災で劇場が消失したことをきっかけとして、一九二五年には消滅することになる。

4　実験としての少女歌劇

帝国劇場からローヤル館、そして浅草オペラという流れで日本のオペラが模索されていた一九一〇〜二〇年代のほぼ同時期に、また別の方向から試行していたのが宝塚少女歌劇である。宝塚少女歌劇におけるオペラの模索にもまた、東京音楽学校出身者が関わっていた。一九一四年の宝塚少女歌劇第一回公演のプログラムは次のようになっていた。

管弦合奏「君が代」「タンホイザーマーチ」など九曲

唱歌「子守歌」「オルフォイスの一節」など十曲
舞踏「胡蝶」など八曲
歌劇「ドンブラコ」五場。北村季晴作
歌劇「歌遊び浮き達磨」本居長世作

小林が考えていた温泉地の娯楽としての少女歌劇はその場の寄せ集めではなく、最初の公演より前から準備されていた。唱歌の指導者として招聘されたのが安藤弘なのだが、彼は第一次鳩山一郎内閣の文部大臣であった安藤正純の弟で、東京音楽学校を卒業し、西洋音楽の正式な教育を受けた音楽家であった。さらに、夫人の安藤千恵子も唱歌指導にあたったが、彼女もまた東京音楽学校の卒業生であった。当時の日本では最高の西洋音楽教育を受けた二人を、まだ設立もしていない宝塚少女唱歌隊に呼んだのは、事務方の個人的人脈に依っていたようである。少女唱歌の事務を担当していたのは温泉主任である安威勝也と藤本一二(三田=慶応出身)であり、藤本の妹が東京音楽学校で千恵子と同級だったことから繋がっていた縁であった。その当時の経緯と人的ネットワークについては、安藤弘自身が『歌劇』(一九六四年一月号)で回想している。

私は大正三年初めての少女歌劇公演の初まる《〔ママ〕》一年前から、雲井浪子、高峯妙子を初めとした十六名の少女たちを教えた〔……〕。大正二年、東京の音楽学校から京都大学の美学へ入学するため、新婚早々の私が京都へ来たのは、〔……〕もう一度京都大学で勉強するからだったのです。家内は当時オペラ歌手として輝かしい存在であった三浦環女史等と共に歌っていましたが、その友人で藤本治子さんという方が大阪の富豪のお嬢様で、〔……〕その実家の藤本さんが小林一三氏が開かれた箕有電車、箕面、有馬電鉄という現在の阪急電車の前身ですが、そこの事務をしていられ、〔……〕宝塚で何かやりたいが、何をすればよいか、と藤本さんからのおはなしがあったのです。当時大阪に三越少年音楽隊ができているが、ああいうものを少女たちにやらせればどうかということで、私は少女たちに楽隊をやらせるより、音楽劇をやらせた方がいいでしょう。といいましたが、京都の家から週に二度ぐらい通って教える私の力では仕方がないから、家内が主として教えに行っていました。小林さんは、これらの少女達が音楽劇をやるにはどれくらいの日時がいるかといわれたので一年を約しましたが、オクターブも分らぬ少女達に週二度ではとても覚束ないから東京の知人である高木和夫さんを呼んで来て音楽教師になってもらったのです。一年といっても小林先生はそうは待てないと仰言り、九ヵ月目ぐらいの翌大正三年四月には何をやるかという相談です。急ごしらえではオペラなどは無理ですから、世間にあるものを劇としてやればどうかと北村季晴さんの「桃太郎」と、本居長世さんの「浮かれ達磨」を選んだのでした。(安藤 1964: 50)

ここから分かるのは、宝塚少女唱歌隊に音楽劇を勧めたのは安藤だったということである。まだオクターブも分からないような初心者が音楽劇の舞台に立てるまでに教育することは容易ではなかったと思われ、それ自体が無謀な試みのようにも見えるが、小林と安藤、その他の関係者はそれを実現してみせたわけである。安藤自身も作曲家としてオペラ実現に野心を持っていたが(小林 1997: 234)、東京音楽学校出身者もまた、卒業後にその才能を発揮する機会を探っていたと考えられる。そして、教授陣の人脈とは別に、第一回公演に起用された作品の作者も注目に値する。準備期間も限られている中、最初の演目に選んだのは、その時点で既に楽譜が公刊されている二つの創作歌劇《浮れ達磨》と《ドンブラコ》であった。

《浮れ達磨》の作曲者、本居長世は一九〇八年に東京音楽学校を卒業し、ピアノ科教授や童謡作曲などに従事していた。そして白木屋という大規模な百貨店の余興としてお伽歌劇を発表していた。《浮れ達磨》もそのために発表されたものであった。一方《ドンブラコ》の作曲者、北村季晴ははじめミッションスクールである明治学院に入り、ここで英語などの普通科目の他に讃美歌やオルガンを学んだ。そしてそこを中退して一八九〇年に東京音楽学校に入学し、R・ディットリヒらに師事してヴァイオリン、オルガン、和声、音楽理論などを学んだ。ディットリヒはウィーンでブルックナーに師事したオルガニストで、一八八八年に来日して東京音楽学校で教鞭を取っていた。東京音楽学校は当時の日本で一流の西洋音楽教育を受けられる場だったのである。その後北村は演奏や作曲、研究活動を続けながら、在野の音楽家として大衆に親しみやすい音楽を生み出し、広めることに努めた。

このように、宝塚少女歌劇の最初の公演に起用された歌劇はいずれも東京音楽学校出身者の作品であったが、特に北村の音楽観に注目してみると、彼もまた日本の音楽文化の近代化を志していたことが分かる。彼が東京音楽学校に進んだ理由は、日本音楽を改良する必要性を感じていたためであった。演劇改良が目指されていた時代、音楽においてもその近代化が模索されていたわけである。彼は邦楽改良を実践すべく、三味線などの和楽器と洋楽器合奏などの編曲作業も進めた。日本の音楽の「改良」もまた、西洋音楽との融合によって目指されたのである。その中で、彼は叙事唱歌《須磨の曲》、《露営の夢》を発表したが、特に一九〇五年に歌舞伎座興行で上演された《露営の夢》の人気は高く、これは日本で最初の創作オペラと見なされている。国産オペラに対する彼の考えは、多くの人々が違和感なく楽しめるべきで、そのために音楽、歌詞、台本、発声法、演技などが研究されるべきだというものであった。《ドンブラコ》はそのような考えを持つ北村によって作曲され、一九一二年に楽譜が出版され、一九一三年にはSPレコード五枚組として販売されたのである。

宝塚少女歌劇が初回公演に《浮れ達磨》と《ドンブラコ》を選んだのは、当時の少女たちが上演可能ですでに出版されている作品がこの二つだったという理由によるが、これらは「お伽歌劇」として、そもそも子供向けに作られた音楽劇であった。日本の民話に題材を取り、子供にも親しみやすい物語で、小規模でシンプルな作品となっている。それは、日本が独自のオペラを探求する様々な運動の中の一端を担った。

大西は日本におけるオペラ実現に向けての多面的な展開について研究しているが、様々な試行錯誤の中でもお伽歌劇は実験の場であったと述べている（大西 2018: 339）。この二作品は数十分の小規模な歌劇であり、日本のよく知られたわらべ歌等の旋律を含みつつ、西洋音楽の音階も取り入れていた。帝国劇場で試みられたのが、言ってみれば当時の日本人にとっては背伸びしたものであったために、日本語歌詞と西洋音楽のバランスの悪さが指摘されていたのに対し、少女歌劇で披露されたお伽歌劇は好評であった。それはオペレッタを念頭に置きつつ、日本人に馴染みのある物語や詞を自然な形で西洋音楽と結びつけたものなのである。お伽歌劇は子供向けとして作られたこともあり、帝劇の演目ほど社会からの目が厳しくはなかっただろう。だからこそ作曲家としては比較的安全に新たな試みを行うことができる場であり、その受け皿となったのが宝塚少女歌劇であったと言える。それは宝塚少女歌劇団側にもメリットをもたらした。すなわち、健全な少女たちが西洋音楽を用いたお伽歌劇を上演するというイメージを形成したわけである。

宝塚少女歌劇は広く評判となり、当時の音楽界・オペラ界からも注目されるものとなった。ちょうどその頃オペラを模索していた帝国劇場からも、わざわざ宝塚の地にまで視察団が来るほどであった。宝塚少女歌劇を観た松本幸四郎は遠くから来た甲斐があったと感心し、「東京の帝劇で時々上演するオペラより勝っているのは、帝劇のものはどこまでも西洋の曲に日本語の訳詞をつけたものであるから堅い感じがするのに比べて、宝塚のは作曲も作詞も純日本式の創作」であるからだと述べ、西洋音楽に合わせて日舞を舞うことに驚いてもいた（高木 1983: 58）。西洋音楽に合わせて踊ることもまた、少女歌劇ならではの試行であった。

5　オペラ上演における宝塚少女歌劇の意義

既にいくつか紹介したように、当時は女性が舞台に立つことに対する社会的逆風が強かった。そうした社会の中でオペラ上演を試みることは、器楽を演奏するのとは別次元の困難を伴っていた。それを克服してオペラを実現しようとする試みの中で、「少女」という要素は鍵となっていたことが分かる。

宝塚少女歌劇は西洋音楽を前面に出すことによって「良家の子女」の舞台であるという印象を与え続けた。少女というカテゴリーによって、花柳界イメージから切り離して女性の舞台を成立させることに成功し、またその少女カテゴリー自体が西洋文化への造詣を含意していただけにその担い手としての正統性——つまり「正しい」洋楽教育を受けているという質——も保証した。もちろん、舞台上にいるのが「少女」であっても、女子のみで男女を演じることから、「変態」の危険性は何度も新聞・雑誌を賑わせた[12]。少女歌劇の好評とは別に、常にスキャンダル狩りの目に晒されていた宝塚少女歌劇は、だからこそ舞台上の演技と舞台を降りた生徒の生活を厳格に区別して管理した。音楽学校における掃除や裁縫など、花嫁修業として通用するような教育内容を持ち、あくまで健全な少女であることをアピールし続けた——それは小林一三の戦略というよりは、彼自身の家父長的な価値観によるものではあったのだが。

小林自身はいずれ少女たちの芸が成熟することを望んでいたが、「少女」と健全な娯楽のイメージにはむしろ、「正統だが未熟なままの芸」の方が整合的であった。実際には芸の向上が追い付かなかっただけであったとしても、その未完成な芸自体がプロの女優イメージから距離を保ち続けることにもつながった。大西が指摘するように、帝国劇場の《熊野》に厳しい批評が集中したのに対して、少女によるお伽歌劇は好意的に受け入れられた違いは、未熟な少女の芸に対する社会の要求水準が低かったことに起因すると思われる。しかしその「大目に見られる」少女歌劇だからこそ、小規模ながらも一貫した作品としての歌劇を上演することができたのである。一九二六年に坪内逍遥は「日本では歌劇の隆興がなかなかむつかしい現状の中で、こういう少女達によって、お伽ものの歌劇を中心に上演していくことは、これからの歌劇の向上、社会の新しい趣味向上の上からもはなはだ適当」だと述べている（高木 1983: 57-8）。東京音楽学校を模した教育機関で正統な西洋音楽の教育を受けた少女たちによる子供向けの歌劇は、稚拙なものであったとしても、花柳界に近づくことなく、また浅草ほど大衆化することもなく、健全な娯楽舞台として着実に成長していったわけである。それをコスト面で可能にしたのはまた、音楽学校設立による恒常的な舞台人確保と、劇場の建設・所有でもあった。帝劇が独自のオペラ上演を断念し、大衆化によって歌劇ブームを形成した浅草オペラも衰退する中で、宝塚少女歌劇は、「少女による歌劇」という独自のスタイルのまま、さらに新たな娯楽形式であるレヴューを取り入れることによって維持することができた。宝塚少女歌劇はその後徐々に芸術音楽ジャンルとしてのオペラからは離れていくが、オペレッタの上演は続けた。それもまた、日本におけるオペラ活動を下支えすることに寄与したのである。

【注】

（1）そんな中、大西は日本におけるオペラの実現について詳細な研究を行っている（大西 2018）。

（2）大阪の三越では、三十二人の少年たちが赤地格子縞のユニホームを着て、鳥の羽根のついた帽子を斜めにかぶった小粋なかっこいい姿で楽器を演奏していた。この中で作曲家の服部良一がトロンボーンを吹いており、後に白井鐵造と組んで数々の名曲を作った宝塚の河崎一郎もオーボエを吹いていた（高木 1983: 50）。

（3）末松謙澄により一八八六年に始まった運動で、『歌舞伎新報』上に発表された「演劇改良趣意書」が大きな議論を呼ぶことになる。その主目的は（歌舞伎に見られるような）「猥雑野鄙」な演劇を社会的に恥ずかしくないものへと改良することであった（大西 2018: 22）。

（4）ヨーロッパの劇場を範として建築された一七〇〇席の椅子席やオーケストラ・ピットを持つ近代的劇場。

（5）小林によれば、最初の試みの時点で少年を含めなかったのは、経費面の理由もあったが、少女と若い男が共にある状況が好ましくないと感じたからでもあった（小林 1997: 235）。

(6) さらに一九〇〇年代に次々に創刊された少女雑誌では投稿欄が充実しており、それを土台に愛読者間のネットワークも作り上げられた（川崎 1999: 27）。

(7) 千葉によれば、大正二年創刊の少女雑誌『少女の友』ではお嬢様生活の象徴となる楽器が箏からピアノに移行していったとある（千葉 2007: 205）。

(8) 音楽学校設立については、『歌劇』一九一九年四月号に「宝塚音楽歌劇学校は範を東京音楽学校仏国歌劇学校にとり、学科を予科一年、本科一年、研究科に分ち、予科に於て一般音楽に関する学科を教授し、本科に於てやや専問《〔ママ〕》的に音楽、歌劇に関する学科を修得せしめ、研究科は専ら其専修科目を研究せしむべく別に年限を限定せず」とある。

(9) この種の議論は明治三十年代から知識人の間で行われており、たとえば坪内逍遥は、オペラと日本の伝統演劇の相違を明らかにした上で、日本式の新楽劇を構想した（大西 2018: 68–83）。

(10) 日本で最初の欧米で活躍したオペラ歌手と言える柴田環も東京音楽学校への進学の際、父親からは音楽の演奏家が「西洋の芸者」であると反対されたという（大西 2018: 132）。

(11) 既存のオペラまたはオペラ・コミックをほぼ全編そのまま翻訳上演するという形での狭義の翻訳歌劇の試みは、一九一六年の洋劇部の解散によって帝劇からは失われた、とひとまずは言える（大西 2018: 314）。

(12) 一九二〇年代初頭には宝塚の男役やその女性ファンを「異常」で「変態的」な存在と見なす批評家たちがいた（Robertson 1998=2000: 100）。川崎も小林一三が一九二二年に「変態」云々の非難に反論せざるを得なかった背景に言及している（川崎 1999: 29）。

【文献】

安藤弘、一九六四、「五十一年目の思い出」『歌劇』一月号、宝塚歌劇団、五〇―五二。

千葉優子、二〇〇七、『ドレミを選んだ日本人』音楽之友社。

川崎賢子、一九九九、『宝塚――消費社会のスペクタクル』講談社。

菊池清麿、二〇一二、『私の青空 二村定一――ジャズ・ソングと軽喜劇黄金時代』論創社。

小林一三、一九九七、『小林一三――逸翁自叙伝』日本図書センター。

増井敬二、一九九〇、『浅草オペラ物語――歴史、スター、上演記録のすべて』芸術現代社。

根岸一美、二〇一一、『ヨーゼフ・ラスカと宝塚交響楽団』大阪大学出版会。

大西由紀、二〇一八、『日本語オペラの誕生――鴎外・逍遥から浅草オペラまで』森話社。

Robertson, Jennifer, 1998, *Takarazuka: Sexual Politics and Popular Culture in Modern Japan*, Berkeley: University of California Press.（堀千恵子訳、二〇〇〇、『踊る帝国主義――宝塚をめぐるセクシュアルポリティクスと大衆文化』現代書館。）

高木史朗、一九八三、『レヴューの王様――白井鐵造と宝塚』河出書房新社。

徳永高志、二〇〇三、「小林一三の劇場経営論」『文化経済学』三（四）：七七―八六。

歌川光一、二〇一九、『女子のたしなみと日本近代――音楽文化にみる「趣味」の受容』勁草書房。

第3章　待つこととメディア
――メディアと日常性の再考に向けて

光岡寿郎

1　待つことへの回帰

新型コロナウイルスが流行した二〇二〇年は、日々の生活が「ヒト、モノ、コト」の国境を越えた「移動（mobility）」によっていかに支えられているのかを認識させられる一年となった。ただし、それは逆説的なかたちでである。なぜなら、海外どころかロックダウンによって都市間の移動すら制限され、グローバルなサプライチェーンの遅滞によって生活に必要な商品が届かなくなるという移動の停止こそが、その認識を可能にしたからである。一方で、このような物理的な移動の制限は、会議や会食といったコミュニケーションの場、つまり出来事の流通だけは質量ともに拡大させていく。

少し見方を変えてこの事態と向き合うと、移動論的転回を前提とする二十一世紀の社会は、より早くより快適に移動することを指向する一方で、同時に「待つこと（waiting）」や「焦がれること（yearning）」という経験を大量に生み出す社会であることも表面化させた[1]。本稿に取り組んでいた二〇二一年の春、私たちは世界的にただ一つの目的――つまり新型コロナウイルスの脅威からの解放――を求めてひたすらに「待つ」という特殊な日常を生きていたわけだが、コロナ以前を振り返ってみても、そこで営まれていた日々の実践もまた、常に動くことと待つことの組み合わせであったことに気づく。たとえば、通勤でもバスや電車を待つ必要があるし、仕事でメールを送ればその返信を待つ。学生は勉強するために教室で始業時間を待つし、病気の治療とはその大半のプロセスが待つことである。待合室で順番を待ち、診断を待ち、投薬の効果を待ち、場合によっては手術日を待つという具合に。くわえて、家族や友人と会話をしながら料理の到着を待つ時間もまた、食事の記憶に影響を与えている。

そして、このような日常生活における「待つ」という行為には、常にメディアが随伴してきた。前述の例で言えば、病院や食堂といった待つことが前提とされた空間では昔から雑誌が提供され、数多くのスクリーンが設置されてきた。また、駅のプラットフォームや教室でのちょっとした待ち時間にも、数多くの人々がスマートフォンをいじっている。ところが、このように社会に遍在し、日々遭遇する待つこととメディアとの関係はこれまで積極的に対象化されることはなかった。むしろこれまでのメディア研究は、マーシャル・マクルーハン(Marshall McLuhan)の「グローバル・ビレッジ」に仮託されたような時間と空間の圧縮、つまり社会の加速化を促進する技術としてメディアを理解しようとする傾向が強かったように思われる。[2] それは、モビリティ研究(mobility studies)におけるメディアの扱われ方にも共通している。仕事のために世界中で離れて暮らす家族の紐帯を維持することや(Elliott and Urry 2010)、国際的な物流や労務管理を最適化するシステムとして(Rossiter 2016)、つまり移動の高速化や効率化を支える諸技術の中核としてメディアは論じられてきたのである。そこで本稿では、一度このような見方からは離れて、むしろこの移動と加速化が特徴づける現代社会のなかで余剰として生み出される「待つこと」とメディアの関係性を検討してみたい。まず次節では、これまでメディア研究の近接領域でなされてきた待つことをめぐる議論を整理したうえで、待つという経験に内在する差異を確認する。そのうえで第三節では、待つことを対象化することで可能となる、メディア研究における空間性と時間性の接合について考えてみたい。

2　待つことを対象化する

無駄な時間としての待つこと

メディア研究における待つことの不在は、移動を取り巻く隣接の社会科学においても共有された問題意識だと言える。後述するように、英語圏では二〇〇〇年代の後半になると待つことを対象としたまとまった研究がいくつか公刊されるが、なかでも幅広く参照された論文のなかで、地理学者のデヴィッド・ビッセル（David Bissell）は以下のように述べている。

> 待つという出来事（the event of waiting）は、近代の見過ごされてきたアキレス腱のように思われる。空港から鉄道の駅まで、また信号からバス停まで、空間を移動する過程で生じる待つという実践は、移動する日常（mobile everyday）の網目に編み込まれたしばしば避けがたく、頻繁に出くわす経験である。ただし、そのような待つことは、不思議と現在急速に発展する移動を対象とした諸研究においては不在なのである。（Bissell 2007: 277）(3)

ここでの待つことへの無関心の背景には、「時間を生産性と結びつけた社会においては、待つことは何も生み出さないという点で無駄なことだ」（Farman 2018: 76）という、日常的な感覚からもそう遠くはない素朴な理解が影響してきたと考えられる。

そして、このような見方は、待つことを対象とした比較的初期の社会学的研究として言及されるバリー・シュワルツ（Barry Schwartz）の「待つこと、交換することと権力――社会システムにおける時間の分配（Waiting, Exchange, and Power: The Distribution of Time in Social Systems）」にも反映されている。シュワルツは、基本的に社会における待つことの分配は、待つ側と待たせる側の社会的関係性に依存しており、そこで生じる「待たせる」という実践に権力の発動を確認する（Schwartz 1974）。ここで待たせることが権力の発動として理解されるためには、待つことが無駄な時間であるという前提が必要だ。つまり、資本主義社会において、労働は測定可能な時間に依拠しており、その生産する時間を奪い暇を課すという経済的不利益を強制できるからこそ、そこに権力の発動が伴うわけである。

この論文のなかでは、医療行為を待つ時間や、付加価値の高いサービスを待つ時間などが分析対象となるが、生産性や経済効率性と待ち時間が紐づけられていることが良く分かるのは、公的機関の業務効率化について述べた箇所である。私たちが訪れる役所の窓口を想像すると分かりやすいが、一般に公的機関は、自身の業務効率性だけを追い求めると、その意図に反して窓口を訪れる市民の待ち時間が増加する。これ自体公共サービスをめぐる、市民と公務員の間で生じる垂直的社会関係の反映なわけだが、シュワルツの議論が興味深いのは、このような部分最適化の追求は社会全体では損失に転じやすいという指摘だ。彼が取り上げたのは裁判所だが、そこでも運営の効率化が図られた結果として、数多くの人々が裁判所で長時間待たされることが常態化している。そのなかには、訴訟の当事者に加えて弁護士も含まれるし、刑事事件であれば検事や、被告を連行する警察官といった人々が挙げられる。つまり、裁判所の業務効率化、もしくは官僚化を推し進めると、弁護士や検事のような専門性――時間単価――の高い人々の労働時間が削り取られることで、社会全体としては効率性が低下すると述べたのである（Schwartz 1974: 854）。

このような議論が成立する限り、「待つこと」は無駄な時間として調整の対象となるか、さもなくばそもそも取るに足りないものとして議論の対象から外れざるを得ない。いわば、生産性や効率性を重視する近代社会の余剰こそが待ち時間なのである。そのせいもあってか、一九七〇年前後には待つことの社会学的研究は散見されるものの(Mann 1969; Schwartz 1975)、その後しばらくはメルクマールとなるような成果は見られない。(4)

待つことの内実――待たされる人々としての移民

このような待つことを対象とした研究の不在を二十一世紀に入ると埋めていくのが、文化人類学者や地理学者による成果である。二〇〇九年にはオーストラリアを代表する文化人類学者、ガッサン・ハージ(Ghassan Hage)が編んだ『待つこと(*Waiting*)』(Hage ed. 2009)が出版され、その影響も受けながら、世界各地に固有の「待つこと」を取り上げた『待つことのエスノグラフィー(*Ethnographies of Waiting*)』(Janeja and Bandak eds. 2019)が二〇一九年に公刊されている。一方、地理学においても前述のデヴィッド・ビッセルが編者を務め、モビリティ研究をリードするピーター・アディ(Peter Adey)らが寄稿した『移動する世界において静止すること(*Stillness in a Mobile World*)』(Bissell and Fuller eds. 2011)が出版される。このような待つことを対象とした研究が両者を中心に論じられてきたのは、社会学とは異なる「移動」の側面に注目してきたからである。

厳密に線引きをすること自体にさほど意味はないが、社会学の場合、一連のアーリらの移動の社会学に先行し、並走してきたのは、マニュエル・カステル(Manuel Castells)やサスキア・サッセン(Saskia Sassen)らに代表される、資本や情報のフローに基礎を置くグローバル社会論だった。このような社会を生き抜く人々としては、ロンドンやニューヨークといったグローバルな金融センターを飛び回るビジネスパーソンであったり、より良い研究環境を求めて国境を越える研究者であったりと専門職を中心に想定されてきた。この傾向は、二十一世紀に入っても見え隠れしており(Elliott and Urry 2010)、どこかで自分の意志に反して移動させられている社会的に弱い立場に置かれた集団への問いは後回しにされてきた。この点は、イギリスのメディア研究者デヴィッド・モーリー（David Morley）の、モバイル・メディアのアーリー・アダプターが、グローバルエリート以上にライフラインとしてそれをより切実に必要とする出稼ぎ労働者や難民であったという遅まきながらの気づきとも一致する（Morley 2017: 183）。つまり、社会学は自分の意志で世界を飛び回る人々や、その移動を支える物理的、情報通信的なインフラストラクチャーを一様の構造として描く傾向があった。

一方で、今世紀最初の二十年は、自分の意志に反した、もしくは不自由な移動によって特徴づけられる。二〇〇一年九月に発生したアメリカ同時多発テロ事件以降、世界的に宗教間の緊張は高まり、中東や北アフリカからヨーロッパへの難民は後を絶たない。同様に、解消の見込みがない経済的格差から、途上国から先進国へと故郷の家族から離れて出稼ぎに向かう人々も数多く存在する。また、直近では二〇二〇年の国家安全維持法の施行に伴い、香港からイギリスや台湾への移住も増加している。実際、二〇一九年に国際連合経済社会局（DESA）が公開した、『国際移民ストック二〇一九（International Migrant Stock 2019）』（United Nations Department of Economic and Social Affairs 2019）においても、世界の移民数は二〇〇〇年の一億七三五九万人から、二〇一九年の二億七一六四万人へと五十％以上増加している。

このような背景から、文化人類学や地理学は、社会学とは異なるかたちで国境を越えて移動する人々としての移民を見出し、その日常に圧倒的な存在感を占める「待つ」という行為へと注目することになったのである。二〇一二年にオスロのセント・ジェームス教会の前に仮設のキャンプを設置してノルウェー政府にビザの発給を求める運動を行ったパレスチナ難民。彼／彼女らが待つことの意味を描いた、ノルウェーの社会人類学者シノーヴ・ベンディクセン（Synnøve Bendixsen）とトマス・エリクセン（Thomas Hylland Eriksen）の研究は、そのような成果の一例である（Bendixsen and Eriksen 2019）。この運動に参加したパレスチナ難民のインタビューを通して彼女たちが明らかにしたのは、このような社会運動に参加するパレスチナ難民にとってこのキャンプで待つことと、国外追放者収容施設で待つことの意味づけの差異である。つまり、当時在留ビザの発給を積極的には行わずパレスチナ難民を不安定な状況に留めおいたノルウェー政府に対して、積極的な権利、つまり希望を求めてセント・ジェームス教会のキャンプで明日を待つことと、自身が全く関与できない強制送還という措置に怯えながら収容施設で待つこととの間の差異である。

また地理学者のクレイグ・マーティン（Craig Martin）も、二〇〇一年十二月に起こったクルド人の密入国に関わる悲劇に触れながら、[5]移民にとって「じっと待つこと（stillness）」の意味を検討している。移動することとは実際には移動しながら待つことを意味することが大半だが、その「移動しながら待つこと」の意味が、移民とそれ以外の人々にとっては大きく異なることを指摘する。たとえば、空港で何度もセキュリティチェックされ、整備の行き届いた機体の快適な座席でうとうとしながら目的地を目指す人々にとって、その移動は「物理的にも精神的にも、［危険から］身を守るクッションにくるまれている」（Martin 2011: 197）。一方で、それが政治的抑圧であれ、経済的困窮であれ故郷を離れることを余儀なくされた人々にとって、その移動とは法的な保障もなく、輸送船やトラックのコンテナーの一部として手荒く扱われる「嵐のようにじっと待つこと（turbulent stillness）」（Martin 2011: 199）なのであり、目的地に着いた時には命を落とすことすらある。

つまり、ベンディクセンやマーティンは、一九七〇年代の社会学的研究も含めて、ややもすると一様に無駄として片づけられるきらいがあった「待つこと」を、それぞれの移動の軌跡のなかで待たざるを得ない状況に直面する移民が、彼／彼女らの日常に即した文脈において与える意味づけに目を向け、その内実を丁寧に描こうと試みたのである。

そのせいもあってか、待つことの分類へと踏み込む傾向が強い点もまた、これらの研究の特徴だと言える。たとえば、ニュージーランドの文化人類学者ピーター・ドワイヤー（Peter D. Dwyer）は、ノルウェーの哲学者ラース・スヴェンセン（Lars Svendsen）の「退屈（boredom）」についての議論を引きながら、自身を取り巻く関係性のなかで生じる「状況的に待つこと（situational waiting）」と自分自身の状態としての「実存的に待つこと

(existential waiting)」を区別している（Dwyer 2009: 18）[6]。同様に、『待つことのエスノグラフィー』の編者であるバンダックとジャネジャもまたその序論において、前述のシュワルツが提示していた「[他者、状況によって]待たされること（waiting *for*）」と「[自らの選択として]待つこと（waiting *on*）」の差異を、個々の待つことの環境に即して検討する必要性に触れている（Bandak and Janeja 2019）[7]。ここで文化人類学者が待つことの分類に注意を向けたのは、待つことのモデリングを強調するためではなく、むしろ移民の経験をきっかけに、日常生活の様々な場面で向き合わざるを得ない「待つこと」に個々人が与える意味の差異や揺れを繊細に描くためのスクリーニング手段としての重要性を意識しているからだろう。

ここで本節の流れを振り返ると、「移動」を対象としたモビリティ研究とは異なり、「待つこと」は体系的な研究領域を形成してきたとまでは言えない。ただし、どこかで日常的感覚である「待つことは無駄な時間である」という前提に依拠し、ときにその感覚を補強した一九七〇年代の社会学的研究に対して、文化人類学や地理学は、世界中を飛び回るグローバルエリートから生き延びるために移動せざるを得ない難民にいたるまで、移動が増加することで必然的に生じる種々雑多な「待つこと」に直面して、その待つという経験の差異を規定する要因に目を向けるようになったのである。

3　待つこととメディア

コミュニケーションの前提としての待つこと

では、前述のような「待つこと」をめぐる議論がなぜメディア研究にとっても重要な示唆を持つのかと言えば、それは素朴に待つことがメディア、もしくはメディアを介したコミュニケーションの基底的要素の一つでもあるからだ。メディアは、歴史的にも待ち時間やその時間が過ごされる空間の変容に対応しながら発展してきた。というのも、近代に鉄道を利用し始めたときからすでに、私たちは移動する待ち時間としての客車のなかで書籍という「モバイル・メディア」を読んで過ごしてきたし（Schivelbusch 1979=1982）、病院の待合室や空港の搭乗口での待ち時間に何気なくテレビを見てきたからだ（McCarthy 2001）。本稿と問題意識を共有するアメリカのメディア研究者ジェイソン・ファーマン（Jason Farman）は、その著書『遅れた返答（*Delayed Response*）』（Farman 2018）のなかで、以下のように述べている。

待つことは、何かの合間にある時間（in-between time）ではない。むしろ、しばしば嫌われ、十分な評価を受けないこの時間は、私たちの社会的な相互作用を形成する無言の力であり続けた。また、待つこととは、親密さや精一杯日々を過ごすことから私たちを隔てる障害ではない。むしろ、私たちが送るメッセージを通して、人としてつながるために待つことは欠かせない。待つことは、数多くの点で私たちの社会生活をかたちづくるものであり、私たちにとって何かしら役に立つものなのである。（Farman 2018: 18）

そのうえでファーマンは、古くは王族の手紙に付された封蝋から、近代初期の気送管による郵便、そしてＰＣの処理が遅延する際に発生するスクリーン上のアイコンにいたるまで、それぞれの時代、文化に固有の待つこととメディアの関係性を歴史社会学的に論じていく。そこでの分析に通底した視点とは、その待ち時間の多寡にかかわらずコミュニケーションとは必然的に待つことを伴う行為であるという感覚だ。私自身この指摘に同意するものだが、「待つことがコミュニケーションの基底に存在する」という題目はいささか唐突にも響く。そこで、ここからはその一端を、空間性に基礎を置くオーディエンス研究の限界という文脈に位置づけたうえで検討してみたい。

空間論的オーディエンス研究の限界

このような待つことを対象化することでメディア研究が得られると想定される利得の一つが、「時間性（temporality）」という観点を採用できることである。なぜなら、待つという行為は「持続」、つまり時間の経過を強く喚起させる概念だからだ。この時間性という補助線は、現代のメディア視聴の様態を理解するうえで空間性の意義を強調して以降停滞に陥ったオーディエンス研究（audience studies）にとって、とりわけ重要だと考えられる。

メディアの政治経済学やメディアの歴史等と並び、メディア研究の中核をなす領域の一つがオーディエンス研究だが、この領域は大きく三層で構成される。まずは、アメリカを中心とした効果研究である。戦後長きにわたって視聴者研究の主流をなすアプローチであり、（マス・）メディアが、投票や購買といった視聴者の行動に与える効果を定量的に把握することを目指してきた。そのうえで、このような効果研究の単線的なコミュニケーションモデルを批判するかたちで一九八〇年代に現れてくるのが、能動的観衆論（active audience theory）である。能動的観衆論は、メディアのコンテンツもまたテクストととらえ、それぞれが持ち込む階層、ジェンダー、エスニシティといった社会的、文化的文脈に応じてその内容を解読するオーディエンスを読者として発見することになる。このような観衆が具体的にメディアを視聴する様子をエスノグラフィックに描く過程で生まれたのが、メディアが消費される「場の固有性（site-specificity）」を強調する空間論的アプローチである（McCarthy 2001）。当初はテレビの視聴空間として家庭に圧倒的な優位性を与えたこのアプローチもまた、視聴経験における「公／私」の差異を見出すことで、これまでも言及してきた病院の待合室、空港、さらには食堂や居酒屋（tavern）といった公的な空間が持つ固有の視聴特性をつぶさに描いていく(8)。

ところが、空間論的アプローチは二十一世紀に入ると停滞を迎える。もちろん、アドリアーナ・スーザ・エ・

シルバ（Adriana de Souza e Silva）らのように、モバイル・メディアがＧＰＳを搭載し、物理的な空間とオンラインの空間が一致したりずれたりする日常におけるコミュニケーションを分析したり（de Souza e Silva and Frith 2012）、同様にモバイル・メディアの携帯や都市の表面の電子化といったスクリーンの遍在に注目し、メディアの物質性の観点からその停滞を乗り越えようという動向は存在した（光岡・大久保編 2019）。けれども、現在のメディア環境をこの観点だけで記述することは難しい。なぜなら、空間論的なアプローチは、元々は据え置き型のスクリーン・メディアを前提として立ち上がったため、「空間、メディア、視聴行為」の一対一対応関係を要請しやすいからである。したがって、そこに存在するオーディエンスもまた、一様の集団として理解される傾向が強い。

代表的な視聴空間とされた家庭を例にとってみよう。二〇〇〇年代に入るまで、夕食後のリビングルームでのテレビの視聴は、家庭でテレビを囲む家族団欒のひとときとして記述することが可能だった。しかし、現在では同様にリビングルームに家族が集まっていたとしても、家族の成員それぞれがスマートフォンという二つ目のスクリーンを携帯しており、両親はふとした通知で職場からのメッセージを読んだり、返信をしたりと仕事に注意を向けるかもしれないし、子供たちは友人とのＬＩＮＥに勤しんだり、場合によってはテレビに映っているアーティストの別の楽曲をＹｏｕＴｕｂｅで検索しているかもしれない。この同じ空間と同じ行為を共有しながらも、各々が異なる経験をしているという現在のメディア環境を、空間論は「多様である」という水準以上で記述することは難しい(9)。

空間性と時間性の接ぎ木としての待つこと

ゆえに、待つことが喚起する「時間性」への注目が重要なのである。それは第一に、ある個人のある行為の意味づけが、常に空間性と時間性の組み合わせによって規定されており、ときに時間性が優越するという視点を担保できること。第二に、ある空間におけるメディア経験が一見ただ多様に見えたとしても、その個別の経験の束もまた、それぞれが生きる時間性の構造のなかに割り当てられた空間的配置として、つまり関係性として論じることが可能になるからである。

一点目については、医療従事者の生活を考えてみると分かりやすい。空間との対応で彼／彼女らの行為の意味づけを考えると、病院こそが仕事の場であるのに対して、自宅は余暇、すなわち私的な空間である。ところが、医療従事者は勤務時間が終了すれば病院にいても仕事をする必要はないわけだし、自宅にいたとしても、患者の容体が急変し病院から電話が来れば、自宅が仕事場になる。つまり、時間の社会学者であるエヴィエタ・ゼルバベル（Eviatar Zerubavel）が指摘するように、「社会機構という面からいうと、職業拘束にみられる時間上の境界線は、空間上のそれに優先するもので、空間上の境界線よりはるかに強い」（Zerubavel 1981=1984: 229–30）。くわえて、私たちの大半が仕事（学業）を持ち、スマートフォンでいつでもどこでも連絡が取れる環境にある以上、このゼルバベルの指摘は職業拘束だけには留まらない。ある場におけるメディア経験の意味づけもまた、常にこの空間の持つ規定力と、ときにそれを上書きする時間性とのバランスのなかで決定されると考えるのが妥当である。

二点目は、それでもある空間は多様なメディア経験の集合体であるという結論しか導けないのではという懸念に関わるものだ。私は、それぞれの空間が多様なメディア経験の集合体でしかないというその豊かな猥雑さを描くことを現代のメディア研究は積極的に引き受けて良いと考えているが、その猥雑さを見通す枠組みの必要性には同意できる。そこで、時間性と向き合う必要が出てくる。なぜなら、「時間性（temporality）」は「時間（time）」とは異なる概念だからである。タクシー内の地元の運転手と海外出張者の乗客、オフィスでヨガをする社員とインストラクターといった、同じ空間に集う人々が異なる時間性を生きていることを検討したカナダのメディア研究者サラ・シャルマ（Sarah Sharma）は、その違いを以下のように説明している。

時間性（temporalities）は、時間とは異なる。つまり、頻繁に壊れる時計のように、何度も何度もリセットされる必要がある。それらの時間性は、再調整され、その外側に拡がる時間の秩序に調和すると想定されている。時間性は一様な時間ではなく、むしろそれらを生み出す労働に特有の時間を経験するのである。（Sharma 2014: 8）

ここでシャルマが示唆しているのは、とある任意の空間には、複数の時間が同時に流れているという視点である。たとえば、次の出張地へと向かう乗客を乗せて空港に向かうタクシーという空間を考えてみよう。この空間で運転手が生きる時間とは、常に移動を求められるグローバルエリートの待ち時間の短縮に奉仕し、自分では休憩をとる時間も用を足す時間も決定できない日常を構成する一場面である。同時に、同乗する出張者は、前者が削りだしてくれた時間を活用してさらなる資本のフローを生み出すために、後部座席から世界中とチャットしたりビジネスメールを送ったりする生産的な時間を生きている。つまり、「空間を共有することは、必ずしも時間を共有することを保証しない」（Sharma 2014：22）。くわえて、このタクシー内で出会った両者の時間性は、その外部に拡がる資本のグローバルな流通の構造のなかでそれぞれに与えられた、システマティックな空間的配置なのである。

そこで、もう一度待つことに立ち戻ろう。ここまで何度も言及してきたように、据え置き型の時代からメディアは待ち時間をつぶす場所にこそ設置されてきた。さらに、現在ではある場所に集う一人一人がモバイル・メディアを日々携帯することで、数多くの空間が異なるメディア経験の束のようなかたちで構成されている。この空間を静止画で切り取ると、そこには多様な待つ経験の集積が現れるのかもしれない。ただ、そこで思い思いにスクリーンを眺めたり、仕事のチャットをしていたり、ただ画面をスワイプしていたりする人々にとっての待つことの持続を意識したとき、つまり、その待つことの前後に拡がる個々の日常を構成する時間性の継起にまで想像力が及んだとき、その空間に集積している社会的諸力の関係性をもう少し高い解像度で描くことができないだろうか。ゆえに、待つことが持ち込む時間性が重要なのである。

また、シャルマはここで「労働（labor）」に注目することで、ある空間に共在する複数の時間性の関係を切り出すことに成功しているが、そこには近代社会において労働が時間で計算可能な行為だという前提が存在する。一方で「待つこと」は、労働の対概念である「退屈（boredom）」や「余暇（leisure）」と密接な関係を持つことから、時間性に対してシャルマとは異なる光を当てることが期待される。ここに本稿では次節で手短に言及するに留まる、メディア研究にとって「待つこと」が持つもう一つの意義が存在する。

4　待つことと日常性——無駄の研究としてのメディア研究

それは、メディア研究とは無駄な行為の研究でもあるという認識を与えてくれる点だ。基本的に生活時間は、「動いていること」と「待つこと」に分割できるが、この「動いていること／待つこと」は、常に「労働／余暇」、「生産／消費」そして、「有益／無駄」という複数の意味のレイヤーと重なりあっている。したがって、待ち時間のメディア利用を検討することとは、余暇や消費、そして無駄の研究でもある。

この「メディア研究とは無駄の研究である」という標語は、どちらかと言えば積極的な意味を持つ。というのも、メディアを通して情報を取得したり、さらにはそこで得られた情報をもとに合意形成を目指したりといった、メディア利用は何らかの目的に奉仕するという暗黙の了解こそが、日々の最もありふれたメディア経験である「待ち時間をつぶすこと」、さらには待つ人々が集う場としてのメディア空間を、その研究対象から遠ざけてきたはずだからだ。つまり、待つことをメディア研究することは、恐らくメディア研究の目的論からの解放を伴う。

このような有益な目的を持つ行為としてのメディア利用という見方の限界は、日本のメディア研究のなかでもこれまで断片的に言及されてきた。たとえば社会学者の中野収は、一九七〇年代後半のメディア環境をある空間における多媒体接触として理解する先駆的な議論のなかで、以下のように語っている。

> たとえば多媒体接触は、事象についての知識を増加させない――人々が何かを知りたくて媒体に接触しているかどうか、きわめて疑わしい。媒体接触は、何かを知りたいという理由ではなく、むしろ人々が現にいる生活空間・状況に動機づけられている――通勤電車の中でスポーツ紙を読むように。つまり知るという動機を重視する理論は、行為のある部分に適合しているだけである。（中野 1980: 217）

ここでの主張は、動機、つまり目的を重視したオーディエンス研究では、日常のメディア利用の一端しか説明できないというものに留まっている。ところが、私たちは目的を持ってメディアを利用しているはずだという態度は、ときにその対象の本質を理解するうえでの枷にすらなり得ることを指摘しているのが、メディア研究者としての佐藤健二である。

> 人間はいつも、より早くに知りたいと願い、より正確な事実を求めているとの前提は、われわれの社会のひとつの思いこみである。むしろ速さよりも強烈さや奇妙さを、正確さよりも面白さや興奮を望む欲望が、いくつものメディアを現実に育ててきたのではなかったか。（佐藤 2018: 120、強調は引用者）

ここで佐藤が論じているのは、明治時代の初期に人気を博した新聞錦絵あるいは錦絵新聞と呼ばれる印刷物であり、後者の呼称に批判的な立場をとっている。なぜなら、錦絵新聞という呼称を成立させる前提として、より正確な情報をより早く知るという目的に「メディア（新聞）」が資するという現代のメディア観が無意識に、もしくは十分な検討を伴うことなく援用されているからである。くわえて、このようなメディア観は、一見「有益な」メディア利用には映らない、当該の社会を生きる人々にとっての日常の埋め草としてのメディア経験が持つ豊かさを描く道筋を閉ざしてしまう。[10] そして、このような理解の背後で失われかねないメディアを通した経験の豊かさを取り戻すためのきっかけの一つが、日々の生活にありふれた「待つこと」をめぐるメディアのありようを記述することではないだろうか。

そのうえで、このように目的という言葉が持つ有用性への問いからは離れて、ただ待ち時間を過ごすためにメディアを利用することを議論の俎上に載せることは、以下の二つの文脈においてメディアを、もしくはメディアのある日常を問い直すことにつながるはずだ。その一つは、前述の空間論的なアプローチを含めたイギリスのカルチュラル・スタディーズに依拠したメディア研究が描こうとしながらもその企図が達成できなかった日常性への問い（Silverstone 1994）を、現在のマルチスクリーン環境に改めて定位すること。二つ目に、本稿に取りかかる段階では想定していなかった、新型コロナウイルスの流行下にモバイル・メディアから据え置き型メディアへとその接触時間が大きく変化するなかで、大型スクリーンを通じて時間的、空間的に再編成された新しい日常性を描き直すことである。[11]

【注】

（1） 二十一世紀の社会科学において「移動」が注目を集めたことの証左として、二〇〇六年に*Mobilities*が創刊されたことが挙げられる。移動の社会学を代表するジョン・アーリ（John Urry）やミミ・シェラー（Mimi Sheller）らが、創刊号に寄せた論文のタイトルもまた「Mobilities, Immobilities and Moorings」（Hannam et al. 2006）であった。

つまり、モビリティ研究とはそもそも「移動と静止」の時間的、空間的配置の探求を伴うものだったのである。

（2）フランスの哲学者ポール・ヴィリリオ（Paul Virilio）にもまた、この傾向がある。ヴィリリオは最初期のマスメディアである新聞について、

十九世紀から二十世紀の初頭にかけて、新聞にとって重要だったのは「情報を提供すること」より、「情報に先行すること」、「進行中の情報を捕まえること」、そして文字通り「情報が現実に追い越される直前に売ること」だった。
（Virilio 1993=2002: 75）

と述べるが、ここにもメディアの本質はスピード、つまり時間の圧縮であることが示唆されている。

（3）以降、未邦訳文献は拙訳。

（4）ちなみにマン（Mann 1969）の研究は、メルボルンのスタジアムでのチケット販売に前夜から列をなして待つ人々という仮設のコミュニティに、いかに規範が共有され秩序がもたらされるのかをパーソンズのAGIL図式を用いて検討したものである。

（5）イギリスに入国するためにベルギーの港から貨物コンテナーに乗り込んだクルド人十三名が、アイルランドの港で発見されそのうち九名が亡くなっていた事件。入国ビザの取得が困難な人々にとって、このような一見無謀な入国方法は依然として頼るべき手段となっている。二〇一九年十月に、イギリスのエセックス州でトラックの冷凍貨物用コンテナーから三十九名のベトナム人の遺体が発見された事件もまだ記憶に新しい（BBC News 2019.10.24）。

（6）本稿では紙幅から「待つこと」に焦点を絞ったが、行為概念としての「待つこと（waiting）」と、その状態を対象化する概念としての「退屈（boredom）」の関係性については今後注意深く議論していく必要がある。英語圏では退屈もまた、哲学を中心に独立した研究領域である（e.g. Gardiner and Haladyn eds. 2017）。

(7)「wait on」には、「待ち続ける」という意味に加えて、誰かのために「仕える」という意味がある。つまり、待つことは外的環境から強制的に課されるだけではなく、自らの選択に基づく能動的行為でもあるという点に注意を向けるために使われている。

(8)オーディエンス研究の系譜については、光岡(2015)に詳しい。

(9)むしろ空間への注目を複数のメディア経験が折り重なる「場」へと拡張して、五つの分析視角から記述する枠組みを提案したのが光岡(2021b)である。

(10)佐藤は同じ『文化資源学講義』(2018)のなかで、観光地からの絵葉書について論じているが、そこでも絵葉書をメディア足らしめた要因の一つが、その「用件のなさ」(佐藤 2018: 157)であることを指摘している。

(11)据え置き型のスクリーンによって再編される日常性については、暫定的なものではあるが光岡(2021a)を参照のこと。

【文献】

Bandak, Andreas and Manpreet K. Janeja, 2019, "Introduction: Worth the Wait," Manpreet K. Janeja and Andreas Bandak eds., *Ethnographies of Waiting: Doubt, Hope and Uncertainty*, London and New York: Bloomsbury Publishing, 1-40.

BBC News、二〇一九、「トラックのコンテナから三十九人の遺体、運転手逮捕」(二〇二一年四月十七日取得、https://www.bbc.com/japanese/50163276)。

Bendixsen, Synnøve and Thomas Hylland Eriksen, 2019, "Time and the Other: Waiting and Hope among Irregular Migrants," Manpreet K. Janeja and Andreas Bandak, eds., *Ethnographies of Waiting: Doubt, Hope and Uncertainty*, London and New York: Bloomsbury Publishing, 87–112.

Bissell, David, 2007, "Animating Suspension: Waiting for Mobilities," *Mobilities*, 2(2): 277–98.

Bissell, David and Gillian Fuller eds., 2011, *Stillness in a Mobile World*, Oxon and New York: Routledge.

de Souza e Silva, Adriana and Jordan Frith, 2012, *Mobile Interfaces in Public Spaces: Locational Privacy, Control, and Urban Sociability*, Oxon and New York: Routledge.

Dwyer, Peter D., 2009, "Worlds of Waiting," Ghassan Hage ed., *Waiting*, Carlton: Melbourne University Press, 13–26.

Elliott, Anthony and John Urry, 2010, *Mobile Lives*, Oxon and New York: Routledge.

Farman, Jason, 2018, *Delayed Response: The Art of Waiting from the Ancient to the Instant World*, New Haven and London: Yale University Press.

Gardiner, Michael E. and Julian Jason Haladyn, eds., 2017, *Boredom Studies Reader: Frameworks and Perspectives*, Oxon and New York: Routledge.

Hage, Ghassan ed., 2009, *Waiting*, Carlton: Melbourne University Press.

Hannam, Kevin, Mimi Sheller and John Urry, 2006, "Mobilities, Immobilities and Moorings," *Mobilities*, 1(1): 1–22.

Janeja, Manpreet K. and Andreas Bandak eds., 2019, *Ethnographies of Waiting: Doubt, Hope and Uncertainty*, London and New York: Bloomsbury Publishing.

Mann, Leon, 1969, "Queue Culture: The Waiting Line as a Social System," *American Journal of Sociology*, 75 (3): 340–54.

Martin, Craig, 2011, "Turbulent Stillness: The Politics of Uncertainty and the Undocumented Migrant," David

Bissell and Gillian Fuller eds., *Stillness in a Mobile World*, Oxon and New York: Routledge, 192–208.

McCarthy, Anna, 2001, *Ambient Television: Visual Culture and Public Space*, Durham and London: Duke University Press.

光岡寿郎、二〇一五、「メディア研究における空間論の系譜――移動する視聴者をめぐって」『コミュニケーション科学』四一：六五―八七。

――――、二〇二一a、「コロナとスクリーン――新型コロナウイルス禍におけるメディア接触の変容と日常性」『コミュニケーション科学』五三：一七一―一八九。

――――、二〇二一b、「スクリーン・スタディーズという方法――遍在するスクリーンと「見ること」の変容」伊藤守編『ポストメディア・セオリーズ――メディア研究の新展開』ミネルヴァ書房、二八―四九頁。

光岡寿郎・大久保遼編、二〇一九、『スクリーン・スタディーズ――デジタル時代の映像／メディア経験』東京大学出版会。

Morley, David, 2017, *Communications and Mobility: The Migrant, the Mobile Phone, and the Container Box*, Hoboken and Chichester: Wiley Blackwell.

中野収、一九八〇、『現代人の情報行動』ＮＨＫブックス。

Rossiter, Ned, 2016, *Software, Infrastructure, Labor: A Media Theory of Logistical Nightmares*, Oxon and New York: Routledge.

佐藤健二、二〇一八、『文化資源学講義』東京大学出版会。

Schivelbusch, Wolfgang, 1979, *The Railway Journey: Trains and Travel in the 19th Century*, New York: Urizen Books.（加藤二郎訳、一九八二、『鉄道旅行の歴史――十九世紀における空間と時間の工業化』法政大学出版局。）

Schwartz, Barry, 1974, "Waiting, Exchange, and Power: The Distribution of Time in Social Systems," *American Journal of Sociology*, 79(4): 841-70.
———, 1975, *Queuing and Waiting: Studies in the Social Organization of Access and Delay*, Chicago: University of Chicago Press.
Sharma, Sarah, 2014, *In the Meantime: Temporality and Cultural Politics*, Durham and London: Duke University Press.
Silverstone, Roger, 1994, *Television and Everyday Life*, London and New York: Routledge.
United Nations Department of Economic and Social Affairs, 2019, "International Migrant Stock 2019," *Population Division: International Migration*. (Retrieved April 17, 2021, https://www.un.org/en/development/desa/population/migration/data/estimates2/estimates19.asp).
Virilio, Paul, 1993, *L'art du moteur*, Paris: Editions Galilée.（土屋進訳、二〇〇二、『情報エネルギー化社会――現実空間の解体と速度が作り出す空間』新評論。）
Zerubavel, Eviatar, 1981, *Hidden Rhythms: Schedules and Calendars in Social Life*, Chicago: University of Chicago Press.（木田橋美和子訳、一九八四、『かくれたリズム――時間の社会学』サイマル出版会。）

第4章　国策映画と動員政治
——一九七〇年代韓国における映画統制と生徒の映画団体観覧

鄭仁善

1　序論

韓国の一九七〇年代と言えば、国家による大衆動員のイデオロギーが政治・社会・文化のあらゆる領域において猛威を振るっていた時代である。国家の影響力という点においては映画という分野もまた例外ではない。「国策映画」あるいは「優秀映画」の製作が国家によって推進されており、さらに映画館では観客に対して本編の上映前に「愛国歌映画」[1]、「文化映画」、「ニュース映画」と続く公報宣伝用映画の鑑賞が強制されていた。一九七〇年代は民族主義、近代化、反共産主義という国家イデオロギーに反発するかのように、韓国社会の「大衆社会」化が進んだ時期でもあった。そのため、これを阻もうとする強圧的な統治行為が生じ、様々な矛盾や亀裂が表面化したのである。

一九七一年における「非常事態」の宣言[2]、これに続く一九七二年における「国産映画制作方向」という映画政策の発表及び「安保映画」という新用語の誕生、そして一九七三年における映画法改正及び国策映画の制作に至るまで、一九七〇年代はそのはじまりから映画産業に対する政府の支配が本格的かつ露骨に行われた時期である。

一九七〇年代の非日常的な統治体制がもたらした様々な国家政策に対する大衆と国家の間の強制と同意のダイナミズムに、映画研究も長年にわたって取り組んできた。これらの研究は、当時の国策映画が大衆の欲望する快楽を捉えそこねたことで、結局強制に基づく表面的な動員に止まったと論じるものや（황혜진 2004）、その一方で当時大衆的人気を博していたホステス映画を動員と支配メカニズムの不安定性と亀裂の証拠として示すものなど（유선영 2007）、実に様々である。またさらに、国策映画と大衆映画が相互補完的関係にあったという主張も見られる（권은선 2015）。

こうした研究の大部分は、一九七〇年代の国策映画群の表象を分析することを目的としており、国策映画に対する大衆の受容と同意の問題は、研究対象としてほぼ等閑視されていたといえる。大衆が映画館に赴くという日常的行為には、個人的・社会的・文化的・政治的力が複合的に作用している（Lovejoy 2017: 91）[3]。そのため、観客あるいは受け手研究は、新たな研究資料の発掘および「研究者の方法的読みが必要」（佐藤 2018: 32）な分野であるが、資料の欠乏によって研究が十分に行われてこなかった。こうした傾向は、国家によって徹底的に統制されていた国策映画を対象とした研究においても同様である。ただ、一九七〇年代の韓国における反共映画について、生産のみならず、消費にまで光を当てて国家権力が作動するメカニズムを解明したイ・インギュ（이인규 2014）の研究、日本の戦時期における国策映画に内在した矛盾と亀裂を当時の映画群の興行を分析することによって明らかにした古川隆久（2003）の研究、そして映画の観客が国家および資本主義にどのように呼びかけられ、主体を形成してきたのかを歴史的観点から検討した藤木秀明（2019）の研究のように、観客が国策映画と関わり合う、その形式に注目した研究も少数ではあるが継続して行われてきた。

本稿はこうした先行研究と軌を一にする一方で、いわゆる生徒による映画の「団体観覧」という強いられた観覧行為に焦点を当てている[4]。映画における生徒の団体動員の問題は、これまで独立したテーマとしては注目されてこなかったが、韓国の国策映画を扱った研究の中では国家による統制の存在を示す補足的な論拠として頻繁に

取り上げられてきた。しかし、独自の研究が行われてこなかったために、この時期の団体観覧の実態やその影響力については、研究者の都合に合わせて恣意的に言及されたり、研究者ごとにあまりにも大きな立場の相違が見受けられたりする。たとえば、一九七〇年代の代表的国策映画『証言（증언）』（一九七三年）について見ても、「団体観覧を督励し二十三万名を動員した」（유신영 2007: 10）という言及がある一方で、「団体観覧させなかったにもかかわらず、非常に多くの観客が全国から集まった」[5]（이인규 2014: 108）とする相反する主張が存在する。さらに、ファン・ヘジンは「国策映画は製作は無論のこと、流通と消費に至るまで国家の積極的支援を受け、各学校の生徒を動員する方法を通じて権力をミクロ化しようとした」（황혜진 2004: 131）として、国策映画の生徒動員を既定の事実として扱っている。

しかしながら、この時期の統計資料は、映画の選定および観覧に際し、観る主体の自発性を排除した強制的な団体観覧でさえ、国策映画の十分な支えとはなり得なかったことを示している。国家権力が市民社会を圧倒していた権威主義的国家体制期にあって、一般的な商業映画の制作費の三、四倍を上回る額の大作を作ったにもかかわらず、政府はなぜ大衆の動員に失敗したのか。本稿の出発点は、このような素朴な疑問にある。大衆動員、中でも生徒の団体観覧は、国家による命令と動員という一般的に想像しうる上意下達式のシステムがはっきりと目に見える形で作動する場とみなされうる。本稿があえて生徒の団体観覧に着目する理由もこの点にある。つまり、政府の命令や指示は資本主義の産物という映画の特性上、大衆の観覧行為とは常に不安定な形で結びついており、生徒の団体観覧の実践は、そうした不安定性が存在することを明確に示す一つの実例なのである。

朴正熙政権（一九六三～一九七九年）の起源を満洲国に求める社会学者韓錫政（2016）は、朴正熙政権の建設、動員、競争による「圧縮成長」、そして権威主義的で硬直化した近代性が満洲国を通して韓国社会に植え付けられたとみなした。日本の戦時期における映画史の研究者の間では周知の事実となっている文化映画の強制的上映や国策映画の製作などは、朴正熙政権の代表的な文化政策であるが、こうした政策は戦時期の日本の映画政策の

強い影響のもとに成立したといえる。ドイツの映画政策から学んだ映画の国策化は、まず戦時期の日本で試行されたが、「映画制作会社はすべて民営企業であったことから、政府の意向が円滑には浸透しなかった」ため、「日本国内より早く国策化が進展したのは満映」（岩本 2019: 14）であったという。こうしたことからも、韓国の一九七〇年代の統治体制における満洲国、そして帝国日本からの影響力の大きさを確認することができるのである。さらに、一九六二年に制定された韓国の映画法は、朝鮮総督府が一九四〇年に制定した「朝鮮映画令」を字句だけ修正しほぼ引き継いだ」（권은선 2015: 16）のであった。そして、この「朝鮮映画令」は、戦時下での国民総動員体制の確立のために作られた日本の「映画法」（一九三九年）を模倣した施行細則である」（전평국・이토규 2011: 424）とされる。このことから、一九七〇年代に韓国社会で蘇ったのは、日本の戦時下での映画動員体制であったことが分かる。これは、韓国における国家形成が「植民地主義的系譜の図面と材料」（한석정 2016: 163）を用いて実現したことを示す一つの事例であると考えられる。本稿は一九七〇年代韓国の国策映画における生徒の団体観覧行為を論じるものであるが、こうした制度や政策の連続性という意味において、日本の映画政策を検討することには意義があろう。

2　少年者の映画観覧——国策映画と団体観覧の同盟

映画というメディアは、誕生してほどなく大衆娯楽の王座を占めるに至った。映画の非常に高い大衆性、そして複製が容易であるという性質が映画を戦争プロパガンダの道具として発見させた。両世界大戦はこうした意味で、映画が持つ社会的・政治的な有効性を立証する舞台でもあった。戦争中、映画は「軍艦や飛行機と同じく、その第一線に動きつつある」（山田 1940: 7）との評価もなされた。その意味で、映画が担う教育的役割が戦争プロパガンダの流布において何よりも重要な位置を占めたことは間違いないだろう。こうした点は、日本最初の文化立法として知られる「映画法」が「娯楽と教育の融合」をめぐる議論の延長線上で制定されたことからも確認できる（赤上 2009: 1）。

しかし、映画というメディアと大衆との出会い方は、政府の意図通りのものに限られなかった。近代資本主義と大量複製技術時代に誕生したこの近代的娯楽は、利潤追求という所与の属性によって、必然的により多くの大衆を魅了することを目的とした。そのため、映画は一方では低俗な文化として、他方では教育・教化に有用な道具として捉えられた。また、近代に入り新しくできた興行場であった映画館は、新しい近代の規範――衛生、時間観念、公衆道徳など――と伝統的生活習慣がぶつかり合い、事件や事故を引き起す場所でもあった。当局が興行場における取締りなどを通じて、近代的規範を人々に内面化させようとしたことを考えると、映画上映の空間としての初期の「興行場」は訓育の場でもあったといえる。

興行場という空間の管理統制が映画の内容に対する評価や規制に移り始めたのは、一九一七年の「活動寫眞取締規則」からである。(6) この規則は、映画別年齢区分とそれに基づく入場制限が初めて明文化された点で注目に値する。この取締規則が制定されるきっかけとなったのは、フランスから輸入された犯罪映画『ジゴマ』（一九一一年）であった。映画の人気の高まりとともに少年者の模倣犯罪が増加し、それが新聞で頻繁に報道された。こうした事態を受けて、一九一七年、児童の観覧を禁止する映画を甲、許可する映画を乙と分類する「甲乙種区別興行」が実施されたのである（櫻本 1993: 5）。

その後、朝鮮でも一九二二年に興行場および興行取締規則が公布されたが、これは興行場の衛生、非常口の設置、男女座席の区分を主な内容とするものであり、(7) 植民地朝鮮における映画に対する年齢区分は一九四〇年に朝鮮映画令が制定されるまで行われなかった。この一九四〇年代に制定された朝鮮映画令は、一九三九年に「少年者映画館入場制限」を明文化した日本の映画法を引き継いだものであったが、これによって初めて朝鮮でも未成年者の入場制限が法的に定められることとなった。このため、それ以前の一九二〇～三〇年代の朝鮮では児童・生徒の映画館出入りを非難する記事が連日のように掲載され(8)、「活動寫眞の観客のほとんどが生徒と児童であるという、他の社会ではありえない奇怪な現状が起こる朝鮮社会(9)」が憂慮されるという状況であった。

朝鮮の映画館において児童生徒の観覧が制限されていないという事実は、日本の実情と比較したうえで、より一層厳しく糾弾されたが、実際には、当時の日本においても児童用映画の区分があるだけであった。一九三九年の映画法制定によってようやく「文部省認定映画（一般用映画）上映時以外の六歳～十四歳未満の少年者の映画館入場禁止」が明文化されたにすぎず、それ以前は児童生徒の映画館の出入りに関する統一した基準は存在しなかった。この時期の映画は「娯楽本位」（藤岡 1937: 115）、「営利本意、興味本位」（今井 1937: 6）であることが度々批判されたが、大衆映画をめぐるこうした批判は藤木が指摘したように、この時期政府が採っていた「反資本主義的、反消費主義的統制政策」（藤木 2019: 122）と共鳴していた。しかし、映画を教化の道具として活用しようとしていた政府にとって、「「文部省推薦」という五字は直ちに「面白くない」映画を聯想させる」（桑野 1936: 273）というジレンマを乗り越えるために、今まで批判してきた映画の娯楽本位の性格を利用する必要があった。国策映画の大衆性をどのように獲得するのか、つまり教化と娯楽の両立が一九四〇年代の重要な政策課題として浮上することとなった。これら政策的な構想から、宣伝・教化用の映画としての文化映画と庶民の娯楽としての大衆娯楽を分けない、国民教化のための娯楽映画の製作が求められたのである。なお、国民映画の定義も「全国民をして観覧せしむるに適当なりと認むる映画」に変化し、より動員の側に重点が移っていたため（加藤 2003: 143）、映画館での映画観覧はこの時期から自由意志に基づく日常的行為にとどまらない、積極的動員の対象とみなされることとなった。

一九四二年に結成された「国民映画普及会」は、以上のような観点から出発したものであった。この組織は、特撮などを用いて従来の国策映画にはない娯楽性を備えた映画『マレー戦記』（一九四二年）の大ヒットをきっかけとして結成された。この映画は「国民必見の映画であるといふ国家の裏打ちが動力となって学校、工場、さては隣組等に呼びかけて団体客を一挙に動員した」(古川 2003: 172)。なお、「通常映画館が営業されていない午前中を利用して中間団体による集団鑑賞を促進」(藤木 2019: 179) したことが、その際立った特徴であった。またこれらの活動は、娯楽映画の消費と同じように国策映画が観覧され、知らないうちに教化されることが最も望ましい映画の活用法である、という認識に立脚していた。国民映画普及会の活動は一九四二年十二月三日[10]より全国的に始まり、一九四三年十一月末まで、六本の映画についておよそ五八〇万名を動員した。そのうち『ハワイ・マレー沖戦』(一九四二年) の場合、三九〇館で一八〇〇回上映が行われ、一六〇万名が動員されたが、そのほとんどが児童生徒であった (古川 2003: 182)。

要するに、いわゆる「映画臨戦体制」を経て、「国策映画」と生徒の「団体観覧」は自然とある種の同盟関係を形成することとなった。それ以前も映画は最適な教育手段であるとされてはいたが、あくまでも文化映画のような特定の映画群を通した教化に限られ、観覧方式も「学校巡回映画連盟」のような団体が小中学校を会員として定期的に映画を配給することで生徒の映画観覧を促進した (不破 1937: 322)。それが国策映画が娯楽性を掲げ、大衆映画の装いを繕うに至って、生徒の映画館での団体観覧も自然の流れとなった。すなわち、この時期の映画館を利用した国策映画の強制的上映および児童生徒の団体観覧は、映画館という不穏な空間が国民教養の空間に、判断能力が乏しい未熟な少年少女が帝国日本の国民になる過程でもあったのである。

3 映画行政の混乱期と目的を失った生徒団体観覧

「朝鮮映画令」に「国策映画の義務上映の規定」を明文化したため (박우성 2007: 12)、一九四〇年代前半の植

民地朝鮮においても、文部省推薦映画、国民映画など名称は様々であるが、いわゆる国策映画の公開が相次いだ。その意味で、国策映画の概念がこの時期、帝国日本によって植民地にまるごと移植されたといえる（김세진 2007: 10)。文部省推薦映画『ともだち』（一九四〇年）が「内地朝鮮各映画館で一斉公開」（『朝鮮日報』1940.6.14）され、『マレー戦記』については昭和館で試写会が開かれた（『釜山日報』1942.9.9)。また、「大東亜戦争一周年記念映画『ハワイ・マレー沖戦』の試写会が朝鮮映画配給社主体で開催」（『大韓毎日新報』1942.12.2）された。さらに、当時の新聞記事上でも「徴兵映画」と称されていた『若き姿』（一九四三年）[11]が、文部省推薦映画と選定され全国一斉に封切られた。この映画は、卒業後に徴兵検査が待ち構えていた中学生を対象とし、団体観覧向けの宣伝映画として製作されたものであった（이화진 2005: 116)。

独立後すぐ、在朝鮮米国陸軍司令部は「国家主義的宣伝に利用するため前日本政府が芸術的娯楽の範囲を制限した、映画の製作および映写に関する統制を排除し、最小限の統制下で朝鮮映画産業の秩序ある運営を図り映画内容の健全なる基礎を確立する」（第一条）という目的で軍政庁法令一一五号を発令した。同法令はなお、第二条で「朝鮮映画令および施行規則を廃止する」と明文化した。同時期の政府の組織体系の急速な変化を受けて、映画部門もその渦中に巻き込まれざるを得なかった。映画行政の対象範囲は興行場の取締り、作品の検閲、公報映画の製作など多岐に渡っていたこともあり、管轄部署が幾度も変更された。

生徒の映画館への出入りは、米軍政期にも厳しく統制されていた。帝国日本による宣伝用国策映画の上映が姿を消してからも映画館における生徒の団体観覧は続いたが、一九五〇年代には映画行政の混乱ぶりを反映するかのように、団体観覧は教育や教化という目的を失い、商業的性格が際立ち始めていた。当時の新聞には、悪質商法に騙された映画館団体観覧を糾弾する父母の声が度々登場した。「小学校上級生をはじめとして、中高生を教職員が頻繁に興行場での団体観覧に引率したために、学校納付金に窮する父兄は無論、一般の人々からも非難」（『東亜日報』1954.12.5）を受けており、「学校責任者が劇場と商人の手口に騙され、生徒と児童を映画館に団体入場させ、観覧料を支払わされる例が数多あり」、文教部が映画館および商人に対して学校相手に商売をしないよう指示するという事態に至った(『朝鮮日報』1955.11.27)。

これまでの韓国における国策映画とその動員体制を扱った研究は映画というメディアの商業的属性、すなわち映画の製作、配給、興行における利潤追求という本質が、国家による映画統制の局面でどのように働いたのかという問題についてはほとんど関心を向けてこなかった。この点において、映画臨戦体制下の興行統制には「国民教化だけではなく、上映回数の増加による映画会社への経済的擁護という目的が存在」(加藤 2003: 155) していたという指摘は非常に重要である。こうした見方を取れば、映画会社、あるいは映画の興行や配給に携わる関連業者を国家による映画統制に協力させる力学が説明可能となる。国家による映画統制は確かに強制に基づいたものではあるが、資本主義の外形をとっている限り、そこには補償と協力のメカニズムもまた強く作用していることを忘れてはならない。

一九七〇年代の韓国の権威主義的政府による映画統制に対して、映画製作会社や映画業者は表面的には協力を装ったが、国家が彼らの実質的な協力を得られたとは言い難い。彼らの資本主義的利益追求の態度を抑制するためには、政府が完全に資源を掌握するか、あるいは社会的支配権および文化的・道徳的・政治的リーダーシップ、つまりヘゲモニー(Hall 1986a: 48)を握ることで彼らから協力を引き出す必要があった。しかし、一九七〇年代の映画統制が露呈した様々な問題は政府の意図が映画業界の同意を得ることに失敗したことを示している。

4 不完全な資源掌握と「安保映画」——国策と利潤の拮抗

「映画は巨大な棍棒を手にした巨人であるが、膝が非常に弱い」。

一九七四年、政府によって映画の国策化が急速に進められていた頃、文公部のある事務官は機関誌に映画の政治的・社会的活用というテーマで連載を行った。この連載で彼は資本主義社会での映画というメディアと政治との関わりについて言及しつつ、映画が持つ強力な力にもかかわらず、映画が政治に迎合するのは、利潤追求という行為さえ政治の束縛下におかれているからであると主張した。彼は続いて、大衆社会が政治権力の映画への干渉を弱めるように見えたとしても、実際は政治干渉の通路が目に見えない水準で細分化しているだけであるとし、先進的な資本主義社会、特にアメリカでの映画に対する自主検閲をその例として挙げた。この連載は、国策映画を通じて映画という大衆メディアが社会的に活用されねばならないということを説くために書かれた文章であり、いずれにしろ「政治は無数の粒子のように空気中に撒き散らされている」ため、先進的な自由主義を追って「純粋に映画の脱政治論に染まる」ことなく、「自由民主主義の概念について主体的な反省と再定立を断行する勇気」(이상용 1974: 58-60) が必要であると主張した(12)。

彼が言及したような先進的な自由主義における映画と政治の関係は、スチュアート・ホール (Hall 1986a) が主張したように、国家 (政治) と民間 (市民社会) が互いに相互浸透を起こし、国家機能の一部が民間に移譲されるという、いわゆるグラムシの統合国家 (integral state) の概念が指し示す状況に近い。しかし、一九七〇年代の韓国社会の民間部門は、国家のヘゲモニー機能を代理するにはその力があまりにも脆弱であったが、その一方で政治権力の側は強大かつ露骨であった。そのため、あえて権力を民間に移譲させ、国家権威を非可視化しようとはしなかった。「巨大な力を持っていたにもかかわらず、容易に政治に屈服してしまう映画の脆弱さ」という表現は、国家が社会経済的資源を独占していた一九七〇年代の韓国社会を言い表すには適切ではなかった。外国映画の輸入権を国家が独占し、国産映画を製作するための補償として、その権利を製作者に配分するといった政府の施策は、映画における直接検閲とともに、啓蒙や反共などをテーマとした映画群の生産を強制する代表的な手段であった。

文公部は直接国策映画の製作に乗り出す直前の一九七二年の映画政策で、国産映画の製作方針を「安保映画」と定めた。この施策は「勧告ではなく命令」として製作者に受け取られたが、それは「国産映画の製作権の割当に先立ち、脚本を審査し、政府が勧告する内容でなければ製作権を認めない」（김태수 1972: 85）という政府の姿勢によるところが大きかった。安保映画というネーミングは当時の非常事態宣言と相まって国家安保における危機感を醸成するために作られたものであったが、実際のところ、安保映画の概念や素材については具体的な提示は行われなかった。ただこの時期、政治は大衆を「指導と啓蒙の対象であり、その過程を通じて近代化の主体として再構成されるべき存在」（황병주 2011: 149）とみなすエリート主義的なスタンスを取っていた。そのため、実際には安保映画も国難を乗り越えるため国民が贅沢、放蕩、浪費といった生活習慣を捨てて、健全なる国民生活を打ち立てるのだというような啓蒙的・指導的な性格を強めざるを得なかった。実際、啓蒙映画に関して言えば、すでに映画館での上映が強制されていた文化映画だけでも十分であったにもかかわらず、商業映画の製作にまでそうした教育や指導の機能を反映させようと試みたのは、日本のいわゆる「映画臨戦体制期」と同様、国策映画の大衆的受容がいかに重要であるかを物語る証拠でもある。

しかし、安保映画は大衆の反応も映画業界の協力も引き出すには至らず、失敗に終わってしまう。この時期の政府は映画製作権や外画輸入権を独占し、業者に割り当てるという方式で映画の統制を行ったが、実際の映画産業に対する統制の実態を見ると、資源の掌握が不完全であると同時に、国家の権威が隅々まで及ばず、映画会社の同意を得られなかったことがうかがえる。当時の安保映画に対する映画業界の反発は、彼らの同意または協力を得るための補償と協力のメカニズムがうまく作動していなかったことを表わしている。つまり、政府は外画の輸入権割当を武器とし、製作者に安保映画の製作を強要していたわけだが、製作―配給―上映という循環体制を形成している映画産業の特性上、製作者のみを統制または支配しても、政府の望む安保映画が製作されるわけではなかった。製作者側では外画輸入権という補償を求めて安保映画を製作することを望んだとしても、実際に製

作費を投資する地方の興行・配給業者の協力を引き出せない限り、安保映画の製作は不可能に近い。なぜならば、当時の映画製作会社は資本力に劣り零細であったため、地方の配給・興行業者から製作資金を前金として調達することで映画の製作ができたからである。そのため、地方の配給業者を説得することが製作を行うための大前提であった。たとえば、この時期のある映画関係者の話によると、通常の製作費六億ウォンのうち、四億ウォンを地方の配給業者に依存しているというのが実態であった（코리아시네마 1972: 40）。それを考えると、観客に不人気な安保映画を製作するために資金を投資する配給業者がほとんど存在しなかったことは、火を見るよりも明らかであろう。映画界ではこれに対して、「安保映画の製作を勧告する政府は、それに応じた責任を取るべきである」として不満をもらした。彼らは「製作者は安保映画の製作に応じるとしても、地方の興行主もまたこれに応じるとは期待し難い」（김태수 1972: 87）と述べ、政府がまったく実情を理解していないと批判したのである。

この時期の政府の映画統制は、以下のような事実を物語っている。すなわち、政府の資源掌握が不完全であったうえ、支配層による支配的イデオロギーが隅々まで及ばなかったため、各主体の自発的同意はもとより、形式的な支持さえ得られていなかったのである。これは日本の映画臨戦体制期において、企業統廃合によって製作および配給本数が激減した際、興行者たちが「受容者である観客を意識的に指導し啓蒙するものであるべきだ」と訴え、映画館の役割を積極的に位置づけることでその有用性を示そうとしたこととは対照的である。さらには、興行者たちは映画館が防空壕として機能するというアピールさえ行った（近藤 2019: 62）。こうした姿勢も一九七〇年代の韓国映画業界の反応とは対照的である。つまりこの時期、「支配集団の利益を一般の利益と国家全体の生命と調整する過程」を経て形成される「集団意志」（Hall 1986b）が韓国社会では成り立たなかったといえよう。

5　映画国策化と挫折した団体観覧の制度化

安保映画によって露呈した問題を解決するために、結局政府自らが映画製作に乗り出すこととなった。一九七三年の映画法改正によって政府は映画振興公社を設立し、「民間映画会社には製作が困難な国策映画や大作映画を製作する」[13]と発表した。映画振興公社は国策映画の模範を示すことを意図して、一九七四～七五年の間に計六本の映画を自らの手で製作した。公社による国策映画製作の目的は、安保というメッセージを含んだ映画であっても大衆的人気を獲得できるということを証明することにあった。この目的が達成されるなら、安保映画において露呈した資金調達という問題も解消できると思われた。そのため、この時期に作られた国策映画はまず前例のないスペクタクル映画を目指し、大量の人的・物的資源を投入し、莫大な製作費を注ぎ込んだ。国策映画第一号として製作された映画『証言』の場合、朝鮮戦争をリアルに再現するために、陸海空軍の全面的支援を受けるのみならず、日本人特撮技術者四十名を招聘するなど、特撮だけで四〇〇〇万ウォンの製作費を投入したとされる（영화 1974：41）。

映画振興公社による映画製作は、そうでなくても数少ない国産映画の観客を国策映画によって奪われるのではないかと恐れる民間業者の不満を一身に集めながら始動した。そのうえ、民間業者と俳優を取り合い、映画館の上映プログラムにも圧力をかけ、「正月など書き入れ時ごとに映画振興公社が封切館に割り込み」（『東亜日報』1974.9.21）をかけ、民間業者の作品を押しのけて国策映画を上映したために、「映画業者を破滅に至らしめる映画振興公社」（『京郷新聞』1973.3.30）と言われるくらい反発が強かった。こうした様々な手段を講じたにもかかわらず、観客動員に成功したのは膨大な広報と全国一斉封切によって話題を集めた『証言』のみで、その後に作られた五本の国策映画はそれぞれ二万五〇〇〇～五万五〇〇〇名の動員という、製作費の規模を考えると悲惨な結果に終わってしまった。

安保映画の製作が失敗した後、政府は国策映画を成功させるためにできる限りの物的・政治的資源の動員を試みたが、映画館を訪ねるという人々の日常的行為にまで統制力を及ぼすことは容易ではなかった。このため、文公部によって試みられたのが「国策映画の生徒観覧の制度化」である。国策映画の担当部署であった文公部は『証言』以来、国策映画『아내들의 행진（パレードの妻）』（一九七四年）、『울지 않으리（再び）』（一九七四年）、『들국화는 피었는데（野菊は咲いた）』（一九七四年）と続く作品の不人気に悩み、一九七五年四月二十八日の国務会議で「啓蒙性ある国策映画を生徒に広く観覧させるため」に国策映画を「生徒が観覧するよう制度化する方針」（『京郷新聞』1975.4.30）を議論した。しかし、この構想は実現されずに終わった可能性が高い。この日の国務会議は、具体的には文教部、文公部を始めとする各省庁の次官が出席した次官会議であったが、その会議録によると文公部が「国策映画生徒観覧の制度化方案」を四月二十六日に提出し、報告案件として上程されたが、「保留する」と書かれているのみである。(14)

この案件が「保留」とされた理由は議事録に記載されていないが、生徒の映画館出入りをめぐって省庁間に意見の不一致があったために「保留」となってしまったと考えられる。映画政策を管轄する省庁は文公部であったが、生徒観覧映画の推薦は文教部の担当であったため「文教部と公報部間の映画業務をめぐる葛藤と不和が続いた」（이우석 2005: 146-7）のである。反共映画についても、観覧業務を主管する内務部と文教部がうまく折り合わず、実際に活用することができなかったという分析もある（이인규 2014: 11）。こうした意見対立の原因は、映画に対する省庁間の認識の差にあったと考えられる。一九六七年に輸入されたアメリカ映画『クレオパトラ』（一九六三年）の事例を見ると、当時、同映画について公報委員会が生徒観覧を許可したのに対し、文教委員会はソウル市教育委員会に緊急指示を出し、同委員会の独断で生徒観覧を一切禁止させたこともあった。このことから、文教部がこの時期、いかに生徒の映画館入場を厳しく規制していたかがうかがえる。

こうした強硬策は映画という大衆メディア、映画館という興行空間への両価的（ambivalent）態度により生じ

たものであったといえる。この時期、映画を始めとする大衆文化に対して退廃的かつ娯楽的であるという評価が下され、それらは朴正煕政権が経済成長のため作り出した正直、誠実、勤勉のイデオロギーや、厳格な社会の雰囲気とは対照的であった（송은영 2011: 207）。映画などの大衆娯楽は、民族文化や純粋芸術のような正統で健全なる文化とは区別され、また外来の不穏で退廃的なものとみなされ（김수경 2019: 326）、「国民情緒の純化」[15]のために、浄化されるべき対象として扱われていた。また、当時の青少年が美術国展や科学および貯蓄博覧会などの国家主催のほかの様々なイベントに動員されていたことを考慮すると、国策映画への動員を難しくしていたのは、映画そのもののみならず、映画館に対する当時の否定的な認識であったと考えられる。

最初の映画規制が、児童が観覧可能な映画とそうではない映画を区分したことからも分かるように、映画館と児童・青少年とは常に緊張関係にあった。映画館は青少年の風紀紊乱の原因であると名指しされ（『東亜日報』1965.8.28）、公報部大臣が認めた映画に限って団体観覧だけを許可するとされた時期もあった（『京郷新聞』1963.6.14）。生徒の映画館への出入りを管理しやすくするために「学生専用館」を設けるといった試みが米軍政期以来数度にわたって行われたが、成功することはなかった。一九七四年以降の映画施策には「青少年の情緒純化のため教育的に有害と判断される映画については未成年者が観覧可能な映画であっても厳格に規制する」など、映画館への青少年の入場を制限する方針が毎年含まれていた。映画館を不穏視する当局の態度は未成年者の観覧可・不可の行政区分を無意味にするほどであり、「青少年観覧可の映画も学校によって観覧が禁止」され「団体観覧のみを許容」（이길성ほか 2004: 139）するというような過剰な規制を行うことさえあった。こうした当局の態度が、朴正煕政府の国民統制、とりわけ青少年の統制に対する考えと無関係であったとは考えづらい。この時期、青少年は単純な訓育と統制の対象、あるいは犯罪から保護されるべき存在という既成の認識から脱し、「風紀紊乱」の主体かつ少年犯罪の主体として位置づけられていた（김소라 2017: 57）。つまり、当時の青少年に対する国家の呼びかけの方式は、映画館あるいは映画に対する矛盾した眼差しとも類似している。言い換えれば、

この時期の青少年は「柔順かつ生産的で効率的な国民主体」（황병주 2011: 150）と「社会浄化の対象」の間に立つ存在であったといえる。

6　国家主義に包摂されない実践としての団体観覧

ここでもう一つ明らかにしなければならないのは、この時期における生徒の団体観覧の実態である。当時、国策映画における生徒の団体観覧は制度化に失敗したとはいえ、学校単位の団体観覧は頻繁に行われた[16]。当時の映画振興公社が製作した国策映画、そして直接製作の失敗後に民間会社に委託され政府が国策映画と指定した映画群、両者の悲惨な観客動員数を見ると[17]、これらの映画における団体観覧が成功したとは判断しづらい。こうした実情をうまく説明するためには、非常事態という非日常的な統治体制さえ取り込むことができなかった、生徒の団体観覧に携わっていた行為主体の選択や動機を解読することが必要であろう。

生徒動員専門業者がいたので、そこに下請けに出すと彼らが各学校を歩き回りながら宣伝をします。先生を勧誘すれば、学校から団体観覧をしに来ますよ。『スパルタクス』[18]のような歴史物が特にそうでした。それ以外にも学校から直接来る場合もあります。学年主任の先生が来館して映画を見てから決定したりもしていました。（이길성ほか 2004: 111）

ソウルにある封切館「단성사（團成社）」で一九七〇年代に宣伝部長および営業部長を務めたイ・ヨンヒ氏の口述は、生徒の団体観覧というものが政府と学校の関係よりは、映画館及び配給業者と学校との交渉を通じて成

り立つものであったことを示している。『スパルタクス』の場合、同映画館が直接輸入した作品であったこともあり、生徒の動員にも一層力が入ったとも考えられるが、この口述に表れているのはむしろ、生徒の団体観覧が国民の啓蒙や国家イデオロギーによる大衆動員体制の働く場というより、商業的な利潤追求の論理が強く作用する場であったということであろう。

> 業者が文公部、国防部に行って交渉をします。そうすると学校や予備軍に観覧を誘導しろという公文を流します。［……］映画館としては動員してもらえるという条件があるので、そうした映画を上映するということです。（이길성ほか 2004: 139）

ソウルの二番館で勤務したベ・ビョンゾ氏の口述は、観客に極めて不人気であった民間製作の国策映画が映画館で上映されるまでの過程を理解する手掛かりを提供してくれる。反共映画などの団体観覧は、もっぱら政府―学校―生徒という単線的、トップダウン式の指示で実現されるのではなく、政府と学校の間には配給業者、興行主、動員業者といった関係者が割り込み、もう一つの場が形成されていたことが分かる。ベトナム戦争を舞台として製作された反共映画『맹호작전（猛虎作戦）』（一九六六年）が映画館で上映されるまでの流れを物語る以下の証言は、集客力が弱い反共映画や啓蒙映画を映画館側が上映するに至る経緯を理解するのに役立つ。すなわち、公報部がまず映画館側にこの映画を上映することを提案すると、映画館のプログラム担当者が「文教部が学校側に観覧を勧め、生徒を動員してくれるなら、上映する[19]」と条件を付け、生徒動員が保障された場合に上映されたというのである。つまりこのことから、外画の輸入クォーターを得るために雨後の筍のように作られた国策映画や政府指定の優秀映画の場合、製作業者や配給業者などが文公部への交渉を試みることも少なくなかったといえるだろう。その意味で、当時の生徒による団体観覧の実態を解明するには、国家動員のイデオロギーのみならず、

その裏舞台で行われていたと言われている活発な商業的営為にも注目することが重要である。当時生徒であった人々のインタビューを見ると、この時代は外画の団体観覧も少なからず行われていたことが分かる。[20] プログラムの選択は主に教師によって行われたが、選定過程に生徒動員の専門業者や興行主の営業行為が影響していたとも考えられる。教師たちは映画館と交渉する中で、「生徒の観覧費用に先生の食事会費用を入れる」（이길성ほか 2004: 138）ことを要望するなど、団体観覧の実践には国家主義的な動員体制という文脈から逸脱する様々なストーリーが存在したのである。

7　まとめ

本稿では、国策映画が大衆に行き着くまでの政策、中でも強制的な観覧が実現した生徒による団体観覧を中心に議論を展開した。これまでの研究では、国策映画をめぐる政策の実施と制度の成立、あるいはそうした映画の表象形式について多くの関心が向けられてきた一方、それらの映画が実際にどのように大衆のもとに至ったのか、大衆はどのようにこれらの映画を受容したのかについては十分に明らかにされてこなかった。なぜならば、そもそもメディアの受け手研究は、「読者がどう読んだかが、テキストとして残らない場合がほとんどであるという資料的な制約」（佐藤 2018: 32）があるからである。それは映画の受け手研究も同様で、製作意図や製作経緯などとは異なって、受容の過程を正確に復元することは難しい。クーンら（Kuhn et al. 2017）によると、映画の消費や受容など映画文化に関する歴史的な研究は、映画観客という当事者が残した文章と口述資料を発掘・収集して行われるという点で、「下から（from below）」映画文化を再構成する試みである。そのため、受け手研究は既成の資料に加え、新しい資料を発掘・収集することを前提とするが、本稿ではその段階にまで至らなかった。

しかし、本稿は生徒の団体観覧という行為に注目することで、国策映画の受容に対して一つの解釈を提示することを試みた。その中で、当時の国策映画が生徒を団体観覧の対象として動員することに失敗した理由を、映画・映画館・青少年への両価的認識、そうした認識の差異による省庁間の不協和、そして国家の大衆動員イデオロギーに絡み取られない商業的営為の存在から明らかにした。そしてまた、こうした団体動員の失敗を、この時期の大衆動員政治に生じた亀裂の存在を示唆する事例とみなしうることを明らかにした。

最後に、教室ではなく映画館で映画を観覧することの意味とはいったい何であったのか、について考えてみたい。団体観覧を推進した政府当局あるいは学校は、映画館が青少年にとって、沈黙と不動という秩序と規律を学習する空間、あるいは文化映画と国策映画を通じて、反共と民族主義という国家イデオロギーが吸収される空間となることを望んでいたはずである。だが、この時期の青少年にとって映画館とは、学校と対極にある自律の空間、アメリカ映画を通じて西欧的な自由とロマンを味わい、それらを内面化する空間であった可能性が高い。この点で、映画における生徒の団体観覧は観客動員と観客性（spectatorship）という二つの拮抗する論理が緊張関係を作り上げる場であったともいえるだろう。そしてそうした問題は、受け手研究としてより多様な研究方法及び資料を通じて究明されるべきであろう。

【注】

（1）愛国歌を映像とともに流した映画をいう。一九七一年からすべての映画館において、本プログラムの前に上映することが義務化された。「愛国歌映画」が上映される間、観客は全員起立しなければならなかった。

（2）非常事態宣言の名目的根拠として中国共産党の国際連合加入による国際状況の変化と北朝鮮の南侵脅威、それに伴って大韓民国が安保上大事な時期を迎えている（非常事態宣布：大統領公告二十八号、一九七一年）ことが挙げられた。

しかし、「非常事態宣言の実際的な理由には学生による対政府闘争の高調があった」（韓国民族文化大百科事典「国家非常事態宣布」）。

（3）映画観覧における集合的、あるいは個人的な記憶の問題は映画研究と記憶研究の接合点として試みられている（Kuhn et al. 2017）。

（4）日本における生徒の映画への団体動員について、一九六四年東京オリンピック公式記録映画の『東京オリンピック』（一九六五年）をめぐる生徒の団体動員問題を分析した鄭仁善「Olympic Film between Nationalism and Cosmopolitanism: The 1964 Tokyo Olympiad and the Postwar Mass Mobilization」（Insun 2021）がある。

（5）この文章は『証言』の制作者であった鄭鎮宇のインタビューから引用した文である。

（6）文部行政による特定映画の「保護奨励」の措置としては、「通俗教育調査委員会幻貯映画及活動写真『フィルム』審査規程」（一九一一年）及び「幻灯映闘及活動写真『フィルム』認定規程」（一九一三年）の二つの法令に基づく「通俗教育ノ趣旨ニ適ス」る映画の「認定」制度が存在した（西本 1995: 261）。

（7）イ・スンヒ（이승희 2010）は朝鮮の興行場取締規則が日本のものを簡略化したものであると指摘した。それは確かに朝鮮の興行場が日本ほど発達していなかったことからなされたともいえるが、それ以上に、植民地統制において法令で明示しないからこそ可能となる弾力的な権限の解釈、あるいは法令として明示できない取締領域、たとえば内地人が群がる興行空間と朝鮮人が群がる興行空間の差別的な取締りなどの存在が簡略化をもたらしたと分析した。

（8）「京城だけにしても日本人小学校は無論、中学校でも厳しく取り締まるのに、朝鮮人中学校ではこれを問題視せず軽視するのは他人の子女を教育することへの責任感や民族への真心が乏しいからであろう」（『東亜日報』1925.10.10）。

（9）『東亜日報』1928.4.5

（10）『ハワイ・マレー沖戦』の封切日でもある。

（11）豊田四郎監督の作品であり、一九四二年に設立された朝鮮映画製作株式会社の第一号作品である。

(12) この時代は北朝鮮の侵略に対する脅威が非常事態の根拠となったため、全体主義的独裁体制の北朝鮮とは異なる、自由民主主義国家としての大韓民国の優越性が様々な場で力説された。だが、政治社会の側面における国家統制の強化、独裁のための維新憲法発布、資源独占を通した計画経済体制などを見ると、この時期の韓国社会は自由民主主義体制とはかけ離れていた。そのため、「韓国式民主主義」という言説が頻繁に動員された。

(13) 一九七五年映画施策のうち、映画振興公社運営項目一番項目。

(14) 国家記録院「国務会議記録」。

(15) 国民情緒の純化および社会浄化という言説は、朴正煕政府下で大衆文化を規制するために頻繁に動員されたものである。朴は一九七〇年の新年の挨拶で、芸術文化が「国民情緒の純化及び社会浄化に役立たなければならない」と強調した。文化公報部が一九七一年に発表した「国家非常事態に伴う芸能施策」にも、「健全なる国民情緒へ純化するのに役立つ内容の映画」を輸入するべきであると明示されていた。健全なる国民情緒とは何かは明示されていなかったが、同施策には「誠実、勤勉、質素な生活態度を土台とした国民像」を映画で描くべきであると強調していることから、この時期に勧奨された国民情緒とは、「経済的な近代化」に役立つ生活態度と関係深いと考えられる。そのため、誠実・勤勉な生活態度に害になる大衆文化は浄化されるべき対象として位置づけられた。つまり、この時期の「国民情緒の純化」という言説は、文化間の優劣を前提としながら、映画検閲を正当化する道具として用いられた。

(16) 一九七〇年代にソウル所在の二番館で営業を担当したベ・ビョンジョ氏は学校ごとにおよそ毎月一回の団体観覧があったと語った（이길성ほか 2004: 138）。

(17) 一九七六年に文公部が文教部に生徒による団体観覧の協力を要請した民間製作の国策映画五本の観客数はそれぞれ一万名から三万名程度であったため、全国規模の観覧が行われたとするには少なすぎる（이인규 2014: 110）。

(18) スタンリー・キューブリック監督の『Spartacus』（一九六〇年）を指す。ＫＭＤＢ（韓国映画データベース）によると、この映画は韓国で一九七四年一月二十三日に封切られ、ソウルだけで観客八万六〇〇〇名を動員した。

(19) 韓国映像資料院、韓国映画史口述採録シリーズ。

(20) 「一九七〇年代、我々の学校はキリスト教系の学校だったので、大韓劇場で『ベンハー』や『風と共に去りぬ』、あるいは『十戒』のような宗教映画を団体で観覧しました〔……〕当時は古典映画が大変人気でした。ほとんどがハリウッド映画、名作映画でした。『遠すぎた橋』とか」（ソウル文化財団、「メモリインソウル」プロジェクトより、パク・サンジン（박상진 2016）「一九七〇年代ハンヤン中学校時代を振り返って」）。ビョン・ゼランの研究でも「キリスト教系の学校の場合、キリスト教の歴史を扱った映画が団体観覧では必須」（변재란 2000: 7）という発言がインタビューに見られる。

【文献】

赤上裕幸、二〇〇九、「「国民教化メディア」としての映画——映画法（一九三九年）の評価をめぐって」『日本社会教育学会紀要』四五：一—九。

변재란、二〇〇〇、「한국 영화사에서 여성 관객의 영화 관람 경험——1950 년대 중반에서 1960 년대 초반을 중심으로 [韓国映画史における女性観客の映画観覧の経験に関する研究——一九五〇年代半ばから一九六〇年代初頭までを中心に]」中央大学大学院映画学科二〇〇〇年度博士学位論文。

전평국・이도균、二〇一一、「일제 강점 말기와 유신 정권 시기의 국책선전영화 비교 연구——사단법인 조선영화제작주식회사의 군사영화와 영화진흥공사의 전쟁영화를 중심으로 [日帝末期と維新政権時期の国策宣伝映画の比較研究——朝鮮映画株式会社の軍事映画と映画振興公社の戦争映画を中心に]」『영화연구』五〇：四一九—四四三。

不破祐俊、一九三七、「教育映畫配給網の確立」『日本映畫』、一九三七年八月号、一一五—一一七。

藤木秀朗、二〇一九、『映画観客とは何者か——メディアと社会主体の近現代史』名古屋大学出版会。

藤本慎一郎、一九三七、「興行映画と教育対策」『日本映畫』、一九三七年四月号、一〇七―一一〇。

古川隆久、二〇〇三、『戦時下の日本映画――人々は国策映画を観たか』吉川弘文館。

権田保之助、一九四三、『娯楽教育の研究』小学館。

Hall, Stuart, 1986a, "Popular Culture and the State," Tony Bennett, Colin Mercer and Janet Woollacott eds., *Popular Culture and Social Relations*, London: Open University Press, 22-49.

――――, 1986b, "Gramsci's Relevance for the Study of Race and Ethnicity," *Journal of Communication Inquiry*, 10(2): 5-27.（임영호訳、二〇一五、『스튜어트 홀 선집――문화, 이데올로기, 정체성』서울: Culture Look.）

한국민족문화대백과사전（韓国民族文化大百科事典）「국가비상사태선포」（二〇二一年四月九日取得、http://encykorea.aks.ac.kr/Contents/Item/E0067797）。

한국영상자료원 한국영화사료관、二〇一六、「한국영화사 구술채록 시리즈 이용희（1960 년대 후반~1970 년대 초반한국영화산업의 변화）［韓国映画史口述採録シリーズ・リヨンヒ］」（二〇二一年六月二十一日取得、https://www.kmdb.or.kr/history/talk/2438）。

한석정、二〇一六、『만주모던――60 년대 한국 개발체제의 기원［満州モーダン――六〇年代韓国開発体制の起源］』서울：문학과 지성사。

황병주、二〇一一、「유신체제의 대중인식과 동원 담론［維新体制の大衆認識と動員言説］」『상허학보』三二：一四三―一八六。

황혜진、二〇〇四、「1970 년대 유신체제기의 한국영화 연구［一九七〇年代維新体制期の韓国映画研究］」東國大学大学院映画学科二〇〇四年度博士学位論文。

今井新兵衛、一九三七、「映畫教育の實際」『日本映畫』、一九三七年六月号、八一―八四。

Insun, Chung, 2021, "Olympic Film between Nationalism and Cosmopolitanism: The 1964 Tokyo Olympiad and the Postwar Mass Mobilization," *The Journal of Arts Managemnet, Law, and Society*, 51(6): 365-78.

岩本憲児、二〇一九、「「映画戦」への遠い道程」岩本憲児・晏妮編『戦時下の映画――日本・東アジア・ドイツ』森話社、八―三〇頁。

加藤厚子、二〇〇三、『総動員体制と映画』新曜社。

김세진、二〇〇七、「1970 년대 한국 국책영화 규정에 대한 소고［一九七〇年代韓国国策映画の規定に関する小稿］」『현대영화연구』三：五―二六。

김수정、二〇一九、「1960-1970 년대 한국 문화정책에 대한 재고찰――초국적 맥락에서 전개된 시대의 흐름을 역행하다［一九六〇～七〇年代の韓国文化政策への再考察――超国家的に展開された時代の流れに逆行して］」『문화와 사회』二七（一）：二九五―三三五。

김소라、二〇一七、「1987 년 이후 성표현물 관리 정책의 구성과 변동에 관한 연구［一九八七年以後、性表現物の管理政策の構成と変動に関する研究］」ソウル大学大学院社会学二〇一七年度博士学位論文。

김태수、一九七二、「安保映畫의 製作方向과 大衆性」『코리아시네마』一九七二年四月号、八三―八九。

近藤和都、二〇一九、「「戦ふ映画館」――戦時下のオフ・スクリーン」岩本憲児・晏妮編『戦時下の映画――日本・東アジア・ドイツ』森話社、五四―七六頁。

코리아시네마、一九七二、「映畫不況과 그 對策［映画不況とその対策］」『코리아시네마』、一九七二年十月号、三七―四五。

Kuhn, A., D. Biltereyst and P. Meers, 2017, "Memories of Cinemagoing and Film Experience: An Introduction," *Memory Studies*, 10(1): 3-16.

국가기록원（国家記録院）「国家記録院国務会議記録」（二〇二一年三月五日取得、https://theme.archives.go.kr/next/cabinet/viewMain.do）。

桑野桃華、一九三六、「映畫と教育の問題」『日本映畫』、一九三六年六月号、四二—四三。

권은선、二〇一五、「1970 년대 국책영화와 대중영화의 상관성 연구［一九七〇年代国策映画と大衆映画の相関性研究］」『현대영화연구』二一（二）：七—三六。

이길성・이호걸・이우석、二〇〇四、『1970 년대 서울의 극장산업 및 극장문화 연구［一九七〇年代ソウルの映画館産業及び映画館文化に関する研究］』영화진흥위원회。

이화진、二〇〇五、『조선영화——소리의 도입에서 친일 영화까지［朝鮮映画——音声の導入から新日映画まで］』서울：책세상。

이인규、二〇一四、「1970 년대 반공영화 생산과 소비에 관한 연구-정책적 동인에 따른 재현 방식의 변화［一九七〇年代反共映画の生産と消費に関する研究——政策側面の動因による表象方式の変化］」ソウル大学大学院社会学二〇一四年度博士学位論文。

이상용、一九七四、「映畫의 政治・社會的 活用에 관한 研究 ③」『영화』、一九七四年十一月号、五七—六〇。

이승희、二〇一〇、「식민지 시대 흥행（장）「취체규칙」의 문화전략과 역사적 추이［植民地時代の興行（場）における「取締規則」の文化的戦略と歴史的推移］」『상허학보』二九：一四九—一八七。

이우석、二〇〇五、「광복에서 1960 년까지의 영화정책（1945~1960）［独立から一九六〇年代までの映画政策（一九四五～一九六〇）］」김동호 편『한국영화정책사』나남、一五七—一八一頁。

Lovejoy, A., 2017, "Review: 'Film Culture: Brno 1945-1970'. The History of Distribution, Exhibition and Reception," *Memory Studies*, 10(1): 91-3.

西本肇、一九九五、「映画と文部省（上）——統制時代の一考察」『北海道大学教育学部紀要』六七：二五九—二九二。

박상진、二〇一六、「一九七〇年代ハンヤン中学校時代を振り返って」（二〇二一年一月十五日取得、ソウル文化財団「メモリインソウル」プロジェクト、http://dev2.sfac.or.kr/memoryinseoul/html/main/main.asp）。

박우성、二〇〇七、「1970 년대 유신정권의 영화정책과 국책영화［一九七〇年代維新政権の映画政策と国策映画］」『시네포럼』八：九―二七。

櫻本富雄、一九九三、『大東亜戦争と日本映画——立見の戦中映画論』青木書店。

佐藤健二、二〇一八、『文化資源学講義』東京大学出版会。

송은영、二〇一一、「1960~70 년대 한국의 대중사회화와 대중문화의 정치적 의미［一九六〇～七〇年代韓国の大衆社会と大衆文化の政治的意味］」『상허학보』三二：一八七―二二六。

山田英吉、一九四〇、『映画国策の前進』厚生閣。

영화、一九七四、「國民 앞에 선뵈는 民族의 영화『證言』」『영화』、一九七四年一月号、四〇―四二。

유선영、二〇〇七、「동원체제의 과민족화 프로젝트와 섹스영화——데카당스의 정치학［動員体制下のハイパー民族化プロジェクトとセックス映画——デカダンスの政治学］」『언론과 사회』一五（二）：二一―五六。

第5章　NPOの歴史的位置
――NPO法制定・改正過程における主体性の変遷に着目して

原田峻

1　はじめに――NPOと段階論批判

一九九八年に制定・施行された特定非営利活動促進法（以下、NPO法）によって、福祉・教育・まちづくり・文化・環境・国際協力などの分野で非営利な活動を行う市民団体が、所轄庁の認証によって法人格を簡易に取得できるようになった。今日においても、全国で五万八二〇団体（二〇二一年八月末時点）が特定非営利活動法人（以下、NPO法人）として活動を展開している。

こうしたNPO（民間非営利組織）[1]を研究する社会学者にとって避けて通れないのが、二〇〇六年に道場親信が発表した論文である（道場 2006）。当時の論者のあいだでは、一九六〇～七〇年代の社会運動（市民運動）を前史として、一九八〇～九〇年代に市民運動が市民活動として定着し、NPO法によって市民活動が制度化されて「NPO段階の市民運動」に至る、といった議論がなされていた（高田 2004など）。これに対して道場は、佐藤健二の歴史社会学（佐藤 2001）を参照しながら、「「段階論」と「類型論」とが好ましさという心情的接着剤で貼り合わされて」おり、「なぜか後に来るものの方がより好ましいものであるかのように語られている」（道場

2006: 245）と痛烈に批判した。かわりに道場が再評価を加えたのが、一九六〇～七〇年代の住民運動が行った「公共性」批判であった（道場 2006: 247）。

他方で道場の問題提起から十五年が経過し、NPOももはや「新しいもの」とは言えなくなった。高田らの議論は「段階論」的な歴史観に問題を含みつつ、一九八〇年代の市民活動と一九九〇年代のNPOに連続性を見出した点に意味はあったが、もはやそうした歴史も参照されず、二〇〇〇年代以降には「ソーシャルビジネス」といった言葉も登場し、NPOの存在意義が見えづらくなっている。また、高田らが描いた「NPO段階の市民運動」は必ずしも「好ましいもの」とはならず、近年ではNPOに対する忌避感（坂本ほか 2019）や不信の構造（仁平 2021）が明らかにされている。

それでは、段階論に陥らないよう留意しつつ、今一度NPO法の制定時に立ち戻るならば、NPOの歴史的位置として何が見えるだろうか。本稿では、原田（2020）で収集したインタビュー・文書資料をもとに、佐藤の歴史社会学を参照しながら、NPO法の制定・改正過程における主体性の変遷をたどっていきたい。

2 佐藤健二の歴史社会学とNPO

先述のように、道場が市民運動やNPOをめぐる段階論的歴史記述を批判する際に参照したのが、佐藤（2001）であった。同書において佐藤は、「〇〇化」といった線分的な概念化によって、類型論と段階論とが無媒介に重ね合わせられる、社会学の図式的言説に特徴的な歴史認識を俎上に載せる（佐藤 2001: 25）。こうした認識に対抗して、歴史社会学は、「〈自文化中心主義〉の認識枠組みと、線分的な歴史軸設定の融通無碍さに対して、言説と身体の場＝フィールドの具体性のなかから、その抽象性を批判する」（佐藤 2001: 26）のである。

本稿もまた佐藤の歴史社会学に示唆を得るものであるが、佐藤が同書以降に展開した市民社会をめぐる論考（佐藤 2012）が、直接の手掛かりとなる。佐藤は、戦後社会科学で熱心に論じられてきた「市民＋社会」に刻み込まれた特質を、①政治への参加と抵抗、②共同体からの独立と個人の確立、③都市との結びつき、④主体性と身体性、の四つに整理する。さらに「市民＋社会」を取り巻くできごとの歴史的累積を、無作為で無秩序な円環に配置する。ここで佐藤が、年表を思わせる直線的な配置を避けたのは、発展史的で段階論的な関係の理解を切断するためである（佐藤 2012: 34-5）。この図をもとに、「中央部にある「市民」あるいは「市民社会」の現在的な含意は、周囲にあるさまざまなできごとのなかで、形成され、記憶された意味を、いわばランダムに読み出して、組み合わせることで構成されている」（佐藤 2012: 36）ことを指摘する。

そこから佐藤は、上記四つの理念枠組みのもと時代横断的に論じていくのだが、ＮＰＯに言及しているのが④主体性と身体性である。そこで佐藤は、以下のように喝破する。

> 「市民」と「市民社会」ということばは、新しい人間類型の理想と新しい社会類型のモデルを指ししめすものであった。しかしながら、その二つがいかに無自覚に重ねあわされて語られてきたか。とりわけ、市民という主体さえ形成されれば、すなわち自立的で批判的な人間さえ登場すれば、自動的に「市民社会」が現れてくるような論理の癒着があった点には、あらためての批判が必要である。そのことが、市民を平板な一枚岩の単一の存在と考えるような傾向をも呼びよせた。［……］しかしながら、たとえば一九七〇年代には、住民ということばにおいて、市民社会の認識に新しい力が吹き込まれた事実も見落としてはならない。［……］これが一九九〇年代になると、たとえば阪神・淡路大震災などの経験を経て、ボランティアとかＮＰＯとかいった活動が、市民ということばの大まかな括りのなかに入ってきて再び前景化していく。問題は、そこにおいてあらわれてくる「主体性」を、いかなる「身体性」すなわち具体的な「身ぶり」（実践）と「場」（空間）の分析のなかで対象化できるかである。（佐藤 2012: 41-2）

佐藤と道場が鋭く指摘したように、NPOをめぐる議論は、直線的な歴史観のもと市民社会の担い手として一枚岩的に称揚される傾向にあった。社会学者の間では、今なおその名残を見ることができる。(2) こうした歴史観の危険性は、NPOという主体についても、NPOを取り巻く市民社会についても、いずれも認識を誤ることにある。

このうち後者については仁平典宏が、ネオリベラリズムとの関係性から詳細に分析している。NPO法の成立は、「国家の介入を排して自律的に活動できる制度的基盤を——不十分ながら——与えた」一方で、「参加型市民社会が、経営的合理性に主導される〈政府／市場／市民社会〉の不分明地帯へと転位され」、「敵対性＝〈運動〉の封殺」が進むことになった（仁平 2011: 404-7）。「NPO段階の市民運動」を「市民社会」の実現と捉える認識では、このようなネオリベラリズム的統治性を等閑視することになりかねない。

筆者も仁平の議論に同意するが、他方で本稿が取り上げたいのは前者の問題、すなわちNPOという主体の具体的な実践と空間である。背後で進行したネオリベラリズムと部分的に共振しながらも、NPOにはどのような特質が刻み込まれたのか。以下ではNPO法の制定・改正過程に焦点をあてて、法律という実践と空間を介していかなる主体が形成されていったのか、明らかにしていきたい。

3　NPO法で規定された主体性の七つの特質

NPO法の制定過程と、その目的

NPO法の制定過程を確認すると、日本における法人制度は長らく、一八九六（明治二十九）年施行の民法によって営利法人・公益法人に限定されてきた。それ以外の法人格は民法第三十四条の特別法に委ねられ、行政の縦割りに沿った事業目的の制約などがあった。他方で一九八〇年代には、様々な分野で継続的な事業経営を行う市民団体が登場し、任意団体で活動することの問題点が共有されていった。一九九〇年前後から新たな法人制度に向けた議論が政府や政党、市民団体で始まり、一九九五年一月の阪神・淡路大震災後に本格化した。一九九七年六月に超党派の議員立法によって「市民活動促進法」として衆議院を通過、一九九八年三月に「特定非営利活動促進法」として成立に至った。その目的として、同法第一条に次のように掲げられている。

この法律は、特定非営利活動を行う団体に法人格を付与すること等により、ボランティア活動をはじめとする市民が行う自由な社会貢献活動としての特定非営利活動の健全な発展を促進し、もって公益の増進に寄与することを目的とする。(3)

こうして成立したNPO法の背後には、数多くの市民団体のロビイングが存在していた。中でも「シーズ=市民活動を支える制度をつくる会」(以下、シーズ)は、NPO法の立法を目指して結成された運動団体であり、各地の団体と連携しながら様々な戦略を駆使して、要望を反映させていった(原田 2020)。NPO法の条文にはシーズなどの運動団体と、与野党の政治家や法制局などとの交渉の痕跡が、隅々まで残されている。

さらにNPO法は、「政令や省令などへの委任をできる限り排除することにより行政の介入を少なくし、国会で審議された法律のなかに、市民団体に要求される書類等の負担などはすべて書き込んで置く」(堀田・雨宮編 1998: 18)という方針が取られた。法律の制定過程だけでなく、個々のNPO法人が同法を運用する実践と場を通して、日本におけるNPOという主体性が形成されてきたのである。

それでは、この目的のもとでNPO法は、いかなる主体性を作ろうとしたのか。堀田・雨宮編(1998)、原田

(2020) を参考に、条文から抜き出した七つの特質が図1である。項を改めて、それぞれの特質を見ていきたい。

七つの特質をめぐるせめぎ合い

第一にそれは、「市民」が行う活動である。立法運動を主導したシーズの正式名称は「市民活動を支える制度をつくる会」であり、その設立趣旨では「成熟した市民社会を創造していくために、〔……〕法制度や税制度などの社会環境を改善し、将来にむけての市民団体の発展と成長を促進していくことが重要であると考えます[4]」と掲げられた。ここでの「市民」には、一九八〇年代の市民活動からの連続性があり、佐藤が「市民＋社会」の一つ目の特質として挙げた「政治的な意思決定システムへの積極的な参加を核とした主体」(佐藤 2012: 36) という意味を持っている。他方で抽象的な規範に留まらず、法制度を介して「成熟した市民社会」を実現するという、具体的な実践も伴っていた。自社さ政権や無党派層の増大といった政治状況のもと、社会党・さきがけだけでなく自民党の議員も「市民」の言葉に賛同し、衆議院では「市民活動促進法案」として可決され、「市民活動法人」が作られる予定だった。

だが参議院で、「市民」にイデオロギー的な意味を読み取った自民党保守派の反対に遭い、かろうじて残ったのが第一条の「市民」であった。自民党の村上正邦議員(当時) との交渉に当たったさきがけの堂本暁子議員(当時) は、次のように述べている。

「あとは全部譲るから、一つぐらい残しますよ」と言ったら、(村上議員が)「それでいい」と。残したのが第一条の目的のところの「市民」です。〔……〕第一条の「市民の活動」は法律の理念、本質に関わるから変えるわけにいかない。この「市民」だけはなんとか残したのです[5]。

こうして法律名と法人名は変更されたが、ＮＰＯ法の理念としては「市民」が行う活動であることが込められている。

第二に、その名の通り非営利な活動である。具体的には、利益があがっても構成員に分配しない非分配性を意味する。この点は、「公益に関する社団又は財団であって、営利を目的としないもの」という民法三十四条の特別法として制定された経緯に加えて、与野党の議員ともにアメリカの非営利法人制度を参考にしていたことから、早々に合意された。市民団体側もまたアメリカの制度を参照し、それを一九八〇年代の市民活動と重ねて、「市民活動促進法（通称ＮＰＯ法）」といった呼び方をしていた。

図１　NPO 法が規定する主体性の特質
出典：堀田・雨宮編（1998）、原田（2020）を参考に筆者作成

他方で争点になったのが、介護保険制度の動きなどを背景に、非分配よりも強い「無償性」を求めるかどうかであった。自民党は当初、団体の定義に「ボランティア」を入れようとしたが、一九九六年二月の与党三党法案骨子でボランティアに限定しないことが確認された。また、同年四月に自民党から「活動に通常要する費用を上回る対価を受けて行うものを含まない」という「低廉性」要件が入ったものの、他党や市民団体からの抵抗で、九月の合意事項で削除された。ボランティア活動は例示として残りつつ、「非営利」であっても「無償」を要件としない前提で、ＮＰＯ法人制度が作られている。

第三に、すべての分野の非営利活動が認められている訳ではなく、「特定非営利活動」の定義として、NPO法別表の活動分野に該当することである。当初シーズなどは、以下のように活動分野の列挙に反対していた。

市民活動は、その時代や社会に即した新しい活動分野を作り出す動きがある。その創造的な動きを促進してこそ、「市民活動促進法」といえる。別表を削除するか、別表に「その他」の項目を入れるべきである。(6)

だが、分野を列挙する方針は与党三党で既定路線となり、「自民党は極力狭く、社民・さきがけは極力広く、という足し算・引き算の政策協議、ある意味でパワーゲーム」(7)が起きる。その中でシーズなども、活動分野を増やす方向に戦略を転換して、後述する十二分野に決着することになった。

第四に、「社会貢献活動」であること。具体的には、「特定非営利活動」のもう一つの定義として、「不特定かつ多数のものの利益の増進に寄与することを目的とする」と同義だとされている。この点に関して、一九九六年二月の与党三党法案骨子では、「すべての市民活動は、公益の増進に資することを目的としなければならない」という規定が入っていたが、シーズなどが「公益判断を入れると、市民活動団体が行政により選別される結果になる」と反対し(8)、同年九月の合意事項で「公益の増進」の文言は第一条（目的）に入れて、第二条（定義）から外すことが決まった。NPO法人の目的は不特定多数の利益の増進であっても、行政主導の「公益」の増進ではない、という抵抗が表れている。

第五にそれは、二つの意味で「自由」な活動である。一つ目は、個人が自らの意思で法人に参加する（しない）ことができ、それが不当に妨げられない、という自由意思。二つ目は、法人が所轄庁から最低限の規制しか受けず、活動にあたって最大限の自由意思が発揮される、という私的自治である（堀田・雨宮編 1998: 75-6）。このうち後者は、自民党案にあった所轄庁の規制を、シーズなどの要望のもと、衆議院への法案提出前後に与党の社会党・さきがけ、野党の民主党の働きかけで抑えていったものである。その結果、認証時に所管大臣へ意見を求める規定を削除したり、所轄庁の立入検査には「相当な理由」と理由を書いた文書の交付の制約を付けたりするなどの修正がなされた。

第六に、情報公開する主体である。シーズは設立当初から、「市民活動促進法は準則主義でいきたいという原則を立てて、所轄官庁の許認可を外すかわりに、市民活動なんだから市民がチェックする」という戦略を立てていた。(9) このアイデアは与党案に反映され、NPO法に情報公開が盛り込まれることになった。条文化した「市民のチェック」は、以下のように解釈されている。

市民は、情報公開などによりその団体の信用性を判断し、参加するかしないか、サービスを受けるか受けないかを決める。そのことにより、団体の資源提供者やサービスの受益者が増減し、それにより団体の活動自体の盛衰が決まっていく。また、マスメディアなどが評価するなどといった一種のマーケット原理による活動のチェックが予想されていると考えるべきである。(堀田・雨宮編 1998: 191)

これによって、「参加型市民社会」と構想されていた領域が「市場(マーケット)」のイメージと重ねられ、「外部の理解・評価」という監査的視線に耐えうる透明性を持つことが求められるようになった(仁平 2011: 400)、という面は否めない。他方で、NPO法では所轄庁の監督をできる限り抑制したのは先述の通りである。また、与党提出法案には、法人の設立・運営に疑義を持った個人は所轄庁に申し出て監督するよう求めることができる、という「チクリ条項」が入っていたが、シーズや民主党からの反対によって削除された。行政からの監督を抑制するため、戦略的に情報公開が盛り込まれた点に注意する必要がある。

第七に、NPO法人は宗教活動および政治上の主義の推進・反対を主たる目的にしない、特定の候補者・政党の支持・反対を目的としない、という制限がある。これに関して、一九九六年二月の与党三党法案骨子では政治上の主義・施策を推進・支持・反対する団体をすべて除外しており、シーズが反対を表明した。[10] 一九九六年六月の自民党案では「政治上の主義・政策の推進・反対を主たる目的とする活動は対象外とする」という表現となり、さらにシーズや社会党・さきがけの反対によって、同年九月の合意事項で「政治上の主義の推進を主たる目的としない」に限定された。宗教・政治活動に一部制限を敷かれつつ、NPO法人も政治上の施策の推進・支持・反対を行うことは一切制限されていないことを確認できる。

以上のように、NPO法が定める主体性には「市民」、非営利、特定分野、社会貢献活動、自由、情報公開、宗教・政治活動の一部制限、という七つの特質があり、それぞれの背後にシーズや各党のせめぎ合いがあった。運動側にとっては、一九六〇〜七〇年代の住民運動とは異なる意味での「公共性」批判が込められており、法律をめぐる空間でこれらの特質が構築され、個々のNPO法人の実践を通して主体を形成し、やがては社会を変えていこうとする構想だったと言える。「NPO段階の市民運動」といった抽象論では見落とされてしまう、NPOの多面的な主体性が、そこには存在していた。

次節では、前記の主体性がNPO法の改正過程でどのように変遷したのか、議論を進めていきたい。

4　NPO法改正過程における、市民・情報公開・活動分野をめぐるせめぎ合い

NPO法は一九九八年三月成立時の附則にて、同年十二月の施行日から三年以内に検討を加え、必要な措置を講じることが定められた。シーズ、日本NPOセンターや各地のNPO支援センターによって結成された「NPO／NGOに関する税・法人制度改革連絡会」（以下、連絡会）とNPO議員連盟によって、法改正が継続される

ことになる。

そこでの主要な論点は、税制であった。二〇〇一年に「認定ＮＰＯ法人制度」として制定され、一定の要件を満たした「認定ＮＰＯ法人」への寄付者の税制優遇が導入されたものの、認定基準の厳しさなど課題を抱えていた。二〇〇三年から基準緩和などの改正を繰り返したのち、二〇一一年に抜本改正が実現した。こうして認定ＮＰＯ法人という寄付を集める主体、また税金のかわりに認定ＮＰＯ法人に寄付をする寄付者という主体が新たに形成されることになったが、この経緯は原田（2020）で詳しく論じてある。

本稿で見たいのは、税制以外の論点をめぐる、ＮＰＯ法制定後の動きである。認定ＮＰＯ法人制度だけでなくＮＰＯ法人制度も、二〇〇三・一一・一六・二〇年に法改正がなされてきた。ここでは先述の七つの主体性のうち、改正過程で争点として意味を読み出された「市民」、情報公開、活動分野の三点から論じていきたい。

「市民」をめぐる攻防

一つ目に、「市民」をめぐる攻防がある。先述のように衆議院通過までは「市民活動促進法（通称ＮＰＯ法）」という位置づけだったが、参議院で法律名が変更され、「特定非営利活動促進法＝ＮＰＯ法」として定着していく。この法律名を元に戻すよう、シーズなどは度々要望していくことになる。

ＮＰＯ法の施行後三年に向けてシーズが二〇〇〇年十一月と二〇〇一年九月に出した要望書では、「その他、長期的に検討していただきたい事項」として「法人名称の変更」を挙げている。ただし、この時点では「親しみやすく使いやすい名称[11]」という表現に留まっていた。

このような婉曲的な表現から、「市民活動促進法」に戻すよう明確に要望するようになるのが、公益法人制度改革の影響である。二〇〇二年、新しい公益法人制度にＮＰＯ法人も統合するという案が浮上して、全国のＮＰＯ法人が強く反発した。結果的に改革の対象からＮＰＯ法人は除外されたが、それ以降も新しい法人格との差別化として、「市民活動促進法」への変更が要望されていく。たとえば二〇〇六年にシーズが法律名変更を要望した背景について、以下のように説明されている。

公益法人制度改革三法の成立を受けて、それとの差別化を図るとともに、一部の所轄庁が法律の規定を超えた監督を行っていることを問題視し、より自由度を高めようと考えている。法律の名称を「特定非営利活動促進法」から「市民活動促進法」（一九九六年の法案提案時の名称）に戻すというのも、その一環として、主張しているところだ。[12]

同様の趣旨は二〇〇八年の要望書にも見られる。また、政権交代の機運が高まっていた二〇〇九年の要望書では「市民活動」を強調し、民主党政権下でNPO法改正が進展していた二〇一〇年にも同じ文面が採用されている。

「特定非営利活動」の概念が一般には分かりにくいことや、「非営利」という言葉が「無償」「廉価」といった誤解を招きやすいこと、また一方で、「市民活動」という言葉が社会に定着してきたことを踏まえ、さらに、新しく一般社団・財団／公益社団・財団制度が施行された時期をふまえ、法律の名称をより分かりやすく積極的な意味合いである「市民活動促進法」に変更していただきたいと要望します。[13]

このように、公益法人制度改革との差別化や、民主党政権という政治的機会のもと、「市民活動促進法」の歴史が参照されていく。だが二〇一一年法改正においても名称変更は論点に加えられず、附則の検討事項に残されることになった。この点について、民主党（当時）の辻元清美議員は次のように語っている。

〔名称変更が論点から外れたのは〕最後ですね。〔……〕自民党は反対ですよね。それと、民主党の中でも意見が二つに割れました。〔……〕最初から市民活動促進法という成立の過程を知っている人はこだわっているのだけど、そんなこと知らない人は、「なんで今さら、元に戻すの?」ということなので。〔……〕ここにこだわって改正を遅らせるよりも、今回は諦めるというか、また次の課題として残すことは確認したんです。[14]

その後も要望は継続しつつ、自公政権下の二〇一四年の要望書では「より社会にも分かりやすく、使いやすい法人名称」[15]という婉曲的な表現に戻り、名称変更はなされぬまま今日に至っている。

「市民」の名称は政党間のイデオロギーの違いを顕在化させるのに加えて、リベラルとされる政党でも「NPO法」が自明となり、当初の理念が「市民活動促進」だった歴史が忘却されてきた。にもかかわらずNPOは現在、人々から「左派的な党派性を有する団体」と認識され、参加を忌避される(坂本ほか 2019)、という皮肉な事態が進行している。この意味で、イデオロギー色を弱めようとしたNPO法制定当時の自民党保守派の意図通りとなっており、第一条にかろうじて文言が残りつつ、NPOにおける「市民」は行き場を失っているようにも見える。

分野の拡大

二つ目に、活動分野の拡大が挙げられる。当初シーズは活動分野の削除か「その他」項目を要望していたが、与野党で分野の足し算引き算となり、制定時のNPO法で十二分野が指定された(表1)。

この十二分野が市民活動を網羅している訳ではなく、シーズや連絡会では修正を要望していくことになる。たとえば二〇〇一年には以下の根拠で、「(一)情報の伝達・普及を図る活動、(二)科学技術および学術の推進を図る活動、(三)産業・雇用の振興および起業の促進を図る活動、(四)消費者の保護を図る活動」の追加を要望

表１　NPO法別表における活動分野の変遷

1998年３月成立時点	2002年12月改正時点	2011年６月改正時点
1　保健、医療又は福祉の増進を図る活動	1　保健、医療又は福祉の増進を図る活動	1　保健、医療又は福祉の増進を図る活動
2　社会教育の推進を図る活動	2　社会教育の推進を図る活動	2　社会教育の推進を図る活動
3　まちづくりの推進を図る活動	3　まちづくりの推進を図る活動	3　まちづくりの推進を図る活動
4　文化、芸術又はスポーツの振興を図る活動	4　**学術**、文化、芸術又はスポーツの振興を図る活動	**4　観光の振興を図る活動**
5　環境の保全を図る活動	5　環境の保全を図る活動	**5　農山漁村又は中山間地域の振興を図る活動**
6　災害救援活動	6　災害救援活動	6　学術、文化、芸術又はスポーツの振興を図る活動
7　地域安全活動	7　地域安全活動	7　環境の保全を図る活動
8　人権の擁護又は平和の推進を図る活動	8　人権の擁護又は平和の推進を図る活動	8　災害救援活動
9　国際協力の活動	9　国際協力の活動	9　地域安全活動
10　男女共同参画社会の形成の促進を図る活動	10　男女共同参画社会の形成の促進を図る活動	10　人権の擁護又は平和の推進を図る活動
11　子どもの健全育成を図る活動	11　子どもの健全育成を図る活動	11　国際協力の活動
12　前各号に掲げる活動を行う団体の運営又は活動に関する連絡、助言又は援助の活動	**12　情報化社会の発展を図る活動**	12　男女共同参画社会の形成の促進を図る活動
	13　科学技術の振興を図る活動	13　子どもの健全育成を図る活動
	14　経済活動の活性化を図る活動	14　情報化社会の発展を図る活動
	15　職業能力の開発又は雇用機会の拡充を支援する活動	15　科学技術の振興を図る活動
	16　消費者の保護を図る活動	16　経済活動の活性化を図る活動
	17　前各号に掲げる活動を行う団体の運営又は活動に関する連絡、助言又は援助の活動	17　職業能力の開発又は雇用機会の拡充を支援する活動
		18　消費者の保護を図る活動
		19　前各号に掲げる活動を行う団体の運営又は活動に関する連絡、助言又は援助の活動
		20　前各号に掲げる活動に準ずる活動として都道府県又は指定都市の条例で定める活動

出典：内閣府NPOホームページにおける「活動分野の変遷」(https://www.npo-homepage.go.jp/about/public-file/kiso_katudou_hensen.pdf、2021年8月11日取得）より筆者作成。

した。

特定非営利活動促進法（ＮＰＯ法）に定める十二項目の分野は、解釈次第ではほとんどの現存する活動分野を含むことができる。しかしその団体の使命を率直に表現するには困難を伴うことがある。また当初から自らの活動は十二分野からはずれるものと理解して法人化の検討そのものを停止している場合もある。特定非営利活動促進法を、時代の動きに対して将来とも幅広く活用できるようにするためには、新たな項目を追加することが望まれる[16]。

この結果、二〇〇二年三月の自民党ＮＰＯ特別委員会で五分野の追加が盛り込まれ、同年十二月に超党派でNPO法改正がなされた。

その後しばらく活動分野は争点に挙がらなかったが、二〇〇九年、シーズは「市民活動の性格上、活動分野を限定することはなじまないと考えます」という理由から、「その他市民が行う自由な社会貢献活動」という活動分野の追加を要望した。[17] かつて争点となった分野列挙の問題点が、法改正の機運によって再び呼び起こされたのである。結果的に、二〇一一年六月の法改正にて三分野の追加が盛り込まれた。ただし、要望書になかった「観光の振興」と「農山漁村・中山間地域の振興」が加わっており、両分野で各党からNPOへの期待が高まっていることが窺える。また、シーズが要望した「その他」については、十九分野以外の活動も認める余地を残しつつ、判断は「都道府県又は指定都市の条例」に委ねられた。地方自治の裁量とも言えるが、「その他」という曖昧な表現は避けられたことがわかる。

このように分野の拡大については、多様化する社会のニーズに対応して新たな分野に取り組みたいNPO側と、NPOにサービスを委ねたい政治側の利害が一致して、与野党の合意が取りやすくなった。「特定非営利活動」という概念の外延を広げてきた一方で、「その他」の分野が認められておらず、時代や社会に応じてさらに新たな分野を加えていく余地を残している。

情報公開をめぐる調整

三つ目に、情報公開をめぐる調整がある。NPO法では行政からの監督を避けるため情報公開を盛り込んだが、当時はインターネット黎明期であり、所轄庁や法人事務所での書類閲覧を前提としていた。それに対して、二〇〇〇年代に情報公開を取り巻く状況が大きく変化していく。

まずはインターネットの急速な普及と、個人情報保護法（二〇〇五年施行）に見られる個人情報保護の動きである。シーズは二〇〇〇・〇一年に、「所轄庁で公開されている情報を見に行くのも、見つけるのも、コピーをするのも一苦労であり、情報公開の実効性が疑わしいものとなって」いることから、「所轄庁への提出書類はIT化して、誰でもがアクセスできるようにすべき」ことを要望したものの、この時点では個人情報への言及は見られない。(18) 二〇〇二年の法改正では情報公開が盛り込まれず、その後も同様の要望を出していくが、二〇〇六年以降は「情報公開の強化とプライバシーの保護ということで、公開書類のネットでの公開・コピーを認めるとともに、個人情報が書かれている文書を公開書類からはずす(19)」という両面で要望を出すようになった。

加えて、NPO法人の急増とともに、一部の法人の不正が明らかになったことがある。この事態に敏感だったのが所轄庁、とりわけ内閣府である。内閣府は二〇〇三年に「NPO法の運用方針」を発表・改定し、市民から情報が寄せられた場合や事業報告書の提出漏れがあった場合に「自主的に市民への説明を要請」するとした。(20) 内閣府設置の国民生活審議会NPO法人制度検討委員会の中間報告（二〇〇六年）でも、「市民自身の監視による健全な発展」という項目で、「市民から所轄庁に懸念情報が寄せられた場合には、法人の積極的な情報公開を促していくことが重要」とした。これに対してシーズは、「一歩間違うと、情報公開という名の「社会的さらしもの効果による制裁」になりかねない」と懸念を示した。(21) また、所轄庁だけでなく世論からも、NPO法人への監督強化を求める声が現れるようになる。こうした事態に対して、シーズが出した以下の問題提起は、その後の運動でも維持されることになる。

> 最近は「悪いNPO」の話題に事欠かない。〔……〕「悪いNPO」を扱っている記事も、そのほとんどは「監督強化が必要」というトーンで書かれているし、それを支持する市民も増えている。〔……〕では、行政の監督によらないで、NPO法人の信頼をどう築いていけばいいのだろうか。大きな課題ではあるが、法改正をしてさらに情報公開を進めるとか、NPOの会計基準を市民側から提案して普及させていくなど、できることはあるはずだ。(22)

このように、情報公開はNPO法制定時から行政の監督への抵抗という理念を持ちつつ、一方では個人情報保護に配慮し、他方では行政からの監視圧力が起きないよう留意する、という両面への対応が必要になった。そこでシーズなどが取り組んだのが、適度な情報公開の整備と、市民による会計基準策定である。

前者については二〇一一年法改正で、内閣総理大臣および所轄庁がデータベースの整備を図り、国民にインターネットを通じて迅速に情報を提供するという第七十二条が新設された。寄付税制と同時の法改正だったこともあり、情報公開の目的は不正防止ではなく、寄付や市民の参画を促進するためとされている。同時期に、シーズなど複数のNPO関係者や専門家が委員となった「「新しい公共」推進会議 情報開示・発信基盤に関するワーキング・グループ」が、データベースに掲載されるべき基本情報等を整理した報告書を発表しており、これを踏まえて内閣府の「NPO法人ポータルサイト」が二〇一二年十月にリニューアルされた。

後者については、全国のNPO法人関係者および会計専門家が結成した「NPO法人会計基準協議会」によって、二〇一〇年七月にNPO法人会計基準が策定・公表された。連絡会は同年十二月の要望書で、NPO法に同基準の採用を盛り込むよう要望し、二〇一一年法改正で会計報告の名称が「収支計算書」から、NPO法人会計基準に基づいた「活動計算書」へと変更された。

二〇一一年以降は、運動側も政治側も、NPO法人ポータルサイトを前提にした情報公開を進めていく。二〇一四年にはシーズが、資産の登記義務を廃止するかわりに内閣府ホームページで貸借対照表を公開することと、「不適正なNPO法人を排除するためにも、全NPO法人の財務情報等を内閣府のホームページで公開する」[23]ことを要望する。二〇一六年六月の法改正でこれらの項目が実現し、第七十二条第二項に所轄庁およびNPO法人がデータベースで積極的に情報公開することの努力義務の規定が入った。また、シーズなどが長らく要望していた個人情報保護も、二〇二〇年十二月の法改正でようやく盛り込まれた。

情報公開についてはこのように、時代の流れに追い越されながら、二十年以上かけてNPO法の整備が続けられてきた。結果的に市場の論理に通じるものであり、市民自身の監視を促すものでもあるが、他方で入手しやすい最低限のNPO法人情報が、市民参加のもとデータベースや会計基準として整備されてきた側面もある。近年のNPO不信の原因となっている不正について、リーダーやスタッフの過剰な清廉さを求めるよりも、背後にある新自由主義的な制度環境を改善する必要性が指摘されている（仁平 2011）。不正防止の一助となる情報公開もまた、個々のNPOをさらしものにするためではなく、行政の監視に対抗するための市民によるチェックが当初の理念であった。この理念を維持しながらどのように情報公開するか、模索が続けられてきたと言える。

以上見てきたように、NPO法が持っていた主体性の七つの特質のうち、「市民」、活動分野、情報公開、という三つの特質が度々読み返されて、法改正の争点となってきた。その中で、活動分野は拡大し、情報公開は二十年かけて調整が行われ、「市民」の名称変更は実現しなかった。他方でそれ以外の四つの特質については、たとえば政治活動の制限をさらに緩和するという可能性もあったにもかかわらず（山岡 2011）、ほとんど争点に挙がらなかった。二〇〇〇・一〇年代の法律をめぐる空間で、NPOの主体性が維持されたり再構築されたりして、個々のNPO法人の実践にも影響を与えてきたのである。

5　おわりに――NPO法という未完のプロジェクト

本稿では佐藤健二の歴史社会学を参照しながら、NPO法制定・改正過程における主体性の変遷をたどり、NPOの歴史的位置を考察してきた。NPOは一枚岩的な市民社会の担い手と見なされてきたが、その主体性を紐解くと七つの特質があり、それぞれの背後に運動と政治のせめぎ合いがあった。「市民」の活動であること、非営利であっても無償ではないこと、特定の分野に該当すること、不特定多数の利益の増進であっても行政主導の

「公益」の増進ではないこと、情報公開するかわりに行政の監督を最小限に抑えること、政治上の政策の推進等を認めること、である。だが現実には、NPO法人の急増とともにネオリベラリズムとの共振が進んだことは、冒頭で触れた通りである。その中で非営利の社会貢献活動という特質が抜き出され、NPOの経営などをめぐる議論は蓄積されつつ、政治参加や行政への抵抗といった特質が軽視されてきたことは否めない。

また、NPO法の改正過程では、市民・情報公開・活動分野という争点が読み返されて、三者で異なる帰結をたどってきた。時代のニーズにあわせて活動分野は拡大し、社会情勢に応じて情報公開の整備が進められた一方で、「市民活動促進法」への名称変更や活動分野に「その他」を追加することは見送られてきた。NPO法の制定後も二十年間にわたって、こうしたせめぎ合いが繰り広げられてきたことは、NPOの担い手たちにも十分知られてこなかった。

NPOの歴史的位置から気付かされるのは、その主体性に込められた重層的な特質と、五万団体にまで増えたNPO法人の現場の活動との、乖離である。NPO法の条文には参加と抵抗をめぐる立法運動の苦闘の痕跡が刻まれており、同法に則ってNPO法人を運用することでこれらの主体性を実践することになるのだが、そのことが必ずしも自覚されてこなかった。NPOと直接関わらない人々にはなおさら理解されておらず、NPOへの忌避感・不信の一因にもなっていると思われる。NPOを研究する社会学者には、道場の「段階論」批判を回避したり、一枚岩的にNPOを称揚したりするのではなく、こうした主体性を丁寧に読み解き現場に還元する責務があったのではないだろうか。

NPOは市民運動が段階論的に至ったものではなく、法制度を通して主体性と社会を変えようとするプロジェクトであった。このプロジェクトは未完であり、その実践と空間のなかでいかなる主体を作っていくのか、今なお可能性に開かれていると言えるだろう。

【謝辞】

本稿はJSPS科研費（課題番号26885091, 17K13858）による研究成果の一部である。また本稿執筆にあたって、社会運動論研究会（二〇二〇年十二月六日）の拙著（原田 2020）合評会における佐藤圭一氏・仁平典宏氏のコメントから示唆を得た点があり、両氏にお礼申し上げたい。

【注】

（1）広義のNPOには様々な法人格や任意団体も含まれるが、本稿ではNPO法人格を取得したNPOに特化して議論を進める。

（2）たとえば高田は近著で、一九九〇年代に登場した「NPO段階の市民運動」は「市民」による「公的空間」の拡大であり、「市民社会」の実現に向けたプロセスだったと主張するが（高田 2018）、ここでも「段階論」から脱却できていないように思われる。

（3）特定非営利活動促進法（平成十年三月二十五日法律第七号）の第一条より。なお二〇一一年六月の法改正により、認定NPO法人制度の根拠法が租税特別措置法から同法に移り、第一条の目的に認定NPO法人制度が追記された。

（4）シーズ設立趣意書（一九九四年十一月五日）

（5）二〇一二年三月二十三日、十月一日、二〇一三年一月十八日の三回にわたって実施した堂本暁子元議員のインタビューの内容を、辻利夫と筆者が記録・編集した原稿より。

（6）シーズニュースレター十二号（一九九七年一月十八日）

（7）衆議院法制局の橘幸信へのインタビュー（二〇一二年十月三十一日）より。

(8) シーズニュースレター七号（一九九六年二月八日）
(9) 東京ランポ（当時）の辻利夫へのインタビュー（二〇一一年十月十三日）より。
(10) シーズニュースレター七号（一九九六年二月八日）
(11) 二〇〇一年九月の「ＮＰＯ法人制度の改正に関する要望」より。
(12) シーズニュースレター五十七号（二〇〇六年七月七日）
(13) 連絡会の「特定非営利活動促進法の改正に関する要望書」（二〇〇九年六月十六日）より。
(14) 辻元清美議員へのインタビュー（二〇一三年二月二十六日）より。
(15) 「ＮＰＯ法人制度・税制度に関する要望事項」（二〇一四年五月二十八日）より。
(16) ＮＰＯ／ＮＧＯに関する税・法人制度改革連絡会による「ＮＰＯ法人制度の改正に関する要望」（二〇〇一年九月二十八日）より。
(17) 連絡会の「特定非営利活動促進法の改正に関する要望書」（二〇〇九年六月十六日）より。
(18) ＮＰＯ／ＮＧＯに関する税・法人制度改革連絡会による「ＮＰＯ法人制度の改正に関する要望」（二〇〇一年九月二十八日）より。
(19) シーズニュースレター五十八号（二〇〇六年十月五日）
(20) シーズウェブサイト二〇〇三年十二月十九日ニュース（http://www.npoweb.jp/modules/news1/article.php?storyid=1453、二〇一一年八月十一日取得）より。
(21) シーズニュースレター五十八号（二〇〇六年十月五日）
(22) シーズニュースレター四十八号（二〇〇四年四月八日）
(23) シーズによる「ＮＰＯ法人制度・税制度に関する要望」（二〇一四年五月二十八日）より。

【文献】


原田峻、二〇二〇、『ロビイングの政治社会学――NPO法制定・改正をめぐる政策過程と社会運動』有斐閣。

堀田力・雨宮孝子編、一九九八、『NPO法コンメンタール――特定非営利活動促進法の逐条解説』日本評論社。

道場親信、二〇〇六、「一九六〇～七〇年代「市民運動」「住民運動」の歴史的位置――中断された「公共性」論議と運動史的文脈をつなぎ直すために」『社会学評論』五七（二）：二四〇―二五八。

仁平典宏、二〇一一、『「ボランティア」の誕生と終焉――〈贈与のパラドックス〉の知識社会学』名古屋大学出版会。

――、二〇二一、「NPO不信の構造――計量データの二次分析と新聞記事分析を通じて」『ノンプロフィット・レビュー』二〇（二）：七九―九四。

坂本治也・秦正樹・梶原晶、二〇一九、「NPO・市民活動団体への参加はなぜ増えないのか――「政治性忌避」仮説の検証」『ノモス』四四：一―二〇。

佐藤健二、二〇〇一、『歴史社会学の作法――戦後社会科学批判』岩波書店。

――、二〇一二、「公共性の歴史的転換」盛山和夫・上野千鶴子・武川正吾編『公共社会学 一 リスク・市民社会・公共性』東京大学出版会、三一―五〇頁。

高田昭彦、二〇〇四、「市民運動の現在――NPO・市民活動による社会構築」帯刀治・北川隆吉編『社会運動研究入門――社会運動研究の理論と技法』文化書房博文社、八〇―一一〇頁。

――、二〇一八、『市民運動としてのNPO――一九九〇年代のNPO法成立に向けた市民の動き』風間書房。

山岡義典、二〇一一、「政治とNPO――NPO法における政治規制条項の再検討を通して」『ボランタリズム研究』一：二五―三五。

第6章

栗原彬における言語政治学の構想
——啓蒙的理性からコミュニカティヴな民衆理性へ

出口剛司

1　問題の所在

栗原の言語政治学と社会意識論

本稿の課題は一九七〇年代から八〇年代に展開された栗原彬の言語政治学の構想を取り上げ、日本型管理社会における支配と解放のダイナミズムを明らかにすることにある。栗原はエリク・エリクソンの自我心理学を基礎とした歴史的アイデンティティの研究、戦前・戦中の大本研究、水俣問題への取り組みを通して著名な政治社会学者であり、とくに水俣との関わりから得た「生命に対する極限的感受性」という思想とそこから発展した「やさしさのアイデンティティ」を基礎とする独自の管理社会批判、若者論、運動論はアカデミズムの世界を越えて幅広く一般に受容されている。

同時に栗原は、独自の言語政治学を構想し、管理社会における「自明性」による支配のメカニズム、そうした支配からの解放の弁証法を展開している。しかし、一連の青年論、運動論に対し、栗原オリジナルの社会理論というべき、言語政治学の構想については、未だ十分な検討がなされていない[1]。その理由として、「言語の政治学

――基礎理論のための探求ノート」（1976c）、「政治における神話作用と民話作用――政治言語のレトリック・探求ノート」（[1981]1988）、「政治的言説の構造――言語政治学による探求」（1989）において示された一連の言語政治学的構想が「探求（ノート）」という名称で発表されたこと、さらに栗原を代表する社会理論的な論考「日本型管理社会の社会意識」（[1976a]1982）が言語政治学の構想から切り離されて受容されたことなどが挙げられる。(2) それに対して本稿は、栗原の言語政治学の構想を再構成し、そこで展開された支配と解放の弁証法及びそのアクチュアリティを明らかにすることをめざす。

栗原社会学のアクチュアリティ

管理社会とは、高度経済成長が生み出した生産力主義とそれを維持するために官僚制と技術的合理性によって非民主主義的に統治される社会を指す。栗原は、こうした社会の機制を「全般的操作可能性のシステム」と呼び、言語政治学の構想を通して、こうした支配のメカニズムを「規範言語による神話作用」として追究している。栗原のいう神話作用とは、人々に今ある現実社会を「現実」としてありのまま、自明なものとして受け入れさせる働きをいう。その際、規範言語はそうした「現実」を構成し「自明性」の下で内面化させるメディアとして機能する。

現代社会に目を向けると、「ウィズ・コロナ」「安心・安全の五輪」「社会経済活動との両立」「デジタル化の推進」など、さまざまな政治的スローガンが流布している。これらのスローガンは、人々の思考に強制的に注入されているわけではない。むしろ、常識にかなった妥当な見方として自然に受け入れられている。それと同時に、コロナと共存すること（対策の遅れはやむを得ない）、五輪を安全に実施すること（五輪をやめるという選択肢はない）、経済を回すこと（犠牲はやむを得ない）も受け入れられる。栗原が問おうとしたのも、こうした「現実の自明性」を通して貫徹する支配のメカニズムである。しかし、解放へと向かう理路は、そう簡単ではない。

コロナ禍の現代社会、「下」から管理を求める自粛警察、マスク警察、ワクチン警察（自警団）が姿を現わした。歪んだ正義と言われるこうした情念（パトス）は、管理の拒否ではなく、管理への過剰同調から生じる。栗原はこれを「規範へのパトス」と捉えている（栗原［1972］1982）。こうしたパトスの存在が示唆するのは、社会には管理や規範からの解放を求める欲求と同時に、それを熱望する欲求も存在するということである。管理社会がこうした相矛盾するパトスを生み出すのは、管理社会がすでにある種の脆さ、傷つきやすさを抱えているからである。管理社会を難攻不落の要塞と見ると、管理と規範の本質を見誤る。

啓蒙的理性からコミュニカティヴな民衆理性へ

「全般的操作可能性のシステム」という栗原の時代認識は、「全面的に管理された社会」「一次元的社会」などの概念を生み出したフランクフルト学派第一世代の批判理論と多くを共有している。栗原はヘルベルト・マルクーゼに言及し、「欧米の高度産業社会が新しい統治の形態としての全体主義的管理を育み、人々の意識を一次元的な価値に導くことを追究した」（栗原 1982: vi）と述べている。しかし、本稿では「欧米の高度産業社会」と言い切る発言に注目し、栗原自身が「日本型管理社会」とどのように向き合ったのかを明らかにする。

フランクフルト学派による理性批判は次のように要約できる。人々を解放し文明へと導く啓蒙的理性そのものが内的、外的な自然＝生命を抑圧する暴力を内包している。そうした理性は「自己保存」の道具と化し、今やテクノロジーによる支配へと転化し、全体主義的な管理社会を生み出している。

下からの文化形成や対抗文化の役割を認めない一面的な批判は実践的には「エリート主義」、理論的には道具的理性に矮小化された「狭隘な理性概念」として批判される。これらの批判に対し、道具的理性に代わるコミュニケーション的理性に立脚した第二世代のユルゲン・ハーバーマスが、市民的公共性と民主主義的社会構想の理論を展開してきた。しかしこうしたハーバーマスの試みにも、古色蒼然とした「理性啓蒙」あるいは「西洋近代中心主義」という批判が向けられている。

栗原の社会理論をこうした文脈に定位させるなら、全面的管理社会という時代診断を第一世代と共有し、かつ言語に注目する点において、コミュニケーションの解放的潜勢力に期待を寄せるハーバーマスとも共通性がある。しかし栗原は、ドイツ批判理論と異なる展望を切り拓いている。対話的契機を重視しながらも、「普遍」的であるがゆえに「形式」的にならざるを得ないコミュニケーション的理性（ハーバーマス）に対し、栗原自身が「民衆理性」と呼ぶ、非エリート的で、感性的経験と不可分な「実体」的理性概念を志向する（栗原［1976b］1982）[3]。言語理論としては、ハーバーマス同様、言語行為論を参照しながらも、時枝誠記の国語学という日本語研究から導き出された「特殊」な言語過程説、国語規範論の成果を取り入れている。こうした形式的ではない感性（やさしさ）との協働によって機能する実体的理性、ナショナリズムとの共犯さえ疑われる「一国国語学」[4]の成果を取り込むことにより、独自の批判的社会理論を構想していった。もちろん、栗原が太古的な理性概念を呼び起こし、復古的なナショナリズムの再生を唱えるわけではない。そうした営みこそ、栗原のいう「神話作用」に他ならない。むしろ栗原がめざしたものは、佐藤健二とともに藤田省三の言葉を借りて表現するなら、「抽象による超越」によってだけでなく「具体的なものの深みへの潜行」によって「普遍的なるもの」へ到達する理路である（佐藤 1987: 86）。

2　言語政治学の構想と構造

言語政治学と社会意識論

栗原の言語政治学は、社会理論にあたる社会意識論と規範理論にあたる言語理論からなる。一九七六年の綱領的論文「言語の政治学――基礎理論のための探求ノート」に従って、その構想（言語政治学序説――政治言語の神話作用と民話作用）の全体像を確認しておこう。同論文の巻末には、研究プログラムが予告されている。

言語政治学序説――政治言語の神話作用と民話作用

一　言語政治学の領域仮説
二　言語政治学の基礎理論
三　政治言語の分析枠組
四　現代日本の政治言語
　1　近代日本型社会の政治言語
　2　産業社会の政治言語
　3　日本型管理社会の政治言語
五　規範言語を越えて
　1　神話作用と民話作用
　2　運動言語と革命言語
　3　生活言語とメタ言語

言語政治学の構想は、予備的考察（一～三）を除くと、大きく分けて管理社会における支配のメカニズムを解明する社会理論のパート（四）と、政治言語の考察を通して神話作用と民話作用の弁証法を探求する実践理論のパート（五）からなる。前記の構想の前後に執筆された栗原の論考を精査すると、前者の社会理論（四）にあたるものが、同時期に発表された「日本型管理社会の社会意識」（栗原［1976a］1982）であることが判明する。ここで注目すべき点は、同時期の論考では「社会意識」として分析が進められているが、構想においては「政治言語」と概念化されていること、すなわち「意識」の分析が「言語」の問題とされている点である。

「全体社会」の理論としての社会意識論

七〇年代に社会意識論を牽引した見田は、社会意識論を「存在諸条件」(社会的存在)と「精神的な活動」(社会意識)に対置し、両者の相互作用を探求するものとしている(見田 1976)。ここにはマルクスの土台・上部構造の公式の影響がある。むろん、見田は俗流マルクス主義の機械的決定論を退け、土台(存在条件)と社会意識との相互作用を捉えることをめざしている。さらに見田は社会意識を個人意識と対比して次のように述べている。「社会意識は個人の意識の、たんなる総和(sum)ではない。社会意識論は、個人意識の研究をみずからの基礎理論として尊重せねばならないが、社会意識論を、個人の意識に還元しつくすことはできない」(見田 1979: 103)。見田によると、全体はその構成要素には還元できない独自の性質を有しており、社会意識論もまた、文字通り構成要素としての個人の意識には還元できない総体としての社会意識を捉えようとした。ここから、社会意識論は社会意識という社会過程の主観的側面に定位しながら、社会的存在という客観的側面をも含む、社会の総体把握を志向していたことが窺える。

社会意識から文化そして言語へ

戦後の社会意識論をレビューした吉川は、一九八〇年代以降、社会意識論に代わり「文化の社会学」があらたに台頭してきたとしている(吉川 2014: 32-41)。吉川によれば、文化の社会学は「意識」に対象を限定するより、新しい社会現象に対する適応度が高く、また方法論的個人主義から逃れられない計量的な研究よりも、ミクロとマクロ、あるいは個人と社会をつなぐ方法論的な「自由さ」が与えられる。つまり、社会意識論がめざしたミクロ＝マクロ社会の総体把握を、社会意識に代わって「文化」というメディアが担うようになったといえる。

こうした社会意識論から文化の社会学へという学史的な展開は、社会意識研究の担い手であり、『リーディングス日本の社会学 十二 文化と社会意識』の編集を担当した見田宗介、佐藤健二、山本泰らによってもすでに示されていた（見田ほか編 1985: 3-16）。なかでも、日本独自の社会意識研究の展開を総括した佐藤は、その系譜を、第一に社会的存在論と対称される社会意識研究、第二に計量的な社会心理学的社会意識研究、第三に媒介の理論の固有の展開という三つの契機に整理している。さらに第三の契機の内容として、意識と存在との媒介メカニズムを問う「媒介過程論」や、社会関係や社会集団（集合態）の論理の再把握をめざす「存立構造論」の展開を挙げている。とくに第三の契機が顕在化する背景として、経済社会の著しい発展やマスメディアの浸透によって、社会意識を社会的存在の指標となる客観的属性から把握する有効性が失われたことを挙げている（見田ほか編 1985: 8）。

さらに佐藤は、栗原の「日本型管理社会の社会意識」を第三の媒介の論理を解明するものとして取り上げ、「意識を媒介するシンボルや制度の布置連関」を明らかにしたと位置づけている（見田ほか編 1985: 8）。栗原の言語への注目は、社会の全体性へと到達するツールであった社会意識に代わり、そうした「意識を媒介するシンボル」すなわち言語と、その言語が構成する「制度の布置連関」に向かった結果と理解することができる。社会意識論は社会過程の主観的、客観的側面と諸要素の媒介過程を含む、全体社会のメカニズムを解明（総体把握）するという意味で、「全体社会の理論」をめざした。しかし、重層化、複雑化する社会において、社会の総体把握は文化、さらには文化そのものを生み出すシンボルとしての「言語」へと行き着いた。栗原は、重層化、複雑化する現実社会を、シンボルとしての言語によって構成され、生成する制度の布置連関として解明しようとしたのである。

言語政治学と時枝誠記の国語学

論文「言語の政治学」の背景を検討すると、栗原が言語に注目したもう一つの理由が見えてくる。「言語の政治学」やそこで示された研究プログラムは、実は神島二郎を中心とする「行動論以降の政治学」の共同研究の成果であり、『年報政治学』に特集論文として寄稿されたものだった。

『年報政治学』の特集「行動論以降の政治学」における神島の「まえがき」によると、「行動論」とはアメリカから導入された計量的な研究手法を用いた実証主義的政治学を指し、おもに京極純一らの政治意識研究によって発展させられた（神島 1976: 2）。さらに企画の目的について「認識の枠組そのものをみずからの現実に求め、それによって輸入・舶来への依存という伝統そのものを克服することである」（神島 1976: 3）と明記されている。つまり、アメリカ由来の計量的手法の導入に対し、それ「以降」の政治学を見据えつつ、現実そのものから認識枠組み（理論と方法）を立ち上げること、輸入学問という学問の対外的独立を達成することがめざされたのである。

神島は、そのために三つの具体的な方向性を提案している。第一に、「日本の現実」を手がかりにし、「われわれの側」から新しい理論モデルを提出すること、それに際して第二に、「日本語の効用」を認識し、これを有力な手がかりとすること、それと並行して第三に、欧米その他の地域で同様の手がかりを見出すことができないかどうかを探り、「普遍妥当性」の裏づけが得られるよう配慮することである（神島 1976: 5–6）。

こうした企画を背景に、栗原が注目するのが時枝誠記の国語学である。時枝の「一国国語学」に対しては、すでに言語学の立場から植民地における国語政策への影響や関与を追及するもの（安田 1997）、国民国家論の観点から時枝の国語学とナショナルなものとの共犯関係を指摘するものがある（福間 2001）。

一般に、時枝の国語学は言語過程説として知られており、西洋由来の言語構成説に対する批判として構想されている。言語構成説とは、言語を思想と音声あるいは文字との結合、すなわち構成要素の（機械的な）結合と見る言語観であり、それに対置される言語過程説とは、言語を「言語主体による思想の表現」そしてその「理解」と捉える立場である。[5] ここから言語を（1）主体、（2）場面、（3）素材という三つの契機をもつ表現行為と見なし、表現する「言語主体の立場」から捉えようとする（時枝［1941］2007: 58-74）。栗原は、こうした言語過程説を「日常言語の論理に深く切り込んでいる」（栗原 1976c: 72）として評価する。言語過程説はまた、ソシュールの一般言語学の方法にとくに批判的である。周知のように、ソシュールは言語を発話としてのパロールと体系としてのラングとに分け、後者のラングを研究対象としたが、時枝はソシュールの言語観を言語の客観的過程を「観察者の立場」から捉えるものとして退ける（時枝［1941］2007: 48-55）。この点について、栗原はまずラングをパロールが物象化したものと捉える点で、パロールをラングに優先させる点を支持する。さらに、時枝における未完の国語規範論の構想に注目し、時枝自身が、言語を主体的立場から捉える表現としての言語観（言語過程説）と、観察的立場から捉える規範としての言語観（国語規範論）とのワンセットで構想していたとする創造的な解釈を行う（栗原 1976c: 86）。時枝のいう国語における規範（言語規範）とは、言語主体の表現行為を制約する「言語基底」であり、言語の「生命」「精神」そしてその言語（国語）の「民族性」「国民性」「国語らしさ」とされる（時枝［1947］1976: 46）。栗原は、そうした時枝の国語学をさらに批判的解明のための「方法論」として純化し、言語的な相互作用に影響する「慣習的制約」「政治文化」と解釈している（栗原 1976c: 86; 佐藤 2001: 107, 2015: 225-9）。

時枝の言語過程説と国語規範論に示唆を得た栗原は、言語には「表現としての言語」「規範としての言語」という二つの契機があるとする。その上でこれら二つの契機を「政治言語の座標軸」に移し、「生活言語」と「規範言語」という概念を設定する。

生活言語と規範言語の双側的単位をつくることにしよう。政治過程に内装された言語的相互作用において、言語を媒介にした政治社会の規範性に全般的に服従するのでなく、多少とも規範性に依拠しつつも、言語化主体の自己表出、自己充溢、自己実現、相互主体化、生活（生命と生計）の新しい秩序の創造に傾斜する言語の作用を〈生活言語〉と定義する。生活言語は、自然言語としての母語の中で、政治のコンテクストに置かれた日常言語である［……］生活言語の中から生成し、物象化された幻想的な第二次言語体系として規範性をもつに至った言語装置が〈規範言語〉である。民族語と区別される国家語としての国語は、規範言語の総集版と言える。（栗原 1976c：86–7）

栗原の言語政治学の構想の中心にあったのは、相互的、相克的にある生活言語と規範言語を手がかりに、管理社会における支配と解放のダイナミズムを捉えることだったと考えられる。

3　管理社会のメカニズム

現実の構成としての社会意識の構成

言語政治学の構想が支配と解放のダイナミズムを解明する実践理論であったとすれば、「全体社会の理論」としての社会意識論は、支配が自明性によって実現されるメカニズムを解明する認識理論と位置づけられる。栗原はまず、社会意識について次のような定義を下している。「社会意識とは、社会の成員と社会的存在条件との想像上ならびに現実上の関係をあらわす表象であって、成員の日常生活を幻想的に或いはマチエールとして規定している意識の全体的枠組みである」（栗原［1976a］1982：60）。さらに栗原は、社会意識を「状況を定義する仕方」「経験の組織化原理」「世界解釈のコード」「認識枠組」とも呼んでいる（栗原［1976a］1982：60）。つまり、社会意識の構成を通して人々の意識が現実を認識し、同時に社会意識が観念、イデオロギー、制度という形をとって現実を構成し、人々の意識を規定するのである。こうした社会意識＝現実社会の構成こそ、管理社会における支配である。したがって、支配からの解放は構成された社会意識＝現実社会の「自明性」の解体によって成し遂げられる。具体的にはこの自明性を解剖し、人間的実践の構成作用の結果であると示すことによって達成される。それゆえ、栗原において社会意識論は、全体社会の理論であって、かつ「現実の社会的構成の理論」でなければならない。

社会意識＝社会的現実の一次的構成

社会意識の構成と現実の社会的構成を解明するためには、現実社会が帯びている社会の複数領域性と社会の成層構造が説明される必要がある。(6) その際、栗原は時枝国語学と同様、「言語主体」によるコミュニケーションが展開される相互性の「場面」に立ち返る。以下、第一に「現実」そのものの、第二に現実の「複数領域性」の、第三に「階層性」の構成過程を相互的コミュニケーションの「場面」に沿って明らかにしよう。

第一の現実の構成に関して、栗原はバーガーとルックマンの現実の社会的構成論を援用する（Berger and Luckmann 1966=2003）。バーガーとルックマンによれば、社会的現実は外在化、客体化、内面化から成立する。外在化とは、人間が自己自身を自らの活動の中に表現、外部化する活動である。客体化とは、外在化によって達成された成果が、類型化や慣習化などの制度化プロセスを経ることで、客観性をもち始める過程である。最後の内在化とは、客観化によって生じた社会的事実を主観内部に受け入れ、客観的事実が同時に主観的事実となる過程である。

これら三つの契機に注目するだけでは、全体社会が経済、政治、文化など社会の再生産を担う複数領域から構成される過程が不明である。第二の論点として、再生産を実現する領域を栗原は「社会的領域（社会的派生態）」の構成として説明する。ただしその際も、社会的諸領域は言語主体による相互的コミュニケーションの場面において現れる三つの契機である身体性、対他性、言語性に基礎づけられる。

人間の欲求は外部の実在的な世界に働きかける潜勢力であり、欲求＝潜勢力の表現において人間的実践は、身体性を伴う「労働」、対他的関係に向かう「相互行動」、言語を用いた「象徴行動」という三つの相対的に独立した様相を帯びる。ただし、このようにして析出された労働、相互行動、象徴行動は、あくまで外界への働きかけであり、これらが「現実」として構成＝生成されるためには、先の「客体化」と「内在化」の過程を経る必要がある。

労働は、外界の自然に働きかけることによって、必要なエネルギーや物資を調達する行為であり、行為者から見ると外在化の過程である。その成果が客体化されることにより、社会的には「生産力」の集積として現象する。こうした生産力の集積が再度、内在化の過程を経て主観内部に取り込まれることで「現実」へと転化する。栗原はこの生産力が集積、再生産される現実の社会的領域を〈機能性の領域〉と呼んでいる。具体的には、物質的生産あるいは経済の再生産領域と解釈することができる。

労働と同じく相互行動もそれ自体は外在化の実践であるが、それが客体化されることで、「社会的役割」となる。これが主観内部に内在化されることで、〈共同性の領域〉が立ち上がる。共同性の領域は、パーソンズ的な意味での相互行為システム、あるいはデュルケム的に社会的連帯とその再生産領域と見ることができる。

象徴行動は、人間的実践のうち言語行為の水準を指す。言語行為は「記号表現」の体系として客体化され、これが再び内面化されることによって、〈記号性の領域〉が立ち上がる。栗原はこの記号性の領域を社会意識とも言い換えている。こうした象徴性の領域は、一般的には、文化・社会意識、並びにコミュニケーションメディアの再生産領域と理解できよう。

社会意識＝社会的現実の二次的構成

最後に第三の問題、社会の成層構造の構成について検討しよう。社会意識の二次的構成と呼ばれるこの過程は、水平的な一次的過程に対し、垂直的な階統的構造を伴う編成過程である。垂直的編成が生じるのは、生産力の発展により、社会的に余剰な力が集積した結果である。こうした垂直的編成により、外在化、客体化、内在化の過程は疎外、機構化、包摂へと反転する。

自己の外部に働きかける外在化としての労働、相互行動、象徴行動の諸実践は、その実践の成果が主体から切り離され、逆に自己を抑圧する文字通り「疎外」された実践へと反転する。また実践の成果が客体化されて形成された生産力、制度、記号表現は、反転した編成過程では「機構化」によって巨大なシステムとして出現する。そして機構化された巨大なシステムが主観内部に内面化されることによって、内面化とは逆に意識の上では自己の側が機構化したシステムに「包摂」されることになる。社会意識＝社会的現実の一次的構成は、不平等な成層構造が存在しない、理想的、理念的な水準であり、それに対して、第二次的構成によって現れる転倒した現実は、統治と支配という契機を内包している。その結果、二次的構成において、統治と支配の契機を担う社会的領域が立ち上がる。これが「企て、意志決定、指導、統治、調整」などの役割を担う〈志向性の領域〉である。支配と統治システムの再生産領域と呼ぶことができるだろう。こうして労働、相互行動、象徴行動という実践から、それらを再生産する社会的領域として機能性、共同性、象徴性の各領域と、あらたに統治システムとしての志向性の領域が形成される過程が明らかとなった。

日本型管理社会の成立とメカニズム

つづいて、理論的に導き出された機能性、志向性、共同性、象徴性の領域に管理社会の成立によってどのような機制が作用するか、そしてそれが日本型管理社会においてはどのように現象するかが検討されねばならない。

ここで栗原は、元型、媒介型、現象型という三つの枠組みを設けている。元型とは管理社会以前の前近代、もしくは初期近代をケースとし、現象型とは後期近代における管理社会をケースとしている。それらに対して、媒介型とは元型と現象型を文字通り媒介するメカニズムを指している。この媒介作用によって、前近代、初期近代における個々の機制が管理社会における機制として現象する。

当時の近代化論的な研究では、欧米の現実社会から構築された理論を日本社会に当てはめるという形式が多かった。この場合、不可避的に理論に近い欧米社会がモデルケースとされ、遠い日本のケースが例外事例とされる。場合によっては、先進的、後進的という発展段階論的な位置づけが与えられた（佐藤 2001: 25-7）。それに対して、ここで栗原がめざしたのは、まず媒介型という形で普遍的な「管理社会のメカニズム」を演繹し、つづいて個別社会における機能性、志向性、共同性、象徴性の各領域に対し、それぞれの機制（元型）がこの普遍的なメカニズムを媒介にしてどのような機制（現象型）として「再現」されるかを記述するというスタイルである。たしかに媒介型も含め、元型、現象型も一定の抽象水準での理論的な記述であり、歴史的な記述のための枠組みとしては図式的である。とはいえ、こうした枠組みを用いると、すくなくとも理論的には特定の社会（たとえばイギリスやフランス）を基準とすることなく、同一のレベルでの「メカニズム」の比較が可能となり、発展段階論的な思考法からは解放される。

具体的に検討してみると、栗原はまず管理社会を媒介するメカニズム（媒介型）として、機能性領域における全般的操作可能性（生産力主義を実現するために導入される技術的合理性による一元的な支配）、志向性領域におけるダブルバインド（機能性による動員を共同性による連帯によって隠蔽することによる支配の正当性）、共同性領域における統合移譲（動員のために意志決定の仕組みを中間集団に移譲して実現する全体社会の統合）、象徴性領域における自明性のメカニズム（機能性、志向性、共同性、象徴性の全領域における支配の契機の匿名化と不可視化）を挙げている。これらのメカニズムに媒介されることで、個別具体的な社会における各領域の機制がどのように変容し、現象するかが解明される。

機能性：中央集中（元型）↓全般的操作可能性（媒介型）↓生産力ナショナリズム（現象型）
志向性：使い分け（元型）↓ダブルバインド（媒介型）↓従属的参加（現象型）
共同性：擬似種族（元型）↓統合移譲（媒介型）↓社会統合（現象型）
象徴性：あいまい化（元型）↓自明性（媒介型）↓「国語」による神話作用（現象型）

日本型管理社会において現れる現象型のうち、機能性、志向性、共同性の再生産領域において作用する機制を、なじみのあるタームで具体的に記述すると次のようになるだろう。物質的再生産と経済の再生産領域（機能性）――中央の官僚制と巨大企業による護送船団方式が形成され、国家全体として経済成長を志向する。統治システムと支配の再生産領域（志向性）――集合的、組織的な意思決定が行われているにもかかわらず、その正当性が単なる形式的な個人の参加によって調達されるため、民主主義の形骸化が進行する。相互行為システムと社会的連帯の再生産領域（共同性）――マイホーム主義と企業社会の結合のように、社会の諸領域にある中間集団が動員を代行する機能集団へと変質することで、連帯に代わる社会全体の効率的な社会統合が実現する。

管理社会における神話作用

栗原は管理社会における支配のメカニズムが、残された象徴性の領域の機制、すなわち自明化の作用（疎外・物象化などの転倒した構造が合理的なものとして受容されること）やその一つでもある匿名化の作用（支配層や機構などの主体=主語が消去されること）によって実現するとする。こうした機制を担うのが時枝の着想から得た規範言語である。管理社会のメカニズム（媒介型）における規範言語のメタファーとして、栗原はしばしばジョージ・オーウェルの『一九八四年』に登場するニュースピークに言及している。

ニュースピークとは、オーウェルの描く管理社会オセアニアで使用される言語で、「二重思考」を受け入れ可能にする言語である。二重思考とは、「矛盾する二つの見解を同時にもち、それらが矛盾し合うのを承知しながら双方ともに信奉すること」(栗原［1983］1988: 159) である。たとえば、「民主主義は存在し得ないと信じながら党こそ民主主義の擁護者と信じること」(栗原［1983］1988: 159) である。また他に「戦争は平和である」「自由は服従である」「無知は力である」を挙げている。管理社会の下ではむしろ「戦争は戦争である」「平和は平和である」というシンプルな同一性の思考は危険な思考である (栗原［1983］1988: 158)。

それに対して栗原は、日本型管理社会において神話作用として機能する規範言語 (現象型) として「科学・技術言語」と「修辞言語」の二つを挙げている (栗原 1989: 31)。前者の科学・技術言語とは、抽象化による客観化、そして客観化による中立化の作用によって、あらゆる現象の主語=主体となる名辞を客観的プロセスや状況の背後に打ち消してしまう作用 (名辞消去) と、価値中立化を進めることによって脱イデオロギー化する作用である。名辞消去の具体例として「開発輸入」「キャピタル・ゲイン」、脱イデオロギー作用の例として「ベトナム特需」を挙げている。開発輸入やキャピタル・ゲインは、その背後にある (後進国に優越する) 先進国の存在、(持たざる者に対する) 持てる者の存在が不可視化され、輸入や売買による利潤の獲得という結果のみが認識される。またベトナム特需は、(形を変えた) ベトナム戦争への介入という実態が隠蔽され、好景気という現実だけが受け入れられる。

他方の修辞言語によるあいまい化として、栗原が注目しているのは、国語のもつ「入れ子構造」である (栗原［1976a］1982: 110, 1976c: 72)。入れ子構造とは、本居宣長以来の国語研究に基づき、時枝が西洋語の天秤構造と対比して定式化した日本語文法の特徴である。

時枝によれば、国語には「詞」と「辞」という二つの要素があり、いずれも「言語主体」による「表現」という機能をもつ。詞とは、表現される「素材」がいったん主観の内部で客観化され概念化されたもの、つまり客観的世界を指し示す語である。品詞で言えば、主として名詞、動詞、形容詞などがあたる。[7]「梅の花が咲いた」という文を構成する各語のうち「梅」（名詞）「花」（名詞）「咲い」（動詞）は、言語主体の内部で客観化、概念化を経た表現のための「素材」である。それに対して辞とは、素材＝客観的世界をいっさい含まず、言語主体によって客観化、概念化された素材に対する言語主体による判断、感情、情緒などの直接表現である。主として助詞、助動詞がこれにあたる。前述の文では「の」「が」「た」がこれにあたる。「の」（格助詞）「が」（格助詞）「た」（過去・完了の助動詞）はともに客体を表現するものではなく、「梅」「花」「咲い」という客観的世界の存在や出来事に対して、主体が占める位置や関係、主体自身の思考や判断をあらわし、表現内容に対して統一性を与えるものである。さらに、日本語においては、文はこうした客観的世界をあらわす「詞」とそれに対する主観的経験をあらわす「辞」が結合し、その結合があらたに「表現される素材」を形成し、そこに再び「辞」が追加されることによって、（再）修辞＝主観化されるという重層的な「入れ子構造」が形成される。たとえば、「梅の花が咲いた」という文は「梅」（客観的世界）と「の」（主体にとっての関係をあらわす辞）に「花」（客観的世界）が加わり、「梅の花」が全体として新しい客観的世界を表現する。そこにさらに「が」という主体の判断を添え、「咲い（咲く）」という客観的現象に接続され、「梅の花が咲い」が全体として客観的世界をあらわす素材となる。さらに「た」という主体の判断（過去・完了）が加えられる。これに対して時枝は、主観的な判断や情緒を表現する辞がなく、客観的世界を表象する詞のみの連結（主語＝述語動詞）として素材を表現する英語などの欧米語を天秤型として対比している。

栗原は、こうした時枝の国語学を踏まえ、国語としての日本語には修辞言語としての側面が強いがゆえに、客観的に概念化されたものが、その都度、主観化され、あいまい化されるとしている（栗原 [1976a] 1982: 111-2, 1989: 31）。これが日本型管理社会における神話作用の一つである修辞言語によるあいまい化である。

言語が思想を規定するという見方は、言語学、人類学では、サピア＝ウォーフの仮説として知られており、現在では一定の留保のもとで実証研究によっても支持されているが、社会学的な実証研究を想定した場合、検討すべき点があるように思われる（今井 2010）。しかし、その妥当性はさておき、詞によって客観化＝概念化されて構成された「現実」がその都度、辞の効果によってあいまい化される構造を、方法論的かつ発見的に記述することを可能にしている。たとえば、栗原は、こうした辞の効果とのアナロジーを用いて、政治言語が事態を過度のニュアンス化によってあいまい化する事例として、「ちょっと違うのじゃないかな、こんな感じを持っております」という当時の竹下登首相の発言を挙げている（栗原 1989: 31）。

4　コミュニカティヴな民衆理性へ

言語の民話作用

日本型管理社会における自明性による支配、その神話作用を総括すると、コミュニケーションメディアを通して流布する科学・技術言語と修辞言語により、社会的な事実の「客観的中立化」と主観化による「ニュアンス化」が進められる（現象型）といえる。元型にあたるのが国語としての日本語であり、元型が新しく登場した科学・技術言語とともに、直接媒介されて現象型として作用していると理解することができる。

しかしここで、われわれは重要な論点に気づく。

栗原が管理社会における媒介型の言語のモデルとして言及する『一九八四年』のニュースピークにおいても、また日本型の現象形態としての科学・技術言語、修辞言語においても、表現することによって、現実が構築されると同時に脱構築される。栗原は先の一九八九年の論考において政治言語の作用として、「擬似実在化による空像化」（栗原 1989: 29）を挙げている。すなわち、言語に表現することにおいて、現象を「現実」として構成しながら空洞化する。この無際限の運動には、客観的中立化とニュアンス化に加え、支配が隠蔽される過程と同時にそうした言語表現の反復によって、現実と思考が空洞化していくというより深刻な過程があるのではないか。

管理社会のメカニズムに目を向けると、冒頭で示したように、管理社会には一方的に規範を強制する側面だけではなく、規範を求め、それに同調するパトスが存在している。すでに紹介したように、栗原はそれを「規範へのパトス」と呼んだ。管理社会の抱える脆さは、人々の内面に規範への欲求を生み出すが、規範への依存はより強度の規範への依存を生む。規範への同調によって支配が継続する仕組みと、先の規範言語によって支配という現実が自明視されていく仕組みにはどこか共通性がある。

ここに来て、ようやく解放への展望が拓かれる。言語の再生を通して、神話作用と異なる「民話作用」を呼び起こし、そのことを通して、同時に規範へのパトスを封じ込める道である。

栗原は、民話作用を「言語によって言語そのものを返り討ち」（栗原 [1981]1988: 49）にすることと述べている。こうした「返り討ち」のメタファーを理解するために、言語がもつ二つの機能に注目する必要がある。時枝は言語について「言語とは思想の表現過程及び理解過程そのもの」（時枝 [1950]2020: 41）と述べている。栗原もまた「聞き取ること」を言語の作用と見なしている。「返り討ち」とは、言語の媒介力が表現と並んでもつ「理解する」「聞き取る」力を用いて、言語それ自身の神話作用を失効させることである。言論の自由は、聴きわける能力と考える自由に伴われなければならない（佐藤 2012: 252-5）[8]。栗原は民話作用について、次のように述べている。「言語政治の非神話化を通して政治の秩序を解体し、言語の別の声を政治の外に聞き取ること。この言語による政治の非規範化の過程もまた、広義の政治言語、もう一つの政治言語の地平におけるできごと（民話作用）として見定められる」（栗原 [1981]1988: 49）。

規範へのパトスと再生へのパトス

規範へのパトスは、規範への同一化を通して、自己の同一化をはかろうとする情熱であり、そのことを通して管理社会における支配が再生産される。それに対して、規範への同調ではなく、自己の再生を通して、自己と他者の「かかわり」とその具体的な「かかわり合う場」を回復していこうとする再生へのパトスがある（栗原[1972]1982: 10)。栗原が求めるのは、この再生へのパトスである。

しかし、一見相反する規範へのパトスと再生へのパトスには「共通の根」があるという。さらに両者は「日常生活内での出来事に応じて、わずかな一線で分岐していく」（栗原[1972]1982: 19)。それゆえ、再生をめざすパトスは容易に規範へのパトスへと転化し、逆に規範へのパトスへと逆転する。こうした「転化」と「逆転」が起こりうるのは、パトスがともに「共通の根」から生じ、ともに未分化で両義的な「深層の源泉の力」であり、「混沌の闇」のなかにあるからである。そもそも管理社会とはどのような社会であったか。管理社会とは、テクノロジーによって高度な生産力を維持しようとする社会であり、そのための管理と競争が支配する社会であった。栗原は、規範へのパトスと再生へのパトスには、共通した「競争社会の同じ不安と閉塞」（栗原[1972]1982: 18)があると述べている。

ここから、栗原は再生へのパトスに向けて、パトス（情念）が情緒に自閉すること、抽象的な教義（イデオロギー）に浮上することを避けること、パトスのもつやさしい力を人間的基盤で貫くこと、規範へと傾いたパトスを再生に反転させることを挙げている。言い換えれば、パトスが自己に閉塞することでナルシシズムに退化してしまわないようにすること、パトスがイデオロギーに回収されることを回避すること、そしてパトスのなかの〈やさしさ〉（生命に対する極限的感受性）を貫くこと、そうすることで規範へのパトスへの反転を押しとどめることである。ナルシシズムへの退行とイデオロギーへの回収は、ともに他者との相互性、対話の回路が閉じられることを意味する。ではいかにして対話への通路が開かれ、規範へのパトスは再生へのパトスに反転しうるのか。

「あいたい」に現れる民衆理性

栗原は、他者との相互性を回復する対話の例を、水俣患者が加害企業であるチッソに求めた「あいたい（相対）」の中に見出している。[9] 患者側の「発話」として栗原がまず注目するのは「死んだ子や親や連れ合いや友の命を返せ」という声である。栗原はここに四つの思いを読み取る。すなわち、「死者は決して帰っては来ない」。ゆえに「この惨苦と惨死を繰り返してほしくない」、そのときはじめて死者の魂も和み、「そう思う自分たちの気持ちをわかってほしい」、「あなた方はそれをわかる心を必ずもっているはずだ」の四つである（栗原［1986］1988：231）。すなわち、「命を返せ」という他者に対する自己の主張は、やがて「ほしい」という他者への願いへと変容し、さらに「はずだ」という他者への信頼へと移っていく。また栗原は「中公審でほんとの苦しみがわかるのか、おまえ。わかるのはおまえたち以外ないじゃないか、苦しみが」（傍点筆者）という一見、攻撃的な言葉の中に「相手のなかに人間の力を認め、人間存在の原理を〔中公審ではなく〕人と人とのあいだで実現しようとする、情念行為」（栗原［1972］1982：19）を見出している。そして栗原は、相対の論理が「わかってもらうことよりも、むしろ相手の気持ちをわかろうとするほうへと動いている」（栗原［1986］1988：230）と述べ、他者への理解に開かれていることを指摘している。栗原はこれを「他者への自己超脱」（栗原［1986］1988：223-7）と呼ぶ。栗原はここに、他者を支配する啓蒙的、道具的理性とも異なる、また妥当性要求を掲げて自己の発言を正当化するコミュニケーション的理性とも異なる、他者の声を「聞き取る」民衆理性の発現を見出す。[10] また、こうした「情念行為」は、反抗、憎悪、拒絶の対象である他者が、同じ機構の構造によって、自分と同じように引き裂かれていることの痛みを「共苦」すること、規範へのパトスにも「生きようとする力」（生活＝生命の原理）があることを看取することにつながる（栗原［1972］1982：18-9）。この生活＝生命の原理こそ、『啓蒙の弁証法』の著者たちが理性を道具化する「自己保存」の原理として厳しく告発した当の原理でもある。しかし、この同じ生命に対する民衆のまなざしを、栗原は「やさしさ」と呼んだのであった[11]。

【注】

（1）市民社会論、運動論、アイデンティティ論との関係から論じた杉山（2008）、管理社会における社会意識の構成について論じた出口（2016）、管理社会と民衆理性という観点から論じた山本（2016）の仕事がある。山本については注9及び10も併せて参照のこと。

（2）本稿は前述の三論文に加え、主著『管理社会と民衆理性』新曜社（1982）、『政治のフォークロア』同（1988）に掲載された諸論文も考察の対象としている。

（3）栗原は、道具的理性（啓蒙的理性）を民衆理性と明確に対立するものと位置づけている（栗原［1976b］1982：259）。

（4）「一国国語学」というのは、安田の用いた表現である（安田 1997）。

（5）時枝は「言語は思想の表現であり、また理解である。思想の表現過程及び理解過程そのものが言語であると考へるのである」（時枝［1950］2020：41）と述べている。

（6）現実の社会的構成を解明した日本独自の業績として、見田宗介の『現代社会の存立構造』がある。見田の存立構造論と栗原の社会意識の構成の最大の相違点は、栗原の構成論が労働と相互行動と記号行動を区別し、社会的領域の複数性を射程に収めた点にある。この点について、初期ハーバーマス（労働と相互行為の区別）の影響、チャン・デュク・タオとの関係について解明する必要がある。なお、チャンと栗原の関係についてはすでに出口（2016）が論じている。

（7）ここでは標準的な国文法の品詞と便宜上対応させているが、品詞の分類の仕方自体、時枝によれば検討が必要である。

（8）佐藤は一貫して柳田の国語論を手がかりに、「ことば」の問題に取り組んできた（佐藤 1987：93-109，2001：82-

114, 2012: 252-76)。その中でことばを読み解くことの批判的潜勢力とともに「聴きわける能力」を欠如させた「言論の自由」の危うさを指摘している。

(9)「あいたい」は、歴史的事実としては、被害者と加害企業という関係性の中で行われたが、民衆理性が単なる「マイノリティの社会意識」ではない点に注意が必要である。この点については山本の議論を参照されたい（山本 2016: 83)。加えて、栗原の「深い再生者」に対する「広い再生者」の概念の再検討が必要であろう（栗原［1972］1982: 10-3)。

(10) 山本は、今後の理論的課題としつつ、フーコーとの関連で自発的服従と民衆理性の関係を論じている（山本 2016: 85-6)。本稿では、批判理論における理性概念との差異に注目した。

(11)「やさしさ」は栗原社会学の中心概念である。詳細については稿を改めざるを得ないが、栗原はやさしさを「生命に対する極限的感受性」（栗原［1986］1988: 229）と呼んでいる。

【文献】

Berger, Peter L. and Thomas Luckmann, 1966, *The Social Construction of Reality: A Treatise in the Sociology of Knowledge*, New York: Doubleday & Company.（山口節郎訳、二〇〇三、『現実の社会的構成――知識社会学論考』新曜社。）

出口剛司、二〇一六、「栗原社会学における社会意識の構成と自明性による支配――戦後日本における管理社会論の展開」『情報コミュニケーション学研究』（一六）：一―一五。

福間良明、二〇〇一、「国語学における「辺境」とナショナリティの構築――東条操・時枝誠記の言語思想を手がかりとして」『ソシオロジ』四六（一）：三七―五四。

今井むつみ、二〇一〇、『ことばと思考』岩波書店。

神島二郎、一九七六、「まえがき」『年報政治学』二七：一―六。

吉川徹、二〇一四、『現代日本の「社会の心」』有斐閣。

栗原彬、一九七二、「規範への情念と再生への情念」『朝日ジャーナル』一四（四四）：一二―一八。（再録：一九八二、「高度産業社会におけるパトスの構造」（題名変更）『管理社会と民衆理性――日常意識の政治社会学』新曜社、三―二三頁。）

――、一九七六a、「日本型管理社会の社会意識」見田宗介編『社会学講座 十二 社会意識論』東京大学出版会、一一七―一六一頁。（再録：一九八二、『管理社会と民衆理性――日常意識の政治社会学』新曜社、五九―一一一頁。）

――、一九七六b、「民衆理性の存在証明――野生の社会科学のための探求ノート」『思想の科学 第六次』（六一）：二―二〇。（再録：一九八二、『管理社会と民衆理性――日常意識の政治社会学』新曜社、二四一―二七五頁。）

――、一九七六c、「言語の政治学――基礎理論のための探求ノート」『年報政治学』二七：六三―九〇。

――、一九八一、「政治における神話作用と民話作用――政治言語のレトリック・探求ノート」『思想』（六八二）：四九―五八。（再録：一九八八、『政治のフォークロア――多声体的叙法』新曜社、三七―五七頁。）

――、一九八二、「はじめに」『管理社会と民衆理性――日常意識の政治社会学』新曜社、i―xiv頁。

――、一九八三、「「戦争は平和である」というパラドックス」『朝日ジャーナル』二五（五三）：一〇―一五。（再録：一九八八、『政治のフォークロア――多声体的叙法』新曜社、一五五―一六六頁。）

――、一九八六、「〈相対〉の領域への越境――「水俣病がある」ということ」『思想の科学 第七次』（臨時増刊号七八）：六―一二。（再録：一九八八、『政治のフォークロア――多声体的叙法』新曜社、二二三―二三七頁。）

――、一九八九、「政治的言説の構造――言語政治学による研究」『平和研究』（一四）：二三―三三。

真木悠介、一九七七、『現代社会の存立構造』筑摩書房。

見田宗介、一九七六、「現代社会の社会意識」見田宗介編『社会学講座 十二 社会意識論』東京大学出版会、一―二六頁。

――――、一九七九、『現代社会の社会意識』弘文堂。

見田宗介・山本泰・佐藤健二編、一九八五、『リーディングス日本の社会学 十二 文化と社会意識』東京大学出版会。

佐藤健二、一九八七、『読書空間の近代――方法としての柳田国男』弘文堂。

――――、二〇〇一、『歴史社会学の作法――戦後社会科学批判』岩波書店。

――――、二〇一二、『ケータイ化する日本語――モバイル時代の〝感じる〟〝伝える〟〝考える〟』大修館書店。

――――、二〇一五、『柳田国男の歴史社会学――続・読書空間の近代』せりか書房。

杉山光信、二〇〇八、「市民社会論から栗原社会学へ――アイデンティティ概念の冒険一九六七〜二〇〇六」『社会学評論』五九（一）：五七―七四。

時枝誠記、一九四一、『国語学原論』岩波書店。（再録：二〇〇七、『国語学原論（上）』岩波書店。）

――――、一九四七、「国語規範論の構想」『文学』一五（四）。（再録：一九七六、『言語生活論』岩波書店、三五―四九頁。）

――――、一九五〇、『日本文法口語編』岩波書店。（再録：二〇二〇、『日本文法口語篇・文語篇』講談社。）

山本理奈、二〇一六、「現代社会論としての社会意識論と理論的課題――「日本型管理社会の社会意識」に関する研究の検討を通して」『国際社会科学』六六：七三―八七。

安田敏朗、一九九七、『植民地のなかの「国語学」――時枝誠記と京城帝国大学をめぐって』三元社。

第7章　方法としての社会運動論
――佐藤健二の「社会運動研究における「大衆運動」モデル再検討の射程」から

富永京子

1　はじめに

本稿では、佐藤健二による社会運動に関する論稿「社会運動研究における「大衆運動」モデル再検討の射程」（『思想』七三七号、一九八五年）を対象として議論を行う。

佐藤は本論稿で、社会運動研究における「大衆」という語の意義を再評価し、そこから社会運動論の発展につれ見失われてきた変数の意義と、大衆運動論とそれに立脚した集合行動論の「パースペクティブ」としての価値を再発見する。社会運動論は一九八〇年代以降において、大衆社会論的視角に基づく大衆運動論・集合行動論から、集合行為論を経て資源動員論へと理論的な発展を遂げた。理論的発展につれ、大衆社会論的視角は、後続の社会運動論者から「崩壊モデル」や「社会的孤立モデル」という形で批判される。彼らによれば、大衆運動論・集合行動論は、社会運動を「非合理な爆発」として捉える。こうした非合理な社会病理としての大衆運動・集合行動が生じるに至る過程として、中間集団の衰弱、人々の孤立、そこから生じる不満・不平が大きなきっかけとなっていく。大衆運動論・集合行動論は、人々の孤立と不満に運動の発生要因を集約させているという点が後続の社会運動論者による批判の対象となったわけである。

しかし、と佐藤は続ける。そもそも後続の社会運動論者が指摘した「大衆社会」モデルは、その前提となる大衆社会論の広がりからすればかなり矮小化されており、社会運動の発生因としての心理的要因を不当に拡大したものではないかというのが、佐藤の指摘である。この「大衆運動＝非合理な群衆の過激な直接行動」という前提を再考するにあたり、大衆社会論が社会運動の分析モデルであることに加え、現代社会の分析パースペクティブであった点を踏まえ、再度大衆社会論が持っていた「歴史性」の視点に立ち返ることを提案している。

佐藤の議論は、現代の社会運動論者である筆者の視点から見ると、社会運動研究において「古典」とされる大衆社会論・集合行動論から、集合行為論を経て資源動員論へと段階的に理論的発展が進む一方、そこで看過される変数や、矮小化される「社会運動」の像を的確に指摘していると解釈できる。それは「理論」として著しい発展を遂げた社会運動論の強みでもあるが、「方法論」としての社会運動論の弱みとでも言うべきであろう。本章では、佐藤の大衆運動論・集合行動論に対する再評価と、それら古典理論を批判した資源動員論の誤認に対する指摘から、方法論としての社会運動論のあり方を再度考えてみたい。

本稿では、佐藤（1985）の議論において、特に二点に着目する。一つは、大衆運動論・集合行動論がもっぱら社会運動を、「人々の不平・不満が引き起こす非合理な社会病理」として捉えていた点である。この点は、後続の社会運動論者から、「不平・不満」という個人的特性に運動の発生因を集約させすぎるという批判と、社会運動は決して非合理的・情動的な行動でなく、政治的目的を持った合理的な運動であるという批判を投げかけられる。この批判そのものはオーソドックスであるが、佐藤はこのような後続の論者たちの批判に対し、大衆運動論・集合行動論を「心理学主義」的に矮小化させすぎていると指摘している。こうした佐藤による指摘を踏まえながら、以後の社会運動論における「情動」と「非合理性」がその後どのような形で扱われてきたか、佐藤の提示した論点はいかなる形で昇華されたのかを考えてみたい。

第二に、大衆運動論・集合行動論は、社会運動の発生・持続・発展を分析するというモデルにとどまるものではなく、その社会運動が立脚する社会とその変動を捉えるためのパースペクティブでもある、と佐藤は指摘する。後続の理論である資源動員論者たちは、その点を捉え損なっており、こうした佐藤が言うところの「歴史性」を分析の枠組みとして再考することによって、より実態に即した社会運動の解読と記述が可能になるのではないか、というのが、佐藤の主張である。このような現代社会論としての要素は、資源動員論と同時期に発生した新しい社会運動論、またそれを部分的に継承した経験運動論に色濃く現れているが、佐藤の指摘はこうした現代社会論的運動論ともまた少し異なる。そこで、佐藤の指摘はどのような形で現代社会分析としての運動論を前に進めるものなのかということを検討する。

最後に、佐藤の論稿を踏まえながら、佐藤による大衆社会論・集合行動論の再評価、また「不平・不満」「合理性」また「歴史性」といった、理論的発展につれ看過されてきた、あるいは形を変えて組み入れられてきた変数の存在を踏まえながら、「理論としての社会運動論」が持つ陥穽と、「方法論としての社会運動論」の可能性について論じる。

2　佐藤の指摘する大衆運動論・集合行動論の二側面

筆者が佐藤の議論において、とりわけ注目したい点は二点ある。一つは大衆運動論・集合行動論が持っていた、「孤立した大衆による、不平・不満に基づく社会病理としての非合理的な行動」という社会運動観と、それに対する後続の論者たちの批判に対する佐藤の指摘である。第二に、大衆運動論・集合行動論が持っていた、社会変動を分析するための、現代社会分析としての側面である。

社会運動論は一九八〇年代以降、「資源動員論」を端緒とする組織論としての社会運動論と、「新しい社会運動論」にはじまる現代社会論としての社会運動論の二つの潮流に分化し、著しい発展を遂げるが、佐藤の指摘はそれぞれ、組織論としての社会運動論と、現代社会論としての社会運動論に対応していると考えられる。

そのため本節では第一に、現代の組織論的社会運動論が大衆社会論・集合行動論の提示した社会運動観や不平・不満、非合理性といった要素をどのように捉えてきたのかを、一九八〇年代以降の理論的発展から検討する。第二に、新しい社会運動論にはじまる現代社会論的社会運動論がどのようなものであり、佐藤の指摘した「歴史性」はどう位置づけられるのかを考える。

組織論的社会運動論としての大衆運動論・集合行動論

社会運動論の古典である集合行動論（Smelser 1962=1973）において、社会運動（大衆行動）は、社会が「構造矛盾」を起こしているときに生じ、正常であれば生じることがない、情動噴出性からなる非合理な「逸脱行動」だった（Smelser 1962=1973: 525）。これに対してオバーシャル（B. Obershall）やユシーム（B. Useem）といった資源動員論者は、人々の孤立感や孤独感が集合行動や暴動を招くという、大衆運動論・集合行動論の運動説明モデルを「崩壊モデル」とし、それに対して既存の中間集団やネットワークこそが運動の形成・動員の基盤となるという「連帯モデル」に立脚して資源動員論の展開を行った（長谷川 1985; 曽良中 1996）。

こうした批判の中でとりわけ着目されたのは、「不平・不満」という社会運動の発生因であった。そもそも、集合行動は人々が集まって従事する活動であるため、個人的特性にその発生因を回収することは適切でなく、さらに一対一対応の因果関係として不平・不満と集合行動を結びつける点には問題がある（Melucci 1988）。また、大衆運動論・集合行動論が、社会運動を非合理な病理・逸脱とみなし、その政治性を看過している点にも批判が向けられた（塩原編 1989）。

佐藤の指摘によれば、大衆運動論・集合行動論も、それを批判した資源動員論者も、大衆運動・集合行動に従事する「群衆」「大衆」を非日常の「異常」の中で捉える傾向は共通している（佐藤 1985: 87）。資源動員論が、大衆運動論・集合行動論が抱えてきた「非合理性」「異常性」に対置させる形で社会運動の「合理性」「正常性」を捉えている以上、「合理－非合理」「異常－正常」という二分法に基づく価値判断そのものが、社会運動の定義と見方を縛るものであることに変わりはないのではないかと佐藤は指摘している。

資源動員論者による大衆運動論・集合行動論批判とその批判に対する佐藤の指摘を、筆者は二つの論点から再検討する。本節では、第一に社会運動の「合理性」「政治性」をめぐる問題、第二に社会運動における「感情」「情動」をめぐる展開について見ていきたい。

（1）社会運動の「合理性」「政治性」、可能性の領域としての運動空間

第一に、社会運動の「政治性」「合理性」をめぐる問題である。実際にスメルサー（N. J. Smelser）はその著書の中で、宗教的祭礼や暴動といった活動も集合行動として定義しており（Smelser 1962=1973）、たしかに後続の論者が批判するとおり、それらすべてが「政治的」な目的に基づいた「合理性のある行動」であるとはとても言えない。しかし、観察者の側が研究を行う上で「政治性」や「合理性」の存在を前提とすることは、ではいったいどのような行動ならば合理性・政治性があるのか、という問いを観察者側が逆に向けられることをも意味している。

たとえば、現代美術の分野では「パフォーマンス・アート」という形式が定着しつつあるが、この起源をたどると一九六〇年代以降盛んに行われるようになった一つの手法に「ハプニング」と呼ばれる芸術形式がある。これは、屋内外で偶発的になされる創造的実践を指す（山本 2019: 57-8）。このような活動には、たとえば資本主義原理を風刺する動機であったり、科学技術への過度な依存への対抗といった政治的動機から生まれるものもあ

る。しかし、少なくとも資源動員論者が規定するような意味での、ネットワークや中間集団といった資源を動員し、特定の政治的目的のために戦略を用いて政治を変革する、といった明確な手段‐目的連関を持つ活動ではなく、一見すると合理性や政治性がその活動自体にあるとは認めづらいだろう。むしろ、そうした目的志向型の、明確な合理性・政治性を持つ社会運動が言語化しそこねた要素を表現しようとしてすらいる現代美術のような活動に対して、果たして資源動員論者のように合理性や政治性を前提とすることがどれほど意義を持つのかということは、再考に値するテーマであるだろう。

佐藤は本論の中で、深谷克己による「日本近世の相剋と重層」(1984)を取り上げ、合理と非合理を理論の側が規定していては、その合理性を構築する運動を対象化できないと指摘している。資源動員論の行ったような合理性や政治性の切り詰めが、具体的に社会運動を把握する上でどのような困難として立ち現れるのか。第一には、目的合理性に基づいた枠組みから社会運動を捉えることにより、それ以外の可能性を排除してしまうということであろう。たとえば、二〇〇〇年代以降よく見られる社会運動の形式として、大勢の人々が都市の広場や国会議事堂、国際会議の開催地といった特定の場所に集まり、数日から数百日という長期間にわたって占拠をしつつそこで共同生活を行うオキュパイ・ムーブメントやオルタナティブ・グローバリゼーション・ムーブメントのような運動が世界的に見られるようになった。

台湾で行われた「サンフラワー・ムーブメント」やアメリカの「オキュパイ・ウォールストリート」、WTO閣僚会議やG7サミットのような国際会議への抗議行動は、特定の政策や新自由主義体制に対して異議を唱える。そのために国会や金融の中心地を占拠して抗議を行い、社会に対して問題を知らしめるという点で目的合理性を持つ。しかし一方で、このような占拠活動の中では、ヴィーガン・フードの供給が行われたり、LGBTQフレンドリーな空間が設営されたり、当該運動の目的とは直接には関連しない社会問題に対するティーチ・インやヨガ講座が行われていたりもする。資源動員論の立場からすれば非合理であり、少なくとも運動の目的に強く関与するという意味での政治性は薄いと考えられるだろう。

こうした空間は「予示的政治（prefiguration）」や「コンバージェンス・スペース」として概念化されている（Yates 2015; Routledge 2003）。反グローバリズム運動が掲げた「Another World is Possible/Other Worlds are Possible」というスローガンが象徴的だが、このスローガンが示すとおり、この空間は、敵手に対抗し、要求を伝える、あるいは外界に対して自らの主張を広げるだけではない。オキュパイや抗議行動の空間は、理想的な政治や社会、人間関係を今まさに理想をともにする人々と実現する試みでもある。

チェスターズ（G. Chesters）はこうした社会運動を、目的合理性に基づく社会運動の把握とはまた異なるやり方での分析が必要な「可能性の領域」（Chesters 2012: 147）であると主張する。予示的政治空間やコンバージェンス・スペースでの表現や人間関係、ライフスタイルといった実験という「可能性の領域」を通じて、参加者たちが政治的想像力を発展させていく試みは、チェスターズの指摘や佐藤の議論が示すとおり、「合理性」や「政治性」を観察者が規定した状態では補足しづらいだろう。

先述した「ハプニング」や「パフォーマンス・アート」も同様に、手段‐目的の連関が明確な社会運動というよりはこのような「可能性の領域」を生成し、政治的想像力を構築する活動だと考えられるだろう。このような活動に従事するアーティストやアクティビストは、「偶発性」「偶然性」と「人々の参加」を重要視する。可能性の領域としての社会運動空間は、常に何が起こるかわからない可能性を担保しており、また誰でも出入り自由であるという民主的な性質がつきものだからであろう。実際にサミット抗議行動では、目的や目標を共有していない、偶発的な参加にもかかわらず占拠空間において何らかの役割を担う人々がおり、彼らが政治的主体としてその後の社会運動を中心的に担うことも少なくなかった（Tominaga 2017）。

観察者自身が最初から活動の目的合理性と政治性を規定してしまっては、こうした偶発性・偶然性に基づく参加も、可能性の領域としての社会運動の動態性も把握できづらくなってしまう。そもそも、政治性という観点から考えるならば、大衆運動論・集合行動論のもたらした「大衆・民衆」という担い手像の提起そのものが、それまで政治を支配や権力といった観点からしか見てこなかった「政治性」の領域を広げる政治観の修正であるとも言える（高畠 1976）。また、次節にて論じる新しい社会運動論も、政治性を制度的で集合的な観点ではなく、潜在的で個人的なものとして捉える試みであったと言えるだろう。このような点で、佐藤が指摘するように、資源動員論の「合理性」ないしそれに基づく政治性は、理論的に形成された分析枠組み向けに矮小化されているように考えられる。

（2）心理主義的に矮小化される「不平・不満」「感情」

資源動員論者は、集合行動論および大衆社会論が、不平・不満を社会運動の発生因とした点にも強い批判を行っていた。しかし、資源動員論以降の社会運動論は、佐藤（1985）による指摘と同様に、社会運動の発生因としての「不平・不満」へと批判の矛先を矮小化させた「心理学主義」に対しては批判を行っており、再度運動の変数として情動的な要素を組み入れるような刷新を行っている。社会運動論がこのような情動的な要素をその後どのような形で評価してきたのか、理論的発展に即した形でもう少し詳細に見ていきたい。

一九六〇年代から一九九〇年代にかけて、社会運動において、「感情」や「不平・不満」といった情動的な要素が看過された点、またこうした変数が社会運動における不合理性と関連して見られ、不当に低く評価されてきた点は、資源動員論以後の社会運動論においても厳しく指摘されている（Jasper 2011; Goodwin et al. 2000; Goodwin and Jasper 1999）。たとえば「記憶」や「解釈」といった認知的な変数は「社会運動と文化」論や後述する「新しい社会運動論」、あるいは資源動員論の分析枠組みである「フレーム分析」においても数多く見られてきたものの（野宮 2002; Johnston and Klandermans 1995; Snow and Benford 1988）、それはどちらかと言えば記述可能で操作的な、反射的な感情や身体的衝動とはまた異なる種の変数であると指摘されている（Jasper

2018）。同じく認知的な要素としてアイデンティティを重要視してきた新しい社会運動論においても、「感情」はあくまで「認識」に従属するか、あるいは完全に分離された要素として論じられてきた（Goodwin et al. 2001）。このような反省を踏まえ、現代では多様な種類の感情が社会運動研究の遡上に置かれ、「感情」に注目する研究は増加し続けている（Jasper 2011: 286）。社会運動における感情研究の論者らは「恥」や「恐れ」といったサブカテゴリへと感情を細分化させながら、それが運動の発生や持続に対して影響を及ぼすものとして分析へと組み入れている。

変数としての「感情」そのものが社会運動論から長いこと軽視されてきた歴史に関しては、もう少し補足と展開が必要であるだろう。なぜならこの点は、佐藤による大衆社会論・集合行動論擁護の文脈にも繋がるからだ。資源動員論・新しい社会運動論という、一九八〇年代を端緒に発展した社会運動論の二大潮流が「感情」の存在を看過・軽視してきた点を批判した研究分野としてフェミニズム運動研究があった（Goodwin et al. 2001）。「感情」に対する視点の不在は、社会運動において狭義の合理性や政治性を重んじるあまり、変数としての「感情」そのものだけでなく、「感情的」とされやすいアクター（女性、労働者、農民、先住民族といった非エリート、あるいはマイノリティの運動アクター）を軽視することにも繋がっているというわけである。

実際に、ジャスパー（Jasper 1997）以降増加してきた社会運動の「感情」研究は、非エリートのアクターに対する着目や、社会運動において資源動員論者が前提としてきた、合理性・政治性そのものの線引きを揺るがすような性格を重要視してきた。このような観点は、佐藤が擁護してきた大衆運動論・集合行動論の特質に対して、より肯定的な意味付けを与えるものだとも言えるだろう。

たとえばバーカー（Barker 2001）は、ポーランドの造船所におけるアクティビストと労働者が「怒り」をもとに一万人以上の大規模なストライキへと発展させた事例を「感情」から読み解く。労働者たちは抑圧に恐怖する主体から、社会運動を通して「誇り」を感じるようになる。彼らの記憶に残るのは、役人の行動を嘲笑するようになった瞬間や、パニックが自信に変わった瞬間など、感情の突然の変化であり、そこに社会運動の潜勢力があるのではないかとバーカーは論じる。またグローブス（Groves 2001）は、自身の調査した動物の権利を保護するアクティビストたちに、「プロフェッショナルでない」「不合理な」「女性的な」アクティビストへの批判的スティグマとして「感情的」という語彙が用いられることを明らかにした。これは運動のオーガナイジングにも影響しており、女性はいかにして「科学的で合理的な」アクターとして見られるかを考えることになり、組織レベルでは運動のリーダー役を男性が演じることが多いという実態にも繋がってくる。

これらの「社会運動と感情」研究が集合行動論よりもさらに明確に示し、また、資源動員論に提示できる視点が二つある。一つ目は、先述したとおり、資源動員論者が前提としてきた社会運動における合理性と政治性の問い直しである。資源動員論的に捉えるならば、バーカー（Barker 2001）の事例における成功や発展は、一万人を超える大規模な動員の膨らみであり、それまで立ち上がることの出来なかった労働者によるストライキの達成と考えられるかもしれない。しかし、バーカーが「感情」を重点に置いた分析を行ったことで、労働者たちはむしろ「感情の変化」に社会運動の意義を見出していることがわかる。

資源動員論においても、参加者が運動の中で認識を変容させる過程に重点を置いた研究はある。たとえばマックアダム（D. McAdam）が論じた、運動参加者の「自らの運動の成功可能性・重要性に対する認識」という指標である「認知的解放」（McAdam 1982）などはその代表的な例である。他方、バーカーの発見した「誇り」や「嘲り」は社会運動の成功や社会的重要性とは全く関係しない変数であるにもかかわらず、運動従事者の中で大切な位置を占めている。このような意味で、資源動員論に立脚する観察者の提起した「合理性」と異なるタイプの合理性が社会運動の中で生じているのがわかる。

第二に、「社会運動と感情」研究が資源動員論に対して提示できる論点として、社会運動が立ち現れる「日常」へのまなざしがある。佐藤は資源動員論による大衆運動論・集合行動論批判が欠いてしまいがちな論点として、社会運動が立ち現れる「日常」があるのではないかと指摘し、社会に生まれる不調和と社会運動の発生を架橋する「裂け目」としての「構造的ストレーン」概念（Smelser 1962=1973）に着目する。この「裂け目」は日常の中に潜在的に内包されているはずだが、社会運動を「合理－非合理」「異常－正常」の二分法で捉えてしまった大衆運動論・集合行動論・資源動員論はむしろ、「裂け目」を日常と非日常（集合行動）の断絶として扱ってしまった。しかし「社会運動と感情」研究は、このような「裂け目」を感情という観点から捉え直すことによって、日常と非日常の「継ぎ目」として再構成することが可能になるのではないかと筆者は考えている。

たとえばだが、「女性は感情的である」「労働者は抑圧され、雇用者に対して恐怖を覚えている」といったテーゼは、社会運動とは関係なく一般的な、私たちの日常を取り巻く（いくぶん偏見混じりの）認識のようなものだろう。しかし、グローブス（Groves 2001）の研究によれば、こうした認識が、社会規範に対して批判的であるはずの社会運動のリーダーシップを規定してしまったり、集合行動を行う上での規範となってしまったりするさまを示している。私たちの日常で生成される、「感情」を取り巻く認識が、まさに社会運動を行う上でも同じように反映されているのである。また、日常としての生活と非日常としての社会運動を繋ぐ「継ぎ目としての感情」という点では、テイラー（V. Taylor）による社会運動の「中断」の研究（Taylor 1989 など）も見逃せない。この研究は、一九六〇年代における女性運動の「復活」がいかに可能になったのかという問いを解くものだが、その説明変数となるのはアクティビスト間のネットワークや目標・戦術の設定、集合的アイデンティティである。しかし、参加者たちは、活動の高揚感や刺激といった「感情」なしでは、ネットワーク維持や目標設定をなし得なかったのだ（Goodwin et al. 2001）。社会運動の中断と復活を、日常を生きる人々の「感情」が繋いだ事例と言えるだろう。

本項では集合行動論から「社会運動と感情」研究に至るまで、不平・不満を端緒とした情動に関する論点がいかにして現代の社会運動論で扱われてきたかという説明をしてきた。佐藤が提示した前項の論点に戻ると、社会運動における不平・不満や感情、情動といった要素が、運動の合理性や政治性を揺るがし、かつ社会運動を、日常と集合行動の「裂け目」というか「継ぎ目」という観点から分析可能にするものであることがわかる。また、「社会運動と感情」研究は運動の情動的要素に改めて着目することで、「感情」あるいは「感情的」とみなされがちなアクターが不当に扱われ、軽視されてきた社会と社会運動を問い直す役割を担った。これを佐藤の指摘に位置づけ直すならば、資源動員論と、それが批判した大衆運動論・集合行動論において、孤立や中間集団の崩壊といったネガティブなイメージを持って語られてきた「大衆・民衆」への軽視そのものが、資源動員論のエリート主義へと接続してしまったということも改めてわかる。

現代社会論的社会運動論としての大衆運動論・集合行動論

第二に本稿では、現代社会論としての社会運動論を検討することによって、佐藤の指摘した「歴史性」を持つ研究としての社会運動論の可能性を示唆したい。

佐藤（1985）は本論において、現代社会分析としての大衆運動論・集合行動論に言及している。大衆運動論・集合行動論は、先述した組織論的社会運動論としての側面を持つと同時に、歴史のマクロな変化に関する分析を意図して形成されてきた理論であると佐藤は指摘する。その意味ではいわゆる「産業化（近代化）論」、「ポスト産業社会」論などと並べて検討すべき、モデルというよりもパースペクティブなのではないかと示唆している。

こうした形で社会変動を説明する社会運動論も、一九八〇年代以降発展してきた潮流の一つである。代表的なものに、労働運動からマイノリティ運動、エコロジー運動への転換という視点から一九六〇年代の社会的変動を論じた「新しい社会運動論」がある（Habermas 1981; Touraine 1984=1988; Offe 1985; Melucci 1985）。文化の崩壊と合理化・科学化による支配という社会変動が生じた現代において、新しい社会運動論者たちは「社会運動」として分析の俎上に載せる対象を、マルクス主義的な労働運動から、環境運動・女性運動・先住民運動といった、それまで社会運動から不可視化されてきたマイノリティをめぐる権利の運動へと拡大した。その点で新しい社会運動論は、それまでの社会運動が取り扱ってきた「政治」そのものの前提を揺るがすものであり、従来の社会運動が前提としてきた「合理性」そのものを問い直すものでもあったと言える。

新しい社会運動は「豊かな運動」ともたびたび言われるが、社会運動の従事者を「階級」から解き放ち、権利要求だけではない自己変革の運動も社会運動とみなす。そこではもっぱら、社会運動をいかに発展・持続・成功させるかという組織論的問題意識ではなく、なぜその運動が当該社会において生じたのか、という現代社会論的問題意識のもと、社会運動参加者に共通する属性や問題関心といった「集合的アイデンティティ」(Melucci 1989=1997) が重要視された。

しかし、一九九〇年代以降、グローバル化を端緒とする個人化・流動化社会において、時限的・局所的であったり、組織というよりもプロジェクトとしての性格を持つような社会運動が立ち現れる。女性、労働者、先住民といった形で、同じ属性であっても同様のアイデンティティで括ることが出来るとは言えない現代の個人化・流動化した我々にとって、「集まる」「ともに経験する」ことそのものが社会運動である、という前提のもと、マクドナルド (K. McDonald) らは「経験運動論」を提唱する (McDonald 2004)。これもまた、個人化や流動化という現代社会を社会運動の側面から解き明かすための理論であろう。

「新しい社会運動論」と集合的アイデンティティを提唱したメルッチ (A. Melucci) 自身も、グローバル化に伴い、それまで集合行動の基盤となってきた「社会的階級」という概念が説明力を失ったために、集合的アイデンティティという概念の説得力が希薄化してしまったと回顧し、理論の刷新を提起している (Melucci 1996)。このような新しい社会運動論から経験運動論への変化はまさに佐藤が指摘するところの「現代社会の構造の歴史性にかんするパースペクティブ」(佐藤 1985: 91) の一つだと言える。佐藤の提示した、「大衆社会論 (集合行動論) - 大衆社会」の対応関係をもとに考えるならば、「新しい社会運動論 - 集合的アイデンティティ社会」、「経験運動論－個人化・流動化社会」という対応関係で説明することが可能になる。

しかし、佐藤の議論は「現代社会を解読するための社会運動論」にとどまらない。佐藤は「歴史性」という言葉を用いながら、ミクロな観察の視点を担保しつつ、一方でマクロな社会運動と社会変動に対するアプローチが可能なのではないか、さらに言えばそうした二つの観点が組織論的社会運動論の分析にあたっても有用なのではないかと問いかけている。

この社会史的著作に分類されるものとして、佐藤は前田愛による「日比谷焼き討ち事件」に関する論考（一九七九年）を挙げているが、たとえば安丸良夫の『出口なお』（安丸 1977）などもその一つであろう。安丸は、大本教の教祖である出口なおのライフヒストリーをつぶさに紐解くことにより、当時における都市下層からの民衆運動としての新宗教運動を捉えようとする。宗教運動が近代化から捨て置かれた主体の「不満」や「孤立」から生じていると同時に、通俗道徳やジェンダーによる社会的排除といった「近代からの疎外」という社会変動の末に生まれたものであることを、安丸の記述は示している。

佐藤の示唆を踏まえると、歴史学で言うところの、個人的な史料（エゴ・ドキュメント）を用いたいわゆる「ミクロストリア」の手法（Ginzburg 1980=2003）が、社会運動に対しても可能なのではないか、とも考えられる。抗議や運動の中の「資源」ひとつをとっても、それは当てはまる。観察にあたって立ち現れる「ミクロ」な要素――日比谷焼き討ち事件において使われた、日比谷公園の「石油ランプ（火炎瓶として攻撃に用いられた）」や、出口なおの持っていた王仁三郎とのネットワーク――は、まさに資源動員論が対象とした「資源」にほかならない。

佐藤による歴史性に関する指摘は、新しい社会運動論や経験運動論のような現代社会論的社会運動論が、資源動員論のような組織論的社会運動論と対置されるものでなく、つぶさな現場の観察と資料の渉猟といった「方法」を用いることで両者に貢献し合うものだという示唆を含んでいると言える。本章では最後に、こうした佐藤の方法的な観点からの示唆が、社会運動論に対してどのようなパースペクティブをもたらすのかを今一度議論したい。

3　佐藤の提示する「方法的」社会運動論

組織論的社会運動論は、集合行動論から集合行為論による批判を経て資源動員論へ、そこからフレーム分析・動員構造論・政治的機会構造論が分析枠組みとして出現し、統合的な議論としてContentious Politicsへと収斂されたという発展をたどる（McAdam et al. 1996; McAdam et al. 2001）。また一方で、現代社会論的社会運動論の潮流が欧州を中心に発展し、一九八〇年代の「新しい社会運動論」から一九九〇年代以降の「経験運動論」へと引き継がれることになった。

組織論的社会運動論と現代社会論的社会運動論は、ともに社会の変容に合わせて、あるいは「社会運動と感情」研究が投げかけた問題提起のように、研究者コミュニティ内部での批判と継承を繰り返しながら理論的に発展を遂げていく。資源動員論者らは、「不満・不平」を持っているアクターがすべて社会運動に参入するわけではなく、また社会運動が大衆社会論・集合行動論の示すような病理ではないと主張し、強い合理性があることを示すために大衆運動論・集合行動論を批判した。さらに実情に即した精緻な分析をすべく、後続の論者たちはフレーム分析・動員構造論・政治的機会構造論を生み出すが、これらはジャスパー（J. M. Jasper）、グッドウィン（J. Goodwin）、ポレッタ（F. Polletta）ら「感情」論者によって、情動的要素と情動的とみなされやすいアクターを軽視した、過度に合理的でエリート主義的な理論として批判されてしまう。こうした批判を完全に昇華したわけではないものの、部分的に認知的要素を変数として組み込んだ研究がContentious Politicsとして成立した。

このように、ある理論が内部での批判と発展を繰り返す中で、社会運動の定義そのものを狭めたり、批判対象となる議論を矮小化して捉えてしまったりするということは、理論的発展の必然とも言えることだろう。佐藤は本論の中で、一九六〇年代から八〇年代にかけての大衆社会論・集合行動論・集合行為論・資源動員論への発展過程を論じつつ、発展の中で取りこぼされてきた運動の合理性そのものの問い直しや歴史性、日常と非日常の連続性といった視点を取り戻す必要性を主張している。

ここで佐藤が示しているのは、「理論」としての側面だけでない、「方法論」としての分析枠組みである社会運動論であろう。佐藤の論じ方は、現代の社会運動論の理論的発展と学説史を踏まえた立場から言えば、きわめて自由に見える。前節では、現代社会論的社会運動論における「歴史性」の議論を行ったかと思えば、社会史の観点から「資源」を発見することで、組織論的社会運動論への貢献を試みようとする。また、「共通の利益を有しながらも組織されざるフリーライダー問題、つまり集合行為の失敗を論じた集合行為論は、むしろアノミーとアパシーを分析対象とした大衆社会論と響き合うのではないか」（佐藤 1985: 93）と、「正当な」学説史であれば資源動員論に接続されるはずの集合行為論を、アノミーやアパシー、孤立から大衆社会論へと繋げようとする姿勢もきわめてユニークである。

社会運動論は、集合行動論からContentious Politicsに至るまで、数多くの分析枠組みを持つ。しかしその分析枠組みは、実際の社会運動を把握するための枠組みや方法であるとともに、批判と継承、発展の歴史を持つ「理論」でもある。しかし「方法であり理論である」というこの社会運動論の特徴は、ときには学説史や理論的潮流に遠慮した「縦割り」としての効力を発揮してしまい、理論に貢献するという名目のもと、運動の実態を把握するという本来の目的を妨げてしまうのではないだろうか。この点で、大衆運動論、集合行動論、資源動員論をさまざまな概念から縦横無尽に行き来し、実態の把握と解読に努めようとする佐藤の一九八五年の手つきから、現代の我々が学ぶことは多いと考えられる。

【文献】

Barker, Colin, 2001, "Fear, Laughter, and Collective Power: The Making of Solidarity at the Lenin Shipyard in Gdansk, Poland, August 1980," J. Goodwin, J. M. Jasper and F. Polletta eds., *Passionate Politics: Emotions and Social Movements*, Chicago and London: The University of Chicago Press, 175–94.

Chesters, Graeme, 2012, "Social Movements and the Ethics of Knowledge Production," *Social Movement Studies*, 11(2): 145–60.

Ginzburg, Carlo, 1980, *The Cheese and the Worms: the Cosmos of a Sixteenth-Century Miller*, trans. John and Anne Tedeschi, Baltimore.（＝杉山光信訳、二〇〇三、『チーズとうじ虫――十六世紀の一粉挽屋の世界像』みすず書房。）

Goodwin, Jeff and James M. Jasper, 1999, "Caught in Winding, Snarling Vine: The Structural Bias of Political Process Theory," *Sociological Forum*, 14(1): 27–54.

Goodwin, Jeff, James M. Jasper and Francesca Polletta, 2000, "The Return of the Repressed: The Fall and Rise of Emotions in Social Movement Theory," *Mobilization*, 5(1): 65–84.

———, 2001, "Introduction: Why Emotions Matter," J. Goodwin, J. M. Jasper and F. Polletta eds., *Passionate Politics: Emotions and Social Movements*, Chicago and London: The University of Chicago Press, 1–24.

Groves, J. M., 2001, "Animal Rights and the Politics of Emotion: Folk Constructs of Emotions in the Animal Rights Movement," J. Goodwin, J. M. Jasper and F. Polletta eds., *Passionate Politics: Emotions and Social*

Movements, Chicago and London: The University of Chicago Press, 212–29.

Habermas, Jürgen, 1981, “New Social Movements,” *Telos*, 49: 33–7.

長谷川公一、一九八五、「社会運動の政治社会学」『思想』（七三七）：一二六―一五七。

Jasper, J. M., 1997, *The Art of Moral Protest: Culture, Biography, and Creativity in Social Movements*, Chicago and London: The University of Chicago Press.

———, 2011, “Emotions and Social Movements: Twenty Years of Theory and Research,” *Annual Review of Sociology*, 37: 285–303.

———, 2018, *The Emotions of Protest*, Chicago and London: The University of Chicago Press.

Johnston, Hank and Bert Klandermans eds., 1995, *Social Movements and Culture*, Minneapolis: University of Minnesota Press.

McAdam, Doug, 1982, *Political Process and the Development of Black Insurgency, 1930–1970*, Chicago: The University of Chicago Press.

McAdam, Doug, John D. McCarthy and Mayer N. Zald, 1996, *Comparative Perspectives on Social Movements: Political Opportunities, Mobilizing Structures, and Cultural Framings*, Cambridge: Cambridge University Press.

McAdam, Doug, Sidney Tarrow and Charles Tilly, 2001, *Dynamics of Contention*, Cambridge: Cambridge University Press.

McDonald, Kevin, 2004, “Oneself as an Other: From Social Movement to Experience Movement,” *Current Sociology*, 52(4): 575–93.

Melucci, Alberto, 1985, “The Symbolic Challenge of Contemporary Movements,” *Social Research*, 52(4): 789–

816.
———, 1988, "Getting Involved: Identity and Mobilization in Social Movements," *International Social Movement Research*, 1: 329–48.
———, 1989, *Nomads of the Present*, London: Hutchinson Radius.（山之内靖・貴堂嘉之・宮崎かすみ訳、一九九七、『現在に生きる遊牧民（ノマド）——新しい公共空間の創出に向けて』岩波書店。）
———, 1996, "Individual Experience and Global Issues in a Planetary Society," *Social Science Information*, 24(4): 485–509.
野宮大志郎、二〇〇二、『社会運動と文化』ミネルヴァ書房。
Offe, Claus, 1985, "New Social Movements: Challenging the Boundaries of Institutional Politics," *Social Research*, 52(4): 817–68.
Routledge, Paul, 2003, "Convergence Space: Process Geographies of Grassroots Globalization Networks," *Transactions of the Institute of British Geographers*, 28(3): 333–49.
佐藤健二、一九八五、「社会運動研究における「大衆運動」モデル再検討の射程」『思想』（七三七）：七八—一〇一。
塩原勉編、一九八九、『資源動員と組織戦略——運動論の新パラダイム』新曜社。
Smelser, Neil J., 1962, *Theory of Collective Behavior*, New York: Free Press.（会田彰・木原孝訳、一九七三、『集合行動の理論』誠信書房。）
Snow, David A. and Robert D. Benford, 1988, "Ideology, Frame Resonance, and Participant Mobilization," *International Social Movement Research*, 1: 197–217.
曽良中清司、一九九六、『社会運動の基礎理論的研究——一つの方法論を求めて』成文堂。
高畠通敏、一九七六、「運動の政治学」『年報政治学』二七：二五—四三。

Taylor, Verta, 1989, "Social Movement Continuity: The Women's Movement in Abeyance," *American Sociological Review*, 54(5): 761-75.

Tominaga, Kyoko, 2017, "Social Reproduction and the Limitations of Protest Camps: Openness and Exclusion of Social Movements in Japan," *Social Movement Studies*, 16(3): 269-82.

Touraine, Alain, 1984, *Le Retour de L'acteur: Essai de Sociologie*, Paris: Fayard. (Alain Touraine, trans., 1988, *Return of the Actor: Social Theory in Postindustrial Society*, Minneapolis: University of Minnesota Press.)

山本浩貴、二〇一九、『現代美術史――欧米、日本、トランスナショナル』中公新書。

Yates, Luke, 2015, "Rethinking Prefiguration: Alternatives, Micropolitics and Goals in Social Movements," *Social Movement Studies*, 14(1): 1-21.

安丸良夫、一九七七、『出口なお』朝日新聞社。

第8章

尾高邦雄はなぜ職業社会学を維持できなかったか
——もうひとつの職業概念に向けて

武岡暢

1 本稿の目的と背景

この小論は社会学者の尾高邦雄（1908-1993）による職業社会学構想がなぜ、どのようにして放棄されていったのかを跡付けることを目的としている。尾高の職業社会学を後の産業社会学的、労働社会学的な業績と密接に関連づける見方もある（たとえば稲上（1987: 4））が、本稿ではむしろ尾高が維持できなかった要素にこそ職業概念に関して注目すべき可能性が含まれている、という立場を取る。

その可能性とは、今日の社会学における「職業」概念の用いられ方とは異なる、もうひとつの職業の概念化のあり方に関わる。日常言語においても広く用いられている職業の語が、現在の社会学では主として階層研究におけるものなどかなり限定的な用法においてしか活用されていない。言語資源として「職業」の語が人びとの意味世界のなかで果たしている役割の多様性や重要性に鑑みれば、社会学においても職業の語の現在とは別様の資源化や概念の拡張が試みられてよい。そのことは社会現象としての職業のより包括的な理解につながり、ひいては階層研究における職業概念理解の増進にも資するのではないかと思う。

本稿は、この大きな課題――もうひとつの職業概念の提案――にとっての予備的作業として位置づけられる。本格的な論究は別稿を期さねばならないが、以下でごく簡単にその方向性だけを予示しておきたい。

「生計維持」を相対化する

「職業」については、この言葉を発する側も受け取る側も、すぐさま巻き込まれてしまいそうになる思い込みの束縛をあらかじめ断ち切っておかねばならない。それは、社会学の事典にも「生計維持の手段として継続的に行われる労働行為」(中井 2012: 672) とあるような、社会学分野においては長く標準となっている概念規定である。

たとえば近年の就業構造を特徴づけるトレンドに、正規雇用に対する非正規雇用の割合の増大がある。この「非正規」について見てみれば、そこにはすでに職業の定義に含まれる「生計維持」の概念に微妙な変調が現れ始めている。有田伸が日韓の比較社会学から論じたように、日本における非正規雇用は家計に対して補助的な役割を果たすものと観念されてきたし、現在でもそうした通念は残存している (有田 2016)。有期雇用契約やパートタイム就労といった非正規雇用を構成する要素は、いずれも「生計を維持」するとされる「職業」のあり方と即座に直結しない(1)。

「生計」と微妙なずれをはらみながら循環的に意味を規定し合う概念に「世帯」がある。「世帯」概念の (以下で触れるような) さまざまな外延を考慮したときに、その生計を維持するための労働行為たる「職業」がいかなるものであるのかは、実はやはり多様で曖昧である。

家族社会学者の久保田裕之は、家計のかなりの部分を相互に独立させている「子どものいない共働き夫婦」や、反対にある程度の家計の共同が見られるコレクティブハウスの共住などの例を挙げ、学説史上の認識枠組みの展開を跡付けながら、世帯概念と家族概念の癒着の切断を試みている。なかでも世帯を「家計の共同」と「居住の共同」からなる二重の共同性として腑分けすることで、「家族」概念とは異なり相対的に客観的な観察が可能であるとされていた「世帯」概念の理念性を指摘している点は特に注目される（久保田 2012: 39）。コレクティブハウスなどの共同居住形態の多様化と普及、そして一般的趨勢としての「家族の多様化」を考慮したとき、世帯は「居住の共同」に一本化して概念化すべきである、というのが久保田の議論であった。

「生計維持の手段として継続的に行われる労働行為」という職業定義は、職業統計のための操作化とも抵触せず、典型像把握の手段として長く有用であった。しかし有田や久保田の議論からは、有用性によって便宜性と近似性を覆い隠すことが次第に困難になりつつある様相が看取できる。(2) 労働や産業の社会学が用いるための職業概念は、統計的把握のための便宜とは異なる目的と性能を持ったものとして、別に考えられてよい。その意味で、「名称こそ「職業」分類ではあるものの、「階層の現実をうまく表現すること」をその目的としており、事実上、階層分類として位置付けるべきものであろう」（有田 2016: 37）という有田の指摘は重要である。(3)

こうした今日的な問題状況について、部分的であれ解決の糸口を提供してくれるのではないかと考えられる尾高の職業社会学について、次節で検討しよう。続く第三節では職業社会学構想が蚕食されて維持困難になっていく過程を尾高による同時代の理論的な変遷の側面から、第四節では同じく調査研究の側面から、それぞれ明らかにしたい。(4)

2 『職業社会学』で提示された構想

尾高邦雄の最初の単著である『職業社会学』は一九四一年に出版された。これに先立って尾高の職業研究としては『中央公論』掲載の「職業の倫理」（1935）と『思想』掲載の「職業学の成立（上・下）」（1937ab）がある。

後者の論文を評価して尾高に『職業社会学』を書かせる動機を提供した（尾高 1995: 8）という戸田貞三もまた、一九三一年の「卒業生と就職問題」を皮切りに、断続的に「職業教育」を主題とした論考を発表している（戸田 [1931]1993, [1932ab]1993, [1933]1993, 1933, 1938abc）。しかし、統計データを提示しながらエッセイ風に書かれた戸田の職業教育論はその後目立った展開を見せることはなかった。

戸田も学校から労働へのトランジションの視点から問題にしていた「適材適職」の論点は、尾高においてヴェーバー（M. Weber）をはじめとした社会学説と縒り合わされながら抽象化、理論化されていく。『職業社会学』の「序」を見てみよう。

> 職業というものが今日ほど問題とされたことはないであろう。国民登録、職域奉公、労務動員、転業対策等、何れも職業に関係深き時代の標語ならざるはない。（尾高 1941: 序1）

このことは、「転業対策」といった用語にもあらわれているとおり、「適材適職」の失敗が「更に転業や失業ということにもなるのである。それは個人にとって大いなる不幸である」（尾高 1941: 4）とか、「失業者の増大は社会の不安を醸し、転職の増加は国家の損失を甚だしからしめる」（尾高 1941: 94）といった、失業のみならず転職や転業をも病理視するような特徴的な視点に結びついている。(5)

『職業社会学』にとっての先行研究

尾高は職業の主題としての重要性を仮に以上のように提示した上で、それを社会学の立場から行うことの意義を、「従来は主として職業適性の心理学的・医学的検査や、又職業人口の統計的把握の如きが行はれたるのみであつた」（尾高 1941: 序1）点に求める。(6) これら従来の職業研究のアプローチについて以下のような不足が指摘される。

第一に、統計的把握からする職業研究は、その性質上、職業を「生業」に切り詰め、大量の対象者を「人口」に切り詰める点において経済学的、人口学的な視点の職業把握にならざるを得ず、これは社会学の立場から見る職業ではない（尾高 1941: 45–85, 113–6）。

第二に、当時の日本において最も盛んに職業研究を実践していた職業心理学について、業務が要求する心理的条件と、個々人のひとりひとり異なる心理的性能との適合性を探る点において、（前述の職業統計のような）生業としての職業観を離れてむしろ「天職」としての職業観に至っている点を肯定的に紹介する（尾高 1941: 85–98）。しかしながらこれらが徹頭徹尾「技術的」、「工学的」に追究されるなかで個人と職業の関係のみが焦点化され、社会と職業との関係が等閑視される点を問題にする（尾高 1941: 116–20）。

第三に、当時の公民教育に典型的であったように、職業の道徳を論じる、「職分」を主題とした議論が挙げられる。尾高が「職業道徳論」と呼ぶこうした議論において職業は個人が滅私奉公するための手段に切り詰められてしまう点でやはり不十分であるとされる（尾高 1941: 98–112, 121–2）。

職業社会学構想

尾高は以上の三つの立場を、それぞれ職業を「生計維持」、「個性発揮」、「連帯の実現」として見る視点として整理する。そして、それらを乗り越える職業観として尾高が提示するのが、この三点の統一である。こうした統合的な視点を尾高は「職業生活」と呼ぶ（尾高 1941: 129）。ここにおいて職業は社会と個人をつなぐ「通路」、あるいは「結節点」となる。「職業生活とは個人活動がそれを通じて社会活動に編成され又社会活動がそれを通じて個人活動より構成されるところの生活である」（尾高 1941: 121）。「職業生活」の観点からは「生計維持」と「個性発揮」と「連帯の実現」はいずれもそれぞれただひとつで成り立つことはなく、三者が互いに互いを帰結し合う。そうした理念的な視点として「職業生活」が定式化される[7]。

では「職業社会学」がこうした職業観に基づく社会学であるとはいかなることか。これを尾高は端的に「共同生活」、「共同（協同）社会」を関心の中心に据えることとして規定する（尾高 1941: 123）。換言すれば、前記の「職業生活」について、とりわけその共同性に重点を置きながら探究するのが「職業社会学」の立場なのである。

ただし、この「共同」の契機としては人びとが同一の職業に就いている状態のみならず、異なる職業に就いていることも強調される（尾高 1941: 124）。尾高は当該箇所で言及していないが、これは分業に基づく有機的連帯、というデュルケム（E. Durkheim）の議論が明らかに背景にある[8]。

職業社会学の意義としての理念性

今日の標準的な職業定義に含まれている要素は三つあった。「生計維持」、「継続性」、「労働行為」である。このうち最初の「生計維持」は尾高の規定にも含まれており、残りの「継続性」と「労働行為」については明言こそしていないものの、おそらくは尾高も暗黙の内に職業概念の当然の前提条件として自明視していると見られる。つまり、現代の端的な職業定義と尾高のそれを比較したとき、尾高の方には「個性発揮」と「連帯の実現」の要素が余計に付け加わっている、という構図である。

尾高のそれに比して操作的とすら言える現代の職業定義を見たとき、両者のあいだにはハーバート・ブルーマー（Herbert Blumer）の「定義概念／感受概念」の著名な対比が想起される。念のために確認しておけば、定義概念は「固定された基準尺度に関する明確な定義によって、対象の類に共通する性質を精密に指示するもの」であって、「その類に属する事例や、概念が包括している事例の構成を、明確に特定化するための手段として使われる」（Blumer 1969=1991: 191-2）。これに対して感受概念は「こうした属性または基準尺度を特定化しない」。その代わりに「その使用者に、経験的な事例にアプローチする際に、どこを参照するかとか、どのように接近するかというような概括的な意味をあたえるものなのである」(Blumer 1969=1991: 192)。
尾高の職業概念が感受概念であることは、それが文脈に対する感受性を有することを意味する。定義概念に基づく質問紙において「職業」の欄にただひとつの職業カテゴリーの記入を求めるのとは異なり、調査者の設定した文脈に応じて、複数の職業を被調査者が挙げることもあるだろう。それこそが職業の語において人びとが生きている社会の姿だからだ。

ここではさらにもう少し別の角度から、尾高の職業概念の「理念性」とでも呼ぶべき側面についても指摘しておきたい。定義概念たる現代の職業概念は「生計維持」のために「継続的」になされる「労働行為」であって、この三つの要素がすべて∩(かつ)の記号で結びつけられたものを職業と見なす。これに対して尾高の職業概念を同様に捉えて「生計維持」のために∩当人の「個性を発揮」しながら∩「連帯が実現」されるようなものを職業と見なす、と理解してしまっては、現実世界にはほとんどその対応物を見出すことができない。なぜなら、尾高の定義は理念的なものだからだ。尾高の各要素も理念的には三つ巴に∩の記号で結びつけられるにせよ、現実的には各要素が不完全なかたちで、∪(または)の記号で結びつけられて存在するのである。

この理念性を活用することによって「職業的な諸現象」とでも呼ぶべき探究対象の広がりが視野に入ってくるのは、ブルーマーが感受概念の効用として主張したことと共通する。とりわけ重要なのは「生計維持」の要素もまた理念性を帯びることで、現代の職業定義にとって微妙な事例であるパートやアルバイトも、その微妙さを維持したまま対象化できるようになる。このことは、生計概念の背後にある世帯、さらには家族の多様化といった変動にも無理なく対応しつつ、その内に含まれる各事例のあいだの関連性を維持しながら「職業」という探究対象の広がりを確保できることを意味する。

言うまでもなく、尾高の概念をそのまま現代に呼び出すことですべてが解決するはずもない。職業の今日における妥当な概念化のあり方については、労働研究や産業社会学などの関連領域を参照しながら検討する必要があり、本稿の対応できる範囲を大きく超えている。そのため本稿では尾高の構想に含まれる可能性を予備的に示すに留まらざるを得ないが、生計維持と個性発揮の論点は職業の交換価値と使用価値の逆相関ないし緊張関係として主題化され得るだろうし（Graeber 2018=2020; 阿部 2006）、これに連帯の実現も加えて三つ巴の相互作用を問題にすることもできよう（米澤 2017）。「生産」を相対化できるような人間活動の描き出し方のためには個性発揮や連帯実現の要因が戦略的な拠点たり得る（Galbraith［1958］1998=2006; 武川 2012: 48）。『職業社会学』の第二章第五節に掲げながら尾高自身は抽象的にしかアプローチできなかった「大都市の職業生活」というテーマも、操作的な概念化からは「職業未満」として切り捨てられてしまう多様な境遇（失業や内職など）を含めて検討し直されてよい（見田 2008: 55）。以上で列挙した諸事例も含め、いわばそうした職業の多様性こそが「正規」の職業の存立を人間諸活動のネットワークのなかで支えている[9]（Mouer and Kawanishi 2005=2006）。

3 構想と実践の分岐

稲上毅が「わが国産業社会学の最初のしかも規模雄大な鳥瞰図」として評価した「尾高の斬新な『職業社会学』の構想力」（稲上 1987: 4）は、その後どのような展開を見せたのだろうか。

ここで尾高の著作を編著書に限って確認してみると以下のとおりである（表1、青井・福武編（1972: 337-50）、川合・吉村（1995）などを元に筆者作成）。

「職業」の語がタイトルに含まれる著作が比較的初期に集中しているのと対照的に、その後はむしろ「産業」の語が支配的になっていくほか、「勤労青年」や「技術革新」、「日本の／日本的経営」など、いずれも戦後日本の企業社会化に関連した用語が目立つ。ここに尾高の関心は職業から産業へと移行していると見える。産業とは資本と労働が結びついて財やサービスを生産するしくみを把握する語であって、社会学はその主たる担い手である企業組織に焦点を当てる。その意味で、尾高が構想した職業社会学とは微妙な、しかし無視できないずれが、産業の社会学には含まれている。前節で見たような職業の概念化は、後期の尾高の仕事においてはほとんど登場しない。

表1　尾高邦雄著作目録（編著書）

1941	職業社会学	岩波書店
1944	海南島黎族の経済組織	海南海軍特務部
	職業観の変革	河出書房
1948	職業と近代社会	要書房
1949	社会学の本質と課題　上巻	有斐閣
1950	社会科学方法論序説	春秋社
1951	職業について	要書房
1952	労働社会学（編著）	河出書房
1953	新稿 職業社会学 第一・二分冊	福村書店
	産業における人間関係の科学	有斐閣
1955	社会科学を学ぶものへ	同文館
1956	鋳物の町（編著）	有斐閣
1958	職業と階層（編著）	毎日新聞社
	現代の社会学	岩波書店
	産業社会学	ダイヤモンド社
1959	産業社会学	有信堂
1961	勤労青年の不平不満とその対策	民主教育協会
1963	改訂 産業社会学	ダイヤモンド社
1964	技術革新と人間の問題（編著）	ダイヤモンド社
1965	日本の経営	中央公論社
1970	職業の倫理	中央公論社
1975	*Toward Industrial Democracy: Management and Workers in Modern Japan*	Harvard University Press
1981	産業社会学講義——日本的経営の革新	岩波書店
1984	日本的経営——その神話と現実	中央公論社

これに対する尾高自身の評価は一定していない。一方で、「大学を出てから現在にいたる四十年に近いわたくしの研究生活の課題は、ある意味で、いつも職業の問題の探究だった」（尾高 1970: 385）として、職業社会学と産業社会学の一貫性を強調する。他方、「このようにして、わたくしの興味は、職業社会学からしだいに産業社会学のほうへ移っていきました」として、断絶、転向を認定する回想もある（尾高［1980］2009: 184）。

回想ではない同時代の本人の認識はどうであったか。尾高は「私の専攻である産業社会学——というよりはむしろ産業における人間関係の研究一般」として、当時関心を抱きつつあった人間関係論を重視し、「産業社会学」の看板を選んでいる（尾高 1950: 110）。

仕事への献身／職業への専心

尾高が一九五〇年代以降に入り込んでいった産業社会学において、主要な問題関心のひとつであったのが企業職場における「仕事への献身／職業への専心」である。

尾高がヴェーバーの全般的な誤読を生涯にわたって貫き通したことはよく知られているが、[10]ここでは「仕事への献身」論に関する誤読と、それに対する強い思い入れのみを取り上げよう。尾高はヴェーバーが「仕事（ザッへ）への献身」と言うことで、「職業において本当に自己を実現し、おのれの個性を発揮することのできるものは、職業が命じるザッヘ（仕事）に専念し、これにおのれを捧げつくす人だけであるという思想――言い換えれば、自分を滅することによって仕事に生き、仕事に生きることによってかえって永遠の自分を実現するという、一種の禁欲的倫理の教え」（尾高 1970: 337）を意味していたとする。[11]大学を出て間もない尾高は「これに非常な感銘を受け」たという（尾高 1970: 337）。

尾高によるヴェーバー理解の妥当性を直接に検討する作業はここでは控え、これを尾高が社会に対して規範的に投影していた点を確認するに留めよう。それはたとえば一九四七年の論文「仕事への奉仕」では、仕事への献身によってのみ「人間は本当の生きがいをもつことができ」るとして、アプレゲールにおける人びとのエゴイズムに対して「憂国の熱情」を表明した、と後年の尾高は振り返る（尾高 1970: 393）。

尾高のこのような態度は、仕事にやりがいを見出せずレジャーの享楽へと走る労働者への問題視として持続する。しかしのちに余暇やレジャーが時代の趨勢においていっそう重要視されるようになるにつれ、尾高も仕事への奉仕とならんで「レジャーの享楽」も生きがいたり得るという「二元論」、さらにレジャーを通じての自己実現すら可能であるという「第三の道」の可能性にまで想到する（尾高 1970: 396–9）。ところが、さらに時代を下ると、若者に向けて「本当の自己実現というのは、自分の個性能力を発揮し、自分が選んだ職業に献身し、とくにその職業のなかで、他人がこれまでよくなしえなかったことをやりとげ、そして周囲の人々から、たしかに価値ある仕事をなしとげたと認められるようになることです」（尾高［1980］2009: 187）とアドバイスし、「一元論」に逆戻りしてしまう。

妻マリアンネの手になる伝記を読み、そこで描かれるヴェーバーの仕事への打ち込みぶりに「心ひかれ」、「いま思い返してみると、ウェーバーの魅力のなかでいちばん大きかったのは、彼の作品や業績のそれではなく、マックス・ウェーバーという人物のもつ魅力であったと思う」（尾高 1975: 8）と回想する。夜を徹して没頭するようなヴェーバーの「猛烈な勉強ぶり」に対する尾高の感激は、素直にヴェーバーの論文読解にも投影され、さらには社会に対する規範的な態度にまで敷衍されていった。それが「仕事への献身」であった。

失われた職業倫理批判

実は尾高の職業研究におけるデビュー論文たる「職業の倫理」（1935）においては、これらとむしろ全く逆のことが主張されている。そこでは「職業への専心」と「自己実現」とがトレードオフの関係に置かれざるを得ない近代社会、という認識が前提に置かれ、一方にそれでも「職業に専心していれば自己実現が達成される」と信じる「有機的職業倫理」における「ロマンティシズム」を、他方に自己実現を諦めながらも「宿命」として「職業への専心」に打ち込む「禁欲的職業倫理」を提示し、いずれもが「現状維持」的であり「理想主義」を持つことに失敗していると批判する。いずれの職業倫理も矛盾の根本から目を背けることで職業に「安住」しているが、これは「人間的誠実の麻痺と内面的充実の閑却」である。尾高は「歴史を動かすものは不満ではなかつたであらうか」（尾高 1935: 44）として、「理想主義」の追求をアジテートしさえする。

現代社会に対するほとんどペシミスティックと言ってよいこうしたリアリズムは、実は後に尾高が見失ってしまうヴェーバーのそれと存外に近いところにある（e.g. 野﨑 2016; 荒川 2020）。しかし痛ましいことに、一九四一年の『職業社会学』においては有機的職業倫理と禁欲的職業倫理の記述は一九三五年のような批判的なものではなくなり、反対に職業倫理の「今日の如き非常時に於ける」意義や、統制経済が効果を上げるためには職業人が自ら「常なる倫理的自己統制」（尾高 1941: 369）に励むことが重要であると主張される。「歴史を動かす」といった記述はここでは全く見当たらない[12]。

尾高の職業社会学構想を葬り去ったのは、尾高自身のこの「仕事への献身／職業への専心」一元論であった。自らの職業に専心していれば生計も立ち、自己実現も叶い、連帯も実現されるという予定調和の議論においては、それらの要素のあいだに生まれる緊張関係を分析する視点は必要ない。そこではただ仕事への献身が可能であるか否かのみが問題となるにすぎない。前述のように専心一元論は『職業社会学』のなかですでに登場していたから、職業社会学構想は誕生と同時に早くも萎み始めていたのだと言える。

それでは、一九三五年の「職業の倫理」論文に含まれていた職業倫理批判の可能性の放棄や、その後の職業社会学構想の萎凋《いちょう》は、尾高の時局への理論上の適応としてのみ理解すれば十分だろうか。次節では説明のためのいまひとつの要因として、同時期に実施された社会調査について概観して本稿を閉じたい。

4　画期としての調査？

尾高は一九四二年に海南島で実施した調査を、自身の大きな画期としてのちにしばしば振り返っている。「青春時代の読書行動」というタイトルで行われた高橋徹によるインタビューに、「ぼくをして青春時代と訣別させる契機になったのはやはり海南島調査だったと思う」（尾高 1985: 191）と尾高は応えている。いわく「この文化人類学的調査の企画から実施にいたるまでの数ヵ月間は、ぼくにとって正真正銘の意識革命をもたらした時期」で、それまで「学問論とか方法論に夢中になっていた哲学青年」であったのが「あの野外調査に従事してからは、学問に対する見方がガラッと変った」（尾高 1985: 191）。同様の意味づけは別の回想でも見られる（「そのころから、学問論や方法論にはあきあきして、実証研究がやりたくなりました」。「わたくしにとってこれは、それまででいちばんおもしろい時期のひとつでした」（尾高［1980］2009: 178, 181））。

海南島黎族調査

尾高は一九三二年に最初の論文「了解、了解的方法、及び了解的態度」を『哲学雑誌』に発表して以来（あるいはその前年の卒業論文「社会学における了解的方法」以来）、もっぱら「学問論」や「方法論」としてヴェーバー理論を検討していた。一九三六年にはヴェーバー『職業としての学問』の翻訳出版があり、前後して職業を主題とした論文が現れ始めている。そうしたなかで海軍からの委託で着手されたのが、当時日本の占領下にあった中国海南島で一九四二年に行われた原住民「黎族」の調査であった。

海南島は台湾、香港よりもさらに南西、ベトナム国境にごく近い南シナ海上にあり、面積は台湾とほぼ同等である。当時の「南進」にとって足がかりとなるような地政学上の位置づけから、海軍が強いこだわりを持っていたとされる。(13) 原住民の黎族を調査、研究する目的を尾高は以下の三点にまとめている。

一、黎族経済の占めるべき文化段階の判定
二、経済面より見たる黎界の漢族殊に敵匪に対する緩衝地帯としての資格の吟味
三、石碌その他黎界資源開発における労働力としての黎族の評価（尾高 1944a: 4）

三点目に上げられている「石碌」は海南島に所在する、良質な鉄鉱石を豊富に埋蔵する鉄山の名であり、尾高が黎族調査のフィールドとしたのもこの石碌鉄山にほど近い地域であった[14]。

こうした目的で委託され実施された調査であり、何らかの仮説や理論との対応を意識して設計された調査研究ではない。そのため調査内容は「衣食住の様式」から農業の技術的側面、労働や所有の観念、交換への意味づけ、儀礼など幅広く、総合的なエスノグラフィと言ってよい[15]。黎族が漢族ゲリラに対する防波堤たり得るか、そして鉱山開発の労働力たり得るかを、総合的に判断するための経験的社会調査であった[16]。

ここで注目したいのが黎族の労働観念の分析である。尾高は先行研究が黎族を「未開人」と見てそのために「怠惰」であるとする説を批判し、「勤勉な農耕者」であることを農業実践の細部を例示しながら主張する（尾高 1944a: 100）。しかしその勤勉さも天命やその他の理念に基づく「責務」によるものではない、と読者の注意を促し、黎族を「一方ではさし迫つた生理的必要からのみ働くという動物的状態を脱しており、他方ではいまだ労働嫌悪や労働蔑視のごとき観念を抱くまでには至つてをらない」状態であると位置づける（尾高 1944a: 101）。ここに見られる「未開と現代のはざま」、という認識枠組みは次に見る手工業者調査でも繰り返される。

海南島手工業者調査

軍務たる黎族調査とは別に、尾高は海南島で手工業者の調査も自主的に実施している。山間部にある黎族の調査に赴く前後、海南島の最大都市である海口市において尾高は移動の合間の約五日間をこの調査に費やしたという。軍から通訳者を融通してもらうなどの便宜は得たが、「調査は全く筆者〔尾高〕の個人的希望によるもの」（尾高 1944b: 302）であった。

そのため、多様な調査内容が列挙される事実報告中心の黎族調査に比べ、海口市手工業者調査では手工業者の職業観念、勤労観念に見出された禁欲主義を、ヴェーバーのプロテスタント倫理と比較する箇所があり（尾高 1944b: 315）、いくらかの理論的観点が盛り込まれている。ここでも黎族調査と同様に勤労観念のやや立ち入った分析が見られ、手工業者においては職祖神の信仰が見られるものの黎族と同じくそれは勤労倫理とは結びついておらず、むしろ手工業者たちは家族や職場の仲間集団のために働くのだとされる（尾高 1944b: 315）。さらに勤労の動機として語られた「自分の仕事に対する興味」に尾高は注目し、「彼らは単に食ふため、儲けるために働くのではない。同時に職人としての仕事への愛着の故に彼らは働くのである」（尾高 1944b: 316）として、黎族同様に前近代の望ましい働き方を以下のように見出す。

> いまだ機械の導入による仕事の単純化と画一化を経験しない彼らの仕事場では、なほ仕事への愛着の故に働くといふことが十分に可能であつて、この点は近代的設備を有する工場の労働者の場合とはおのづから異なるのである。（尾高 1944b: 316）

手工業者の親方と職人が家族のように寝食を共にする様子については、「住ひは貧弱であり、儲けは少ないけれども働く彼らの表情は明るく楽しげに見える」（尾高 1944b: 317）という感想までが漏れる。

新鮮なザッヘとのかかわりあい

尾高が黎族の調査で見出したのは、生理的必要に駆られて働く「未開」でもなく、かといって労働蔑視の近代にもいまだ至らない、両者のはざまで勤勉に働く農耕者の姿であった。同様に海口市の手工業者もまた、宗教倫理に命じられるのではなく、仕事への愛着のゆえに仕事に打ち込み、職場共同体のなかで明るく楽しげに働くことが、仕事がいまだ近代化されず画一化されていないからこそ可能になっていた。

そのため、尾高が海南島調査を「現地での新鮮なザッヘとのかかわりあい、二重通訳を使って戦いとった生きたデータなどを通じて、ぼくのなかで確実に意識革命が行なわれ」（尾高 1985: 191）と描写していることは注目に値する。尾高にとっては「未開」と「近代」のはざまで、両者いずれにも拠らず仕事に打ち込む人びとの姿を見出したことこそが、「新鮮なザッヘ〔事柄／仕事〕とのかかわりあい」であった。これはすでにして『職業社会学』に含まれていた「仕事への献身／職業への専心」一元論の延長線上にあり、この一元論を補強し裏付ける効果を有したのではないか。

海南島調査の趣旨に照らし合わせれば、ともすれば黎族を「『叩き直す』ためにたゞ強制酷使の道あるのみ」（尾高 1944a: 168）という施策が少なからぬ蓋然性を有した軍部に対する牽制として、黎族の「勤勉」が見出されていることも指摘されてよいだろう。[17] これに続くのは「仮令これ〔強制酷使〕によつて彼らの労働力を利用し得ても、これによつて彼らをよく宣撫し得るやはもとより疑はしい」（尾高 1944a: 168）というパターナリスティックとも見える諫言である。

黎族調査報告書の最終部は以下のように結ばれる。

現在の情勢下では或る程度の強制労働はもとより止むを得ない。たゞ、彼らの非協力的態度が、彼らの生活の根柢に深く根差すものであること、或は一つの態度は、それだけを彼らの生活地盤から切離しては評価し得ぬものであること――このことを十分に理解することが萬事の前提である。いひかへれば、その生活条件を知ることなしに「勤労精神の薄弱」を論ずることは不可能であり、その生活習慣を理解することなしにこれを強制することは屡々却つて逆効果を招くであらう。黎族の労働回避は、軍票の購買力や彼らの軍票識別力の不足にも起因することを認めて、その対策を考慮することが肝要であらうと思はれる。（尾高 1944a: 168）

尾高は自身の職業社会学構想を、時局による圧殺から守ることはできなかった。無論、当局の直接的な言論弾圧、統制による圧殺ではない。一方で「歴史を動かす」可能性に開かれていた職業倫理批判を自ら撤回して「非常時」に適応し、他方で植民地調査において温情主義的なまなざしから原住民の勤勉を自身の献身／専心一元論と重ね合わせて見出したのは、いずれも尾高自身であった。

【謝辞】

本研究はJSPS科研費18K12922の助成を受けた成果の一部である。また、草稿に対して品治佑吉、山本敬洋、米澤旦の各氏より貴重なコメントをいただいた。記して謝したい。

【注】

(1) 「生計維持」を職業の必要条件と捉える以上は、職業指導を専門とする藤本喜八の以下のような判断がごくストレートに導かれると言えよう。「したがって、アルバイトのように、ときどき働くだけの場合は職業とはいえないし、たとえ続けて働く仕事でも、その収入がわずかで、こづかい程度しか得られなければ、それはせいぜい内職にしか過ぎず、職業とはいえない」(藤本 1979: 24)。

(2) 社会政策学者の大沢真理が議論してきたように、パート労働の主たる担い手がもっぱら女性であったことを考慮に入れれば、職業概念のジェンダー・バイアスもまた指摘されてよい(大沢 2020)。

(3) この指摘は、近年の階層研究で試みられているマイクロクラス・アプローチ(従来の職業分類に比べてかなり細かい、百を超える職業区分を用いる)についても当てはまる。

（4） 本稿では尾高が自分自身の手で職業社会学構想を保持できなかった点を取り上げるが、他の研究者が職業社会学構想を活かそうとしなかったことについては検討できなかった。今後の課題としたい。

（5）「厚生技師」の鈴木信による『労務調整と職業指導』（1943）は、当時の「職業行政」の内容に加え、後述する心理学的な職業適性の検査法、用いられる個別具体的な器具の数々、定量化の方法などについても詳しく紹介しており興味深い。同書によれば昭和十年頃までの国民学校修了者のうち、就職後一年間勤続したのは六割程度にすぎなかったのに対し、開戦後の政府の努力により「転退職の防止」が図られ、「最近では一ヵ年の転退職者が一割前後に迄減少して」いるという（鈴木 1943: 141）。

（6） たしかに、たとえば当時の労働研究のひとつの中心であった、暉峻義等率いる労働科学研究所の主要なアプローチはやはり医学や生理学、心理学的なものであった。しかし経済史学者の榎一江が指摘するように、その内実は勤労者の「体力、精神力」や作業に関する「生理学」、「工場衛生」、「職業病」などに留まらず「農村漁村ノ労働ニ関スル研究室」や「勤労者ノ生活費ニ関スル基礎的研究室」など、「多様なアプローチが可能な研究室編成」となっていた（榎 2018: 154-5）。尾高の社会学的職業研究もこうした動向と直接の関連こそなかったかも知れないが、時流において完全な孤立状態にあったのだとは必ずしも言えない。

（7） この箇所で尾高が参照しているジンメル（G. Simmel）の職業論は尾高職業社会学の要点に関わるため重要だが、本稿では紙幅の関係から触れることができない。ジンメル職業論についてはジンメル（Simmel [1908] 1923=1994: 55-6）、廳（1995: 276-7, 354）、厚東（2020: 78-9）などを参照。

（8） 尾高がデュルケムに言及するのは先に触れた「職業道徳論」のひとつとしてであったが、そこでデュルケムの有機的連帯論が職業の同質性ではなく異質性を前提とする点が明確に指摘されている（尾高 1941: 110）。尾高の議論はこのようにいささか入り組んでいるのだが、デュルケムの議論を批判的に摂取していると見ることもできる。

（9） これは職業という言葉の過拡張だろうか？ 社会学者のレイ・パール（Ray Pahl）はイギリスのシェピー島で、

賃労働に限定されない極めて多様な「仕事（work）」がどのように世帯内で担われ、世帯間の格差とつながっているかを調査した。パールは、この work という語の多義性や曖昧さについて検討している（Pahl 1984: 17）。実際パールはインフォーマルな仕事の数々を、知人からの頼まれ仕事から自分たちで家や車を修理すること、職場の工具や端材を流用して何かを製作することまで、かなりの幅広さで取り上げている。では、「すべての社会的活動や社会的行動は“work”なのか？」（Pahl 1984: 126）

戯画化された機能主義の図式においては、年金受給ですらもある意味で社会システムの安定に貢献する“work”だと見なし得る（Pahl 1984: 126-8）。work はそれが埋め込まれている社会関係からのみ理解され得るのであり、文脈のなかでしか定義され得ない（Pahl 1984: 128）。何かが work なのか play なのかを適切に記述できるのは、特定の社会関係において特定の状況にある特定の人びとに基づいたときだけなのである。

同様に、本稿の言う「職業的な諸現象」は、適用対象を過度に拡張して際限なく探究範囲を拡大することを目指さない。対象が職業的現象として把握されるか否かは当事者による意味づけと研究者の設定する文脈に依存し、その意味で幅広い可能性に開かれていると同時に、一定の文脈の枠内に個々の研究者の責任と対象の特性とにおいて限定される。

(10) 入り口としてたとえば野﨑（2016）や三苫（2014）を参照。中央公論社『世界の名著』の五十巻『ウェーバー』の栞における清水幾太郎との対談で、尾高はヴェーバーについて「やっぱり人間としての魅力だろうね。彼が書いたものの魅力というよりも人柄のそれだった」とか、「ウェーバーの文章は難解なだけに神秘的にみえるが、実は当たり前のことを言っているところが多い」などと発言しており、もとより文章の正確な理解にはこだわっていないようである（清水・尾高 1975: 2, 5）。

(11) 改訂された『職業としての学問』の訳者あとがきにもほぼ同様の記述が見える（Weber 1919=[1936]1980: 84）。

(12) 尾高がマリアンネによるヴェーバーの伝記を読んで感激したのはおそらく学部生時代（一九二九〜三二年）であり、「職業の倫理」論文（1935）以前である（尾高 1975: 8）。すると尾高はヴェーバーの「猛烈な勉強ぶり」に感激したあとで、ふたつの職業倫理を批判的に分析する論文を書けたことになる。尾高の思想の変遷のなかでもとりわけ奇妙な点であるが、これを説明するための素材はまだ手元にない。

(13) 海南島統治、支配については水野(2001ab, 2002)、小池(1995)、太田(1983)などを参照。

(14) 石碌鉄山については開発、経営に携わった当事者の記録がある(河野編 1974)。なお、約一万人の死亡ないし行方不明を中国人労務者に出しながら開発された石碌鉄山は、戦局悪化に伴い一九四五年一月に採鉱事業が中止され、閉山となった(河野編 1974: 116, 352)。

(15) 同時期に岡田謙が尾高とともに黎族調査に従事しており、その結果は『海南島黎族の社会組織』として、尾高の『海南島黎族の経済組織』と合本のかたちで海南海軍特務部から刊行されている。岡田の調査範囲は家族や宗教など、尾高のそれに比してより人類学的な方面であったが、いずれにせよ「統治の参考」(岡田 1944: 52)に資する目的でなされた調査であったことは同様である。

(16) 松井隆志が指摘するように、まさに総力戦体制の要請によって実証主義的な社会学が実践されたという事態が、ここにも当てはまる(松井 2004)。

(17) 尾高による黎族へのこうしたまなざしが、他の植民地調査からどのような影響を受けているかは別に検討されてよい論点であるが、本稿では用意がない。今後の課題としたい。

【文献】


阿部真大、二〇〇六、『搾取される若者たち――バイク便ライダーは見た!』集英社。

青井和夫・福武直編、一九七二、『尾高邦雄教授還暦記念論文集 三 集団と社会心理』中央公論社。

荒川敏彦、二〇二〇、『「働く喜び」の喪失――ヴェーバー『プロテスタンティズムの倫理と資本主義の精神』を読み直す』現代書館。

有田伸、二〇一六、『就業機会と報酬格差の社会学――非正規雇用・社会階層の日韓比較』東京大学出版会。

Blumer, Herbert, 1969, *Symbolic Interactionism: Perspective and Method*, New Jersey: Prentice-Hall.（後藤将之訳、一九九一、『シンボリック相互作用論――パースペクティヴと方法』勁草書房。）

廳茂、一九九五、『ジンメルにおける人間の科学』木鐸社。

榎一江、二〇一八、「戦時期の労働科学」法政大学大原社会問題研究所・榎一江『戦時期の労働と生活』法政大学出版局、一四五―一七六頁。

藤本喜八、一九七九、『改訂 職業の世界――その選択と適応』日本労働協会。

Galbraith, John Kenneth, [1958]1998, *The Affluent Society*, Fortieth Anniversary edition, Boston: Houghton Mifflin.（鈴木哲太郎訳、二〇〇六、『ゆたかな社会 決定版』岩波書店。）

Graeber, David, 2018, *Bullshit Jobs: A Theory*, New York: Simon & Schuster.（酒井隆史・芳賀達彦・森田和樹訳、二〇二〇、『ブルシット・ジョブ――クソどうでもいい仕事の理論』岩波書店。）

稲上毅、一九八七、「概説 日本の社会学 産業・労働」稲上毅・川喜多喬編『リーディングス日本の社会学 九 産業・労働』東京大学出版会、三―二三頁。

川合隆男・吉村治正、一九九五、「社会学史関係資料 尾高邦雄の著作目録」『法學研究――法律・政治・社会』六八（七）：七七―九四。

小池聖一、一九九五、「海軍南方「民政」」疋田康行編『「南方共栄圏」――戦後日本の東南アジア経済支配』多賀出版、一三五―一七二頁。

河野司編、一九七四、『海南島石碌鉄山開発誌』石碌鉄山開発誌刊行会。

厚東洋輔、二〇二〇、『〈社会的なもの〉の歴史――社会学の興亡一八四八―二〇〇〇』東京大学出版会。

久保田裕之、二〇一二、「世帯概念の再編――非家族世帯と「家計の共同」をめぐって」『年報人間科学』三三：二七―四二。

松井隆志、二〇〇四、「東京帝国大学社会学研究室の戦争加担」『ソシオロゴス』二八：一一五―一三四。

見田宗介、二〇〇八、『まなざしの地獄――尽きなく生きることの社会学』河出書房新社。

三苫利幸、二〇一四、『「価値自由」論の系譜――日本におけるマックスヴェーバー受容の一断面』中川書店。

水野明、二〇〇一ａ、「海南島における植民地教育政策」『愛知学院大学教養部紀要』四九（一）：一一九―一三二。

――、二〇〇一ｂ、「日本海軍の海南島占領支配（一）」『愛知学院大学教養部紀要』四九（二）：二〇三―二五八。

――、二〇〇二、「日本海軍の海南島占領支配（二）」『愛知学院大学教養部紀要』四九（三）：二二一―一三四。

Mouer, Ross and Hirosuke Kawanishi, 2005, *A Sociology of Work in Japan*, Cambridge: Cambridge University Press.（渡辺雅男監訳、二〇〇六、『労働社会学入門』早稲田大学出版部。）

中井美樹、二〇一二、「職業」大澤真幸・吉見俊哉・鷲田清一編『現代社会学事典』弘文堂、六七二頁。

野﨑敏郎、二〇一六、『ヴェーバー『職業としての学問』の研究 完全版』晃洋書房。

尾高邦雄、一九三五、「職業の倫理」『中央公論』五〇（六）：三一―四四。

――、一九三七ａ、「職業学の成立（上）」『思想』一八六：一―三二。

――、一九三七ｂ、「職業学の成立（下）」『思想』一八七：一四―五五。

――、一九四一、『職業社会学』岩波書店。

――、一九四四ａ、『海南島黎族の経済組織』海南海軍特務部。[※1]

――、一九四四ｂ、「海南島の手工業者生活」『年報社会学研究』一：三〇一―三二九。

――、一九五〇、「アメリカ社会学界通信（二）」『社会学評論』一（二）：一〇八―一一五。

――、一九七〇、『職業の倫理』中央公論社。

――、一九七五、「マックス・ウェーバー」『世界の名著 五十 ウェーバー』中央公論社、五―九三頁。

――、［一九八〇］二〇〇九、「『職業社会学』のころ」木原武一編『講義のあとで』丸善、一六九―一八七頁。

――、一九八五、「青春時代の読書行動（聞き手 高橋徹）」『現代社会学』一一（二）：一九〇―二〇二。

――、一九九五、『尾高邦雄選集 第一巻 職業社会学』夢窓庵。

岡田謙、一九四四、『海南島黎族の社会組織』海南海軍特務部。[※1]

大沢真理、二〇二〇、『企業中心社会を超えて――現代日本を〈ジェンダー〉で読む』岩波書店。

太田弘毅、一九八三、「海軍の海南島統治について」『史滴』四：五一―七〇。

Pahl, R. E., 1984, *Divisions of Labour*, New York: Basil Blackwell.

清水幾太郎・尾高邦雄、一九七五、「ウェーバーに学ぶ」『世界の名著 五十 ウェーバー 付録 六十六』中央公論社、一―一二頁。

Simmel, Georg, [1908]1923, *Soziologie: Untersuchungen über die Formen der Vergesellschaftung*, Berlin: Duncker & Humblot.（居安正訳、一九九四、『社会学（上巻）』白水社。）

鈴木信、一九四三、『労務調整と職業指導』龍吟社。

武川正吾、二〇一二、『政策志向の社会学――福祉国家と市民社会』有斐閣。

戸田貞三、［一九三一］一九九三、「卒業生と就職問題」『戸田貞三著作集 第十四巻』大空社、二〇一―二〇二頁。

――、［一九三二a］一九九三、「就職機関の進むべき途――本年度の就職成績を見て」『戸田貞三著作集 第十四巻』大空社、二〇七頁。

――、［一九三二b］一九九三、「大学入学と就職」『戸田貞三著作集 第十四巻』大空社、二〇八―二〇九頁。

――、［一九三三］一九九三、「就職準備教育私案」『戸田貞三著作集 第十四巻』大空社、二一一―二一二頁。

――、一九三三、「学校教育と教育指導」『教育』一（九）：一―九。[※2]

――――、一九三八a、「職業分野の変遷（一）」『職業指導』一一（六）：六五二―六六三。

――――、一九三八b、「職業分野の変遷（二）」『職業指導』一一（七）：二八―三七。

――――、一九三八c、「職業とその分野の変遷」『公民教育』八（一〇）：一八―二五。

Weber, Max, 1919, *Wissenschaft als Beruf*, München: Duncker & Humblot.（尾高邦雄訳、［一九三六］一九八〇、『職業としての学問』岩波書店。）

米澤旦、二〇一七、『社会的企業への新しい見方――社会政策のなかのサードセクター』ミネルヴァ書房。

※1　直接に参照したのは『アジア・太平洋地域民族誌選集』（クレス出版）の十三巻に所収された影印本である。
※2　以下の戸田の文献（1933, 1938abc）は『戸田貞三著作集　第八巻』（一九九三年）に頁数を付されず影印本のかたちで収録されている。

第9章　災害社会学の方法史的検討
――山口弥一郎の『津波と村』を事例にして

三浦倫平

1　はじめに

日本は世界的に見ても地震が多い国である。国土が四つのプレートの境界に隣接するため、マグニチュード六以上の地震の発生回数は世界全体の約二割を占めている（内閣府編 2006）。特にこの四半世紀の間に、日本は阪神淡路大震災と東日本大震災という二つの巨大な震災に見舞われている。また、日本は地震だけでなく、津波、台風、土砂災害、洪水、火山爆発など様々な種類の災害が起きる国でもある。まさに災害大国である。それゆえに、これまでも多くの災害研究が蓄積されてきた。

しかし、災害大国日本において蓄積されてきた災害社会学の研究群の特質や固有性を通時的、共時的な比較を通して明らかにする試みはまだ十分には行われていない(1)。本稿はその第一歩として、これまであまり検討されてこなかった戦前の災害社会学的研究に着目し、その方法論的特質について検討する。具体的には山口弥一郎の一連の研究を取り上げ、地理学と民俗学の接合という構想の可能性について論じると共に、近年の日本の災害社会学の源流の一つとして位置づけることを試みる。

構成としては、第二節において、海外の研究群との比較を通して、近年の日本の災害社会学の特徴について概観する。第三節ではこれまでの日本の災害社会学がいかに歴史的に捉えられてきたのか、そして山口の研究がどう捉えられてきたのかについて整理する。以上の点を踏まえたうえで、第四節で山口の研究について、彼が展開した「方法」について分析を行い、第五節で結論を提示する。

2　日本の災害社会学研究の特質

日本の災害社会学研究の特質については、これまで全く議論されてこなかったわけではない。特に近年では、室井によって災害社会学研究の理論的系譜についての的確な整理がなされている（室井 2020）。そこで室井の整理を導きの糸として、日本の災害社会学の特徴を検討してみよう。

室井によると、日本の災害社会学は欧米の研究の影響をあまり受けず、主に都市社会学や地域社会学の応用的研究として展開してきた。そのため、個別事例の実証研究が蓄積される一方で、理論的一般化が行われてこなかった。また、発災後の局所的な災害過程を取り扱った研究が多く、災害の発生機構や平時の巨視的変動を視野に入れた研究が不足しており、また比較研究もあまり行われてこなかった。そこで室井は今後の方向性として、海外の災害社会学の理論的パラダイムとも言える「脆弱性（vulnerability）」論や「レジリエンス（resilience）」論と接合し、中範囲の理論形成を目指すことを主張している(2)。

室井が指摘するように、都市社会学、地域社会学的な枠組みで帰納的に事例研究を積み重ねるだけではなく、海外の災害社会学の理論との接合も重要であることは論を俟たないだろう。

ただ、近年の海外の災害社会学が社会学的なテーマと乖離してきていることが問題視されているという点にも留意する必要があるだろう（Quarantelli 2005: 330）。たとえばティアニー（K. Tierney）は、災害社会学は社会的不平等や社会変化など社会学的なテーマと関連づけなければならないということを問題提起している（Tierney 2007: 520）。むしろ社会学的なテーマとの関連という点では、日本の災害社会学に分がある。理論的一般化は十分に行われてこなかったとはいえ、帰納的なアプローチで被災地が抱える問題状況を明らかにし、それを社会の課題として位置づけることを目指してきたからだ。日本の災害社会学の方法は、被災地にどのような問題が起き、それに対応すべくどのような運動や活動が起こっているのか、そしてその結果、被災地や日本社会がいかに変容するのか、といった社会運動論や社会変動論的な枠組みを基礎としており、海外の災害研究に足りないとされる社会学的なテーマとの接合がもたらされている（Miura 2016）。

それゆえに、日本の災害社会学は災害からの復興を社会形成の観点から分析する傾向があり、その点も特徴的である。復興過程を「多様な人々が再び共に生きていくことが可能になるような社会を形成していく過程」として規範的に捉え、国の政策が十分に対応できていない被災者や被災地の課題を明らかにする。そして、被災者や支援者たちが求める復興の構想を明らかにし、そうした多様な復興の構想や実践がどのような成果を生み出しているのかということを経験的かつ理論的に検討している（黒田 2014）。

海外においても、レジリエンス論が「単なる復旧ではない未来志向の創造的な取り組み」というbuild back better（創造型復興）の観点で復興を研究しているが、誰が何をどのようにbuild back betterするのかという点に関して十分に検討がされていないという課題がある（渥美 2021）。日本では、創造型復興が災害資本主義体制と親和的である点で「復興災害」と批判されるように（塩崎 2014）、復興過程を経験的な探求に開くことが志向されている。[3] こうした点も日本の災害研究の特徴として位置づけることができるだろう。

また、室井は東日本大震災以降の災害研究の特徴的なアプローチとして、災害や災害復興を地域の生業や自然条件との関連で捉えようとする生態学的なアプローチを挙げている。ハザードの危険性がある地域に人々が居住し続けるのは、その土地が日常生活上の便宜や生業との関連で恩恵をもたらしている側面があるからであり（室井 2020: 9）、災害と共生するための災害文化がいかに継承されているのかという点はまさにレジリエンスの重要な一側面としても位置づけることができるだろう。

以上のように、災害大国として独特の展開を見せている日本の災害社会学であるが、その歩みはいかなるものであったのか。この点について十分に議論はまだ行われてきておらず、本稿では試論として、戦前において津波と集落移動の関係を分析した山口弥一郎の研究の意義に焦点を当てることを試みる。山口の一連の研究は、生態学的なアプローチも採用しており、また復興の課題や構想を経験的に探究し続けた研究として位置づけることができる。

3　日本の災害社会学の歴史的整理

忘却される戦前の災害社会学研究

日本の災害社会学については、七〇年代、もしくは八〇年代から本格化したとする見解が多い（田中 2007; 室井 2020）。秋元律郎を中心とする社会学者たちが精力的に研究を開始したのはたしかにこの時期であり、アメリカの災害研究の理論を援用することで、都市計画の構築や防災体制の整備を提唱するなど（安倍・秋元編 1982）、「アメリカ災害社会学の都市社会学的受容ともいうべき独自の内容」（室井 2020: 12）を備えていたことは間違いないだろう。その一方で、それ以前の災害研究については「アメリカと比べてずっと後発的で、災害研究に独自のディシプリンが追求されることもなかった」（室井 2020: 12）という形で忘却されてしまう傾向がある。

たしかに、明治期、大正期における日本の地震研究は、理学など自然科学系の研究者によって世界的なレベルの研究成果が生み出される一方で（藤井 1967; 金 2007）、社会科学系の災害研究が少なかったことは事実であるだろう。ただし、大矢根が明らかにしているように、日本地震学会のように被災現象を社会科学的な視点から分析する兆しは存在していた（大矢根 1989, 2007）[4]。

そして大矢根が戦前期における災害社会学の先行研究として位置づけるのが山口弥一郎の『津波と村』である。

山口弥一郎の『津波と村』とその評価

東日本大震災後の二ヵ月後に「被災地の内発的な復興を考えるため」（石井 2011: 5）にも忘れてはならない著作として石井正己と川島秀一によって復刊されたのが『津波と村』であった。東日本大震災という大災害を経験することで、反復的に起きる災害の「間」に我々は生きているということが再認識させられ、周期的に津波の被害を受けつつも災害と共に生き続けた東北の人々の歴史に注目が集まったと言える（饗庭ほか 2019）。

一九四三年に刊行された『津波と村』は山口の長年の調査、分析の集大成の一つである。山口は東北地方の沿岸部を八年間かけて踏査し、なぜ高所移転した集落がその後、再び元の低地に戻ってしまうのか、その地理学的な諸要因や経済的、民俗文化的な諸要因について、民俗学と地理学のアプローチを組み合わせながら分析を行っている。「民俗学の応用価値論」という論文で山口は以下のように自らの分析視点を説明する。

これは純地理学的問題に似て、学位論文であまり深くふれられなかったが、幾度の災害にさらされても、動こうとしなかったのも三陸海岸に住む人々の気持なら、最後に移ろうかと決意して腰を持ちあげるのも、そこに住む人々の気持である。災害の及ぶ限界は津浪と地形で解ける。その限界を超えて村を移せば災害は避けられる。それでは海岸に住む人々の生活が成り立たない。これは経済の問題で解ける。それでも解けないことがあるかと、お役人さんや、地震・津波の研究者はやっきとなるが、村の人は動こうとしないし、補助金をもらって移動地を造成しても移らない。

移っても数年にして原地に戻ってしまう。（山口［1962］1971：24）

本の構成としては、第一篇「津波と村の調査記録」で、牡鹿半島から三陸海岸にかけて徒歩で北上した山口の長年の調査記録が詳細に、時に抒情的に描かれる。それぞれの集落の地理的状況、生業の様相、集落の民俗文化、そして集落移動の状況がつぶさに明らかにされる。第二篇「村々の復興」では地理学的な分析視点を使いながら、第一篇で収集したデータを理論化し、集落移動の様式を①出来得る限り村の機構や旧習などを破壊しないように適地を選んで移動した「集団移動」②様々な要因でまとまって移動できずに分散してしまった「分散移動」③被害があった元の居住地に戻ってしまう「原地移動」と分類する。そして、それぞれの移動様式の要因として地形や生業の在り方を検討する。第三篇「家の再興」では、民俗学の視点から、被災後の集落においていかにイエが根強く残り再興していくのかが分析される[5]。

集落が移動先から戻ってきてしまう要因として『津波と村』では「経済的関係」「民俗学的問題」という視点で分析が行われる。経済的関係としては、漁村が生業としての漁業を行っていく上で海岸近くに拠点を置くことに関して様々な利点があるために戻ってしまうという点[6]、民俗学的問題としては、元屋敷に対する未練、屋敷神・墓地、鎮守社、氏神に対する執念、伝統生活への固執など、村や家の諸習慣が移動させない要因となる点が論じられる。

山口の災害研究に関して、これまでも全く論じられてこなかったわけではなく、幾人かの論者によって、その重要性が指摘されてきた。その評価としては三つに大別できる。

第一に、資料としての価値である。青井は、三陸地方の集落の復興の様相についての資料は山口の調査記録がほとんど唯一のものであること、調査データの単位が市町村単位の報告書が多い中で山口の調査記録は集落単位のものであり、東日本大震災で被災した集落の状況と照合できる点などから、その資料としての価値を主張する

（青井 2011）。また、辻本は山口の津波調査の資料と社会的文脈を分析する中で、調査が昭和三陸津浪の二年九ヵ月後に行われたものであり、復興に向けて行政やまちづくりが実施されている最中の貴重な資料である点を主張している（辻本 2020）[7]。

第二に、分析内容の現代性である。たとえば、大矢根は現代にも通底する社会学的な知見として、「イエームラ意識」「集落の産業－権力構造」「防災事業－開発行政の問題」という点を指摘している（大矢根 2007: 54）。

第三に、「方法」の独自性である。ここで言うところの「方法」とは、調査技術という狭い意味での方法ではなく、アルチュセールの理論的実践という観点からの「方法」を意味している。すなわち、理論的素材（原料としての表象・直観）、認識手段（問いを立て答えを模索する中で素材を変形してゆく生産過程）など、理論的生産物を生産する過程全体として「方法」を捉えている（佐藤 [1992] 2011: 31）。

山口の災害研究に対する一部の評価は、このような広義の「方法」という点における評価として位置づけることができる。

たとえば、山口の災害研究が民俗学の方法の拡張に貢献した点を挙げる論者は多い。すなわち、山口の研究は、それまで日常の生活を研究対象としてきた民俗学の射程を広げ、非日常である災害を研究対象にした点で意義があることが指摘される（川島 2012）。

災害という新たな研究対象を設定したうえで、山口の立場（認識手段）の特徴として、画一的な上からの復興計画では復興はできず、復興への人々の主体的なかかわりを重視しているという点がある（石井 2012a）。「復興は一般論だけでは立ちゆかず、地域の個別性とともに進められるべき」（石井 2012b: 163）という立場から、山口が被災地域の風土や慣習を重要なデータとして位置づけ収集していた点が評価される（川島 2012）。

同様の点として、川島は特に山口が「常襲地」という言葉ではなくて「常習地」という言葉を使って被災地を表現していることに着目する。「習う」という言葉が「慣れる」という言葉にも通じている点から、山口がこの言葉に人々が津波と共に生きてきた意味合いを含めているのではないかと主張する（川島 2014：192）。これは、前述した山口の立場と関連しており、自然環境と相互交渉する中で独特の規範、習俗を生み出し、津波を事前に防いだり、津波と共に生きていこうとする漁民の力を捉えようとするものであると言える。また、この方法は、近年の災害社会学で言うところの生態学的アプローチやレジリエンスに関連するものとして位置づけることもできるだろう。

以上のように、山口の災害研究については、様々な角度からその学術的意義について分析がなされてきた。ただその課題として、「海に対する等の民俗学的問題」については十分には論じていないという点が指摘されている（川島 2014；植田 2014）。地理学的要因や経済的要因に比べれば、言及されている箇所は少ないことはその通りであるが、「海に対する等の民俗学的問題」は、博士論文「津波常習地三陸海岸地域の集落移動」の方でも部分的には論じられている。当然のことではあるが、山口の災害研究は『津波と村』だけに留まるわけではない。彼の長年の研究の集大成の一つが『津波と村』であって、彼の災害研究の全体性を把握する必要があるだろう。また、「不足」以上に、山口がいかなる「方法」を構想していたのかという点からの考察も重要になってくる。

そこで本稿では、山口の一連の災害研究を問題意識、研究対象、認識手段に分解して、その構想について再検討を加えることを試みる。

4　山口の歩みと構想

山口弥一郎の経歴

山口は明治三十五年に会津に生まれ、磐城高等女学校に在職中に地理を独学で勉強した後に、昭和三年に文部省検定試験に合格し、地理の教員資格を得ている。その後、東北大学理学部地理学教室の創設者である田中館秀三に師事し、地理学を本格的に専攻するようになる。田中館に会う前から山口は常盤炭田の炭鉱集落の移動に関する論文を執筆しており、集落移動に関しては山口の生涯を貫く研究テーマであったと言える（竹内・正井 1986）。

昭和八年に田中館と三陸を調査したことをきっかけに、津波被害のテーマに出会うことになる。田中館からは「東北地方という自然的基盤」が津波被害を宿命的に背負うにもかかわらず、数年過ぎると誰も関心がなくなり調査、研究をやめてしまうので、長期的な研究が必要になると言われたことも影響して、その後長年にわたって津波被害の問題に取り組むようになる（山口 1972a: 3）。

そして、移動した集落が元に戻ってくる状況を改善するためには「地理学だけでは解けない」と考えるようになり、日本地理学会で接点があった佐々木彦一郎を介して昭和十年に柳田国男に師事するようになり、民俗学者としての道を歩んでいく（内山ほか 2019）[8]。

山口は後に、民俗学と地理学が共に「現在がいかに形作られてきたのか」を分析する学問であると位置づけており（山口 [1962] 1971: 23）、集落が元の土地に戻ってしまう要因を多次元的に把握することを目的としたうえで二つの学問を融合させようと試みた[9]。ただ、後述するように、民俗学と地理学を並行的に論じていたわけではなく、組み合わせた形で状況を解読する方法を目指していたと位置づけることができる。

山口の研究は多岐にわたるが、ここでは災害研究についてまとめると表1のようになる[10]。『津波と村』を刊行して以降も津波研究は続けられており、漁業の名子制度などの論点は博士論文で展開されていく。また、山口は冷害凶作も津波と同様に東北地方を古くから襲う災害として捉え、農村の復興の様相について調査、分析を行っていたことが分かる（山口 1972b: 3）。本稿では紙幅の関係から、以下津波研究に焦点を当てることにする。

表1　山口弥一郎の災害研究主要リスト

年度	タイトル	掲載雑誌／本
1936	三陸地方に於ける津波による集落移動（田中舘秀三と共著）	地理と経済
1936	同上	地理学評論
1936	三陸地方の津浪による集落移動類型に対する若干の考察（田中舘秀三と共著）	地理と経済
1937	屋号による集落の一考察——岩手県九戸郡宇部村久喜	地理学評論
1937	陸奥尻屋崎尻労部落の共産制と漁業権問題（田中舘秀三と共著）	社会政策時報
1937	三陸地方南部における津波による集落移動	齊藤報恩会時報
1937	本州最北端尻屋埼の集落	地理学
1938	三陸地方における津波による集落移動（日本地理学会講演要旨）	地理学評論
1938	陸奥沿岸における納屋集落の発達（日本地理学会講演要旨）	地理学評論
1938	三陸地方の津波による集落移動（田中舘秀三と共著）	齊藤報恩会時報
1939	陸奥沿岸における納屋集落の発達	地理学評論
1940	三陸地方の津波による集落の移動	齊藤報恩会事業年報
1943	津波の村と家の復興	社会政策時報
1943	明治二十九年の津波の災害による家系の再興	人口問題
1943	津波と村	単行本
1943	体験と災害	単行本
1951	東北地方研究の特殊性	東北地理
1952	三陸漁村の定住・移動の諸問題	地理学評論別冊
1952	唐丹村本郷の集落移動の諸問題	東北地理
1953	天明度に於ける津軽大秋（たやき）の死絶と再興	社会経済史学
1955	三陸漁村の形態・津波による集落占拠形態の研究第一報	東北地理
1955	名子制度と縁故集団よりみた漁村の形態	社会経済史学
1955	共同体的漁村の形態変化——陸中宇部村小袖——津波による集落の占拠形態の研究	人文地理
1955	陸奥東部沿岸の漁村——津波による集落の占拠形態の研究	東北研究
1957	共同体村落の生活——本州最北端尻屋部落の共同体生活機構	日本民俗学
1960	三陸の津波	日本地誌ゼミナール
1960	津波と漁村	地理
1961	会津盆地の洪水災害史	会津史談会
1964	津波常習地三陸海岸地域の集落移動（一）	亜細亜大学誌諸学紀要
1964	津波常習地三陸海岸地域の集落移動（二）	同上
1965	津波常習地三陸海岸地域の集落移動（三）	同上
1965	津波常習地三陸海岸地域の集落移動（四）	同上
1966	津波常習地三陸海岸地域の集落移動（五）	亜細亜大学教養部紀要
1991	東北地方研究の再検討（地の巻）	単行本
1992	東北地方研究の再検討（人の巻）	単行本

集落移動に対する実践的な問題意識——「理論的素材」として

山口の災害研究における認識、立場としては、本人の経歴と師匠の柳田国男の影響を見出すことができる。山口は研究を専門的に行う以前は学校教員であったことから、知識不足で命が失われてしまうことに対する問題意識は強かったことが推察される[11]。

これは石井や川島が論じているように、師匠の柳田の「経世済民」の思想とも関連しているだろう（石井 2012a: 19; 川島 2012: 223）。山口自身も別の著作で「民俗学の意義」を「自己生活の認識、反省、生活の向上、意欲の基礎的なものを解明できる」点にあると位置づけており、実践的な価値を重視していた（山口［1962］1971: 30）。

また『津波と村』の執筆の契機もこの点と関連づけることもできるのではないだろうか。すなわち、師匠である柳田に「一人の尊い命でも救助を願うのなら、漁村の人々にも、親しく読める物を書いてみてはどうか」（山口 1992: 174-5）と促される形で、山口はそれまでの論文とは異なり、抒情的かつ読みやすい一般書としての体裁で『津波と村』を書き上げている[12]。これはただ柳田にそう言われたから書いたということだけでなく、山口自身の問題意識とも通底するものがあったと考えられる。つまり、分かりやすい内容にすることで、当事者たちにこの津波の集落移動の問題について考えてもらい、どのような移動の在り方や復興が望ましいのかを自発的に検討してもらいたかったからではないだろうか。

たとえば、山口は以下のような形で問題提起を行う。

> 結局災害防止も人の問題である。〔……〕研究、計画などには特殊な学者も必要であるが、移動し、再建するのは村の人々であり、村人の力強い協力と郷土を熱愛する心がなければ、災害地の村々は護り尽くせるものではない。（山

口［1943］2011：83）

吾々の如き学徒にも責任はあるが、其局に当る役人や、自衛の道を講じなかつた居住者も亦其責の一半を分つべきである。（山口［1943］2011：78）

このような主張からも、この問題を行政や研究者だけで検討する問題としては位置づけておらず、津波被害のリスクを抱える東北の人々自身にとっても重要な検討課題であると考えていることが分かる。(13)

復興に向けた諸実践への着目——研究対象として

そして山口が被災地の復興の最大の課題として考えているのが集落移動の問題であった。漁民が元の土地に戻ってしまうことに対して、国や自治体、漁民に警鐘を鳴らしていた。

まず山口の視点には、適切な指導を行っていなかった国や自治体に対する問題意識を見出すことができる。具体的には、補助金が足りず家が建てられないことの問題が指摘されたり（山口［1943］2011：49）、政府が移転費用を支出していなかったことへの問題提起がなされたりもした（山口［1943］2011：139）。また博士論文の方では、集団移動の数の少なさを計上することを通して、自治体の指導、援助がなかったことに対して直接的な批判を行っている（山口 1964：73）。

また、復興計画が被災地の実態や多様性を十分に考慮することなく画一的に策定されることに対する危機意識もあった。そこで、被災地の実態や多様性に迫るべく、生態学的なアプローチを用いて、地形的な諸要因によって違いが生まれる集落ごとの生業の構成に着目する。たとえば、農村としての性格が強い場合は、移転先の土地の地主が農家であることが多く、漁民が農家の近くに移住することになるため、農家は「耕地の減少」「漁民との生活習慣の違い」などを原因として集落移動を嫌がり、移動がなかなかうまくいかないという事例が紹介される（山口［1943］2011：22-4）。また、漁業が主の集落であれば仕事の利便性の点から集落移動がしにくく、半漁半農で構成される集落だと合意がとりにくいという点を指摘している（山口［1943］2011：158）。このように、生業の構成によって集落移動の困難な条件が違うのであり、これらの条件をどう乗り越えるか、という点について国や自治体、さらには集落の人々に問題提起していたと考えることができる。

そして山口がオルタナティブな実践として重視するのが、津波被害を周期的に経験してきた漁民の経験や、諸実践、災害文化である。復興という一筋縄ではいかない問題を地域生活の内側から検討し、問題構造に対する鋭い認識のもと実践を行っている諸主体に着目していると言える（佐藤［2006］2011）。これは柳田の民俗学の構想と関連していると言えるだろうし、市民社会による復興の構想や実践に着目する近年の災害社会学の方法論の源流としても位置づけることができるだろう。

津浪の起らぬようにすることは不可能であろうとも、避けることは我々に出来得るはずである。我々は津浪直後に、惨害記録と哀話のみ綴っているべきではない。暗い話でなく、根強く再興してゆく日本人の力をこそ、次には被害を少しでも軽減するために、細心の注意を怠らぬように導いてゆくのが我々のなすべきことと信じている。（山口［1943］2011：17）

以上の問題意識のもと、人々の被災経験を後世に活かすべく、その掘り起こしに向けて調査を行っていく。そこには、津波の被害が大きかった集落には生存者がいないので経験が伝わらないという実践的な問題意識もあった（山口［1943］2011：63）。目による採集を通して、「碑文」や「地名」から、人々による津波の被害の記憶化の実践を解読したり（山口［1943］2011：32）、耳による採集を通して、避難時において有効だった古老の経験を聞き取ったりしている（山口［1943］2011：40）[14]。

そして、津波後の集落の移動に関して、集落の人々が県の指導に引きずられずに自律的に計画を検討している先進事例を数多く紹介する（山口［1943］2011：46, 50, 56, 64, 104）。他にも、防潮林を作った人の功績を紹介するなど、防災や復興に関する被災地の実践知を明らかにしている。

また、『津波と村』の第三部では、被災集落を再興する漁民の風習として、家系の継承を移入者が行う仕組みを明らかにしている。それは、毎年出漁する地域が定まっている漁村では、遠方に縁故者が多いため、外から移入者が婿入りし家系を継承するというものである（山口［1943］2011：194）。これは、現在で言うところの社会関係資本にも重なる論点であり、東北地方に根付いている災害文化の重要な一側面として位置づけることができるだろう。また、博士論文の方でも、根強い家の継承の背景として、屋敷神・墓地を守るという宗教的な背景を指摘しており、この点も後述する心意現象に迫る認識であったと言える（山口［1943］2011：207, 1966：164-5）。

地理学と民俗学の接合に向けて

山口の方法論の特徴として、「地理学的問題」と「経済の問題」と「心意現象の問題」とを別個に論じているのではなく、その関連性を捉えようとしている点を挙げることができる。地理学と民俗学の接合が可能にした視点であると言えるだろう。

それは、単に等質的な空間を分析するのではなく、「空間の社会性」と「社会の空間性」を分析するという視点だ。空間は常に社会的実践の関数として規定され、また社会関係の総体を再生産するものとして位置づけられる。

博士論文の結論部ではその視点が明確に示される。それは、強引な移動計画が「集落の発生的構成を変え、機能を損ずる場合」が多く、結果的に移動先から多くの漁民が戻ってしまうので、集落の地域的特性や移動様式、移動先での集落のあり様を分析する必要があるというものだ（山口 1966: 172-3）。「移動後の集落の形態や機能」という視点は『津波と村』においては詳しく展開されてはいないものの、移動前後における集落と地形・自然・空間の相互関係は山口の災害研究を貫く視点であったと言える。

たとえば、移動前の集落の描き方の例として、牡鹿半島の大原村はその内湾と外湾において、太平洋に接している外湾部分には津波の被害が多いのに対して内湾は被害が少なく、そのような地形的な要因と関連して、外湾には漁業者が多く、内湾には学校や役所などの施設が集まり、都市的知識的階級が集まる、といった形での描写が行われていく。このように自然地形が社会的実践を規定すると共に、実践が空間を作り上げるという形で、空間の社会性と社会の空間性の両方が視野に入っている（山口［1943］2011: 17-24）。

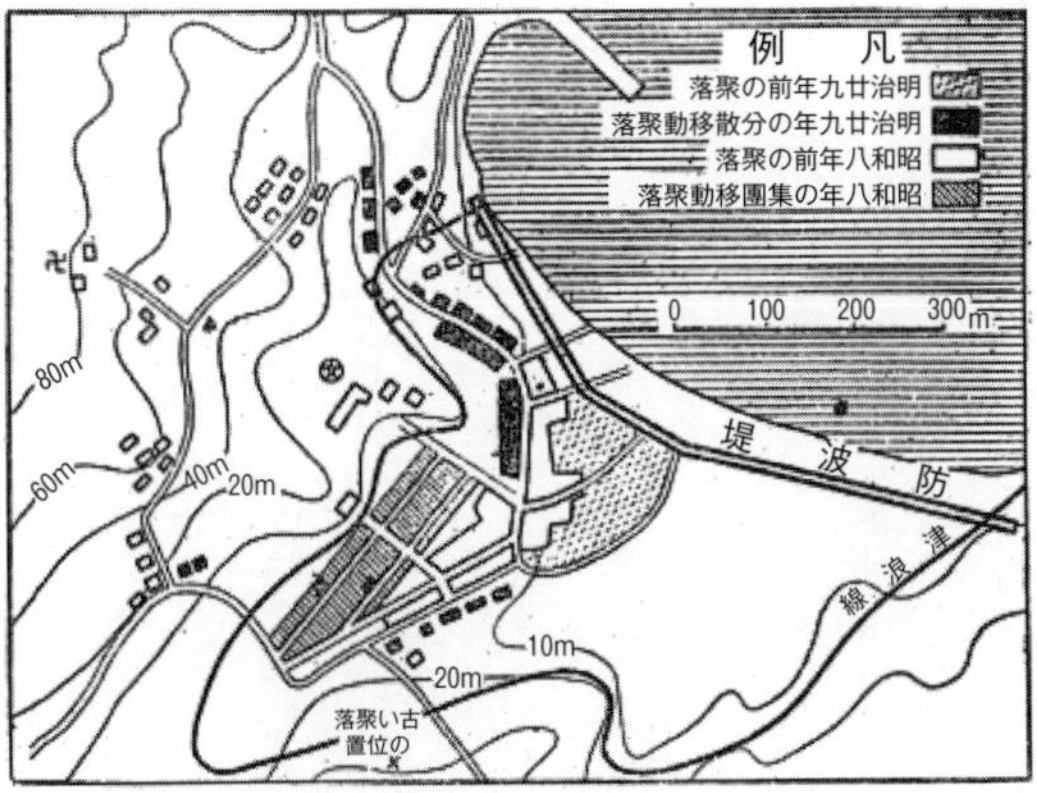

大槌町吉里吉里の聚落の移動図

図1　地図の例（山口［1943]2011: 104）

集落の移動についても、集落形態と機能の関係から様々な分析がなされる。たとえば、バラバラに分散居住した場合は集落形態が著しく変化し、それまでの共同体的な関係が失われるために、その空間で社会関係が再生産されず、最終的に集落の人々が元の場所に戻ることになると分析する（山口 1966: 168-9）。また採取した磯物を平等に配分する共同体的機構と、そのための戸数制限という仕組みを持つ集落が、海岸から離れた土地に集団移動した結果、共同体漁業や戸数制限を維持できなくなり分散していくという事例であったり、集団移動によって土地が均等に分けられること等を通して名子制度が解体し、新しい統制のもとで社会関係が再編成される事例も紹介される（山口 1966: 168-71）。

また地図の活用の仕方についても、そのような視点から工夫がなされていることが分かる（図1）。単に集落の分布や移転先を示しているわけではなく、それが集落の移動を制約する重要な自然条件として山口が想定している「高さ」「海岸からの距離」「主要交通路」の状況が一目で分かるようになっている。さらには、時系列ごとの移動を一つの地図に落とし込んでいる工夫も注目していい点だろう。こうすることで、集落と自然との交渉過程を地図の中で可視化しようとしている。

多次元的な状況把握に向けて――心意現象の把握

山口は資料の採集という点においては、柳田の民俗学の構想に基づき、有形文化、言語芸術、心意現象を探求している。

まず「目に映ずる資料」について幅広く採集が行われる。碑文への着目は前述した通りだが、その他にも網主の屋号、船印などから集落の移動の系統を探ったり（山口 1937，［1943］2011：126）、柳田を彷彿させるかのように地名から津波の被害の記憶化の実践を解読するなど（山口［1943］2011：32）、その着眼点の鋭さは注目していいだろう。また「耳に聞こえる資料」についても『津波と村』全体で古老の経験談が分析の対象になり、避難時の対応や集落移動をめぐる様々な経験、さらには集落に伝わる伝説（山口［1943］2011：77）などにも着目する。また原地移動した全戸に番号を付け、それぞれに事情を事細かく聞くという手法を採っていたことを後に明らかにしている（山口 1991：52-5）。読み込みすぎかもしれないが、言葉とその背景にある社会的な認識に関する分析を通じて、集落の人たちの意識や感覚を探求しようとしていたと考えられる。

実際、山口が重視していたのは心意現象であった。しかし、山口は「その土地に生れ、育った郷土人による郷土研究でなければ、解けない面が厳然と残ります」（山口 1971：180）と同郷人でなければその意識や感覚を理解できないと考えていたため、『津波と村』の中では心意現象を描けなかったと自己批判をしている（山口［1962］

1971: 24)。

ただ、実際の分析を見るならば、彼は試行錯誤しながらも「郷土人の意識感覚を透し」(柳田［1933］1998: 520)、東北の人々の暮らしや集落移動をめぐる葛藤を描き出していた。かつて柳田は『食物と心臓』の中で、「私たちのいふ三部の資料、即ち眼で観、耳で聴き、心で感ずるものが結び合つて、始めて《〔ママ〕》人間の情意の作用を諒解し得るのが寧ろ普通である」(柳田 1941: 9) と述べていたが、この文章からも推察できるように柳田は郷土人でなければ郷土人の感覚を理解できないとまでは厳格に考えていなかったのではないだろうか(15)。そして山口は長年の調査を経て、柳田が本来構想していたはずの段階に到達していたと考えられる。

『津波と村』の中の興味深いエピソードとして、第一篇最終章の「尻屋の津浪の話」がある(山口［1943］2011: 128-36)。本州最北端の村の田名部の宿で、山口は古老から話を聞くことになるのだが、古老がお酒を飲み始めると、長年の東北調査の経験から「ノートを見せることは厳禁」だと考える。当初は古老も山口に対して不審に思いながら対応するものの、長年の旅で見聞きしたことを山口がゆっくり話していくと、次第に打ち解け始め古老が酒を勧めるようになる。山口はその酒を一気に飲み干すと、食事として出された犬の肉についても「その土地の人々の食するままの物を、平気で食うことより我々の採集は始まるのである」という考えのもと黙って食べる。こうして「村人の共通観念、共通意識と言うごときもの」としての村の伝説や移動の経験などを聞き出すことに成功している。すなわち、長い調査の過程で見たこと、聞いたこと、心で感じたことが結び合ったからこそ、東北の人々の心意現象に迫ることができているのだ。

また『津波と村』では山口が被災地の人々に共感する記述が散見される。たとえば、以下のような記述がある。

語る人々に泣かれて、自分もたまらなく遂に涙ぐみ、辞し去るに困った場面が数個所に書いてある。(山口［1943］2011: 65)

この共感は単に山口が一方向的に東北の人々に共感をしているというわけではなく、先の田名部の宿の事例のように、東北の人々が山口に共感して話をしているという側面もあるのではないだろうか。そしてそれは山口が東北の人々の感じることを理解しているという感覚が東北の人々にあったからだろう。これまで見聞きしたことを通して、そして相互に共感することを介して、東北の人々の心意を捉え、集落移動や復興の様相を可視化していたと位置づけることもできるのではないだろうか[16]。

5 結論

山口の災害研究は、復興にとって重要な局面である集落移動に関して、より良い在り方を目指すという実践的、規範的な問題意識に基づいていた。そこには国や行政による画一的な復興計画に対する批判があり、それぞれの集落の多様性を明らかにすることで、望ましい集落移動の在り方を検討することが可能になるという考えがあった。集落はそれぞれの地理的条件、生業、災害文化、被災経験などによって違いがあり、そうした自然的、社会的制約が民俗学と地理学を組み合わせる形で論究された。

これらの点で、被災地の多様性に目を配り、画一的な復興政策を批判し、オルタナティブな復興の構想や実践について帰納的に探究する近年の日本の災害社会学の源流に山口の研究を位置づけることができる。また、日本の災害社会学の特徴として考えられる、人々が自然環境と相互交渉して生み出す災害文化を捉える生態学的アプローチについても山口の災害研究は重要な起源の一つと考えられる。

本稿は山口が残した調査研究資料から、彼の分析結果が生産される過程の内実についてはは分析ができていない点で試論としての性格はぬぐい切れない[17]。しかし、今後の災害社会学の方法史を検討する際の視点は少なからず提示できたのではないかと考える。かつて山口が、自らの研究が資料としての性格が強い点で「パルプ」に喩えられたことに対して、後世の研究者にその後を託し「ペーパー」に仕上げてもらうことを期待したように（山口 1972a: 7）、この試論が今後の研究の一助になれば幸いである[18]。

【注】

（1）「災害」をどう定義するかによって災害研究の境界線は変動することが想定されるが、本稿では災害社会学の定義に基づき、以下のような特徴を持つ現象を「災害」として考えておきたい。すなわち、突然に起きる事態であり、社会的集合体のルーティーンに深刻な混乱を引き起こし、混乱に対応するために計画外の適応と、社会的空間や時間の中で予期せざる生活体験（生活歴）を強いられ、価値のある社会事象が危機にさらされる事態として災害を捉える（Quarantelli 2000: 682）。

（2）「脆弱性論」とは、災害による被害の発生、拡大をもたらす社会的、政治的、経済的諸要因を「脆弱性」として捉える議論であり、「レジリエンス論」とは「災害にさらされる可能性のあるシステム、コミュニティ、社会が、許容できるレベルの機能や構造に到達し、それを維持するために、抵抗したり変化したりすることで適応する能力」（UNISDR 2005: 4）を捉える議論である。ちなみに室井は、阪神淡路大震災時における事例研究が神戸市の開発行政の課題を指摘するなど、「脆弱性」論と接合する可能性をすでに内包しているという指摘を行っている（室井 2020）。

（3）レジリエンス論はその傾向として、レジリエンスをソーシャルキャピタルという変数に還元する傾向があるのに対して、日本の研究者はそのような還元主義を採用しない。たとえば東日本大震災を研究したアルドリッチの研究はまさにその傾向が表れているが（Aldrich 2019=2021）、復興をめぐる多様性を把握するならば、一つ一つの固有な事例から、復興の障害となっているもの、またレジリエンスの多様性を帰納的に導き出し、そこから室井が主張するように中範囲の理論を形成していくことが求められるだろう。

（4）大矢根も指摘しているが、『日本地震学会報告』の中には「地震ニ係ル人心ノ感覚」というミルトンの論考が報告されており、社会学的な問題関心を見出すことができる（大矢根 2007）。

（5）山口は会津の農家の長男という経歴から「家を守る」という観点が形成されていたことを後のインタビューで答えている（竹内・正井 1986: 335）。

（6）経済的関係について、漁具を持ち出されないように管理する必要がある点、魚の仲介をする人は浜に近い人に商売で勝てない点、海が見えないということが漁夫の生活の感傷から耐えられない点などを後に指摘している（山口 1991: 61–3）。

（7）山口がノートや原稿、写真などの調査研究資料を膨大に残したこともあり、民俗学の黎明期を支えた研究者として、その資料的価値から、福島県立博物館は調査資料の整理作業と目録の形成を行っている。山口の研究資料は、師匠の柳田国男を彷彿させるかのように山口本人によって番号が付けられ、目録が形成されている（内山ほか 2019）。

（8）佐々木を介して柳田に炭鉱の民俗誌に関する論文が届けられると、柳田から「これでは民俗にはなっていない。生活の聞書きを採録して整理したものでないといけない」という文意のハガキを貰ったという。その後、山口は柳田の還暦を記念して行われた日本民俗学講習会の福島県代表として選ばれ、二人は出会うことになる（山口 1984: 56–8）。

（9）柳田民俗学の重出立証法や方言周圏論は、地理学でいうところの分布論や遷移論であるとして山口は方法論の類似性を主張している（山口 1984: 122）。

（10）竹内は山口の研究を、①炭鉱集落②三陸海岸の津波防災③東北の凶作と開拓④東北の地方都市⑤村落の形態と構造、この五つに分類する（竹内 1995）。本稿ではその分類を参考にすると共に、山口が選集に再録した博士論文の前書きにリスト化した災害研究も参考にしている（山口 1972b）。ちなみに一九六四年から六六年にある「津波常習地三陸海岸地域の集落移動（一）～（五）」は五九年に東京文理科大学に提出された博士論文を五回に分けて掲載したものである。

(11)　避難時において津波に関する一般的知識がいかに大事であり命を救うのか、というエピソードが詳細に紹介される（山口［1943］2011: 52-4）。また、後の論稿で「小学校にも務めた経験がある」ため、知識がないことによって子供の命が失われてしまうことに「地団太踏むほど残念に思った」と述べている（山口 1992: 171）。

(12)　山口は『津波と村』を出版した後に柳田から「面白かったよ」と一言褒められている。ただし、柳田から褒められたことはその一度だけで「私の東北研究に対する先生の御教示は実にきびしかった」（山口 1972a: 4）と回顧している。

(13)　さらに言えば、「三陸漁村の復興は小さいながら、将来万一空襲災害地などを生じた場合の、国土の防備、復興などの資料ともなろう」（山口［1943］2011: 110-1）と述べていることからも明らかなように、国全体が復興の課題を考えるべきという問題意識を持っていた。

(14)　辻本が山口の調査資料から明らかにしているように、多くの聞き取り調査が各々の集落で行われ、その中には津波被害から生存した古老からの聞き取りが含まれていることが分かる（辻本 2020）。

(15)　佐藤が主張しているように、柳田の議論を「属性資格重視」で解釈するのではなく、「方法重視」で解釈した方が生産的であるだろう（佐藤［2006］2011: 521）。

(16)　阪神淡路大震災における支援活動を契機に着目される「人間相互の共振によるコミュニケーション」（似田貝 2015: 18）という観点から山口の調査を捉えることも可能であるだろう。

(17)　凶作に関する研究やその他の山口の民俗学的研究全体を見なければ、彼の方法論の構想と到達点を十分には理解したことにならないだろう。日本の災害社会学の方法史を検討していく上で、この点は今後の研究課題となる。

(18)　山口の一連の研究は決して「パルプ」ではなく、壮大な「ペーパー」であったことは急いで付け加えておく必要があるだろう。

【文献】


安倍北夫・秋元律郎編、一九八二、『都市災害の科学』有斐閣。

饗庭伸ほか、二〇一九、『津波のあいだ、生きられた村』鹿島出版会。

Aldrich, D., 2019, *Black Wave: How Networks and Governance Shaped Japan's 3/11 Disasters*, Chicago: University of Chicago Press.（飯塚明子・石田祐訳、二〇二二、『東日本大震災の教訓――復興におけるネットワークとガバナンスの意義』ミネルヴァ書房。）

青井哲人、二〇一一、「事後のアーカイビング――山口弥一郎に学ぶ」『建築雑誌』（一六二四）：三二―三三。

渥美公秀、二〇二二、「レジリエンスについて災害研究を通して考える」『未来共創』八：一〇九―一二二。

藤井陽一郎、一九六七、『日本の地震学』紀伊國屋書店。

石井正己、二〇一一、「なぜ『津波と村』を復刊するのか」石井正己・川島秀一編／山口弥一郎著『津波と村』三弥井書店、一―五頁。

――、二〇一二a、「震災と経世済民の思想」石井正己編『震災と語り』三弥井書店、一五―三〇頁。

――、二〇一二b、「山口弥一郎の東北地方研究」石井正己編『震災と語り』三弥井書店、一六二―一八二頁。

川島秀一、二〇一二、「津波と伝承――山口弥一郎『津波と村』をめぐって」入間田宣夫監修『講座 東北の歴史 第四巻』清文堂出版、二一七―二三六頁。

――、二〇一四、「三陸大津波と漁村集落――山口弥一郎『津波と村』を受け継ぐために」『歴史と民俗――神奈川大学日本常民文化研究所論集』（三〇）：一八九―二〇三。

金凡性、二〇〇七、『明治・大正の日本の地震学』東京大学出版会。

黒田由彦、二〇一四、「解題 東日本大震災――復興の課題と地域社会学」『地域社会学会年報』二六：五―九。

Miura, R., 2016, The Characteristics and Importance of Japanese Disaster Sociology: Perspectives from Regional and Community Studies in Japan, (Retrieved December 17, 2021, http://jarcs.sakura.ne.jp/jarcs_en/papers.html).

室井研二、二〇二〇、「方法としての災害社会学——理論的系譜の再検討」『西日本社会学会年報』一八：七—一九。

内閣府編、二〇〇六、『防災白書』セルコ。

似田貝香門、二〇一五、「被災者の「身体の声」を聴く」似田貝香門・吉原直樹編『震災と市民 二』東京大学出版会、三—二四頁。

大矢根淳、一九八九、「明治前期の災害研究」川合隆男編『近代日本社会調査史 I』慶應通信、一一三—一三五頁。

——、二〇〇七、「わが国独自の災害社会（科）学的先行研究」大矢根淳・浦野正樹・田中淳・吉井博明編『災害社会学入門』弘文堂、五二—五六頁。

Quarantelli, E. L., 2000, "Disaster Research," E. Borgatta and R. Montgomery eds., *Encyclopedia of Sociology*, New York: Macmillan, 682-8.

——, 2005, "A Social Science Research Agenda for the Disasters of the 21st Century: Theoretical, Methodological and Empirical Issues and Their Professional Implementation," *What Is A Disaster?*, 139: 325-96.

佐藤健二、一九九二、「都市社会学の社会史」倉沢進・町村敬志編『都市社会学のフロンティア 一 構造・空間・方法』日本評論社、一五一—二一五頁。（再録：二〇一一、「日本近代における都市社会学の形成」『社会調査史のリテラシー』新曜社、一五一—七八頁。）

——、二〇〇六、「地域社会に対するリテラシー——調査史に学ぶ」似田貝香門監修・町村敬志編『地域社会学の視座と方法』東信堂、二一三—二四二頁。（再録：二〇一一、「地域社会に対するリテラシー」『社会調査史のリテラシ一』新曜社、四九二―五二二頁。）

塩崎賢明、二〇一四、『復興〈災害〉――阪神・淡路大震災と東日本大震災』岩波新書。

竹内啓一、一九九五、「山口弥一郎の地理学」『一橋論叢』一一四（三）：五一五―五二八。

竹内啓一・正井泰夫、一九八六、「実学としての東北研究――地理学と民俗学と――山口弥一郎先生に聞く」竹内啓一・正井泰夫編『地理学を学ぶ』古今書院、三三〇―三四五頁。

田中淳、二〇〇七、「日本における災害研究の系譜と領域」大矢根淳・浦野正樹・田中淳・吉井博明編『災害社会学入門』弘文堂、二九―三四頁。

Tierney, K., 2007, "From the Margins to the Mainstream? Disaster Research at the Crossroads," *Annual Review of Sociology*, 33: 503–25.

辻本侑生、二〇二〇、「山口弥一郎の津波調査の方法と社会的文脈」福島県立博物館編／山口弥一郎著『山口弥一郎旧蔵資料調査報告書（福島県立博物館調査報告 第四十一集）』福島県立博物館、六四―七〇頁。

内山大介・大里正樹・山口拡・辻本侑生、二〇一九、「磐梯町所蔵・山口弥一郎旧蔵ノート――解題と目録」『福島県立博物館紀要』（三三）：七九―一一二。

植田今日子、二〇一四、「どこまでが集落か――津波常習地の漁村集落にみる海の領域意識」『歴史と民俗――神奈川大学日本常民文化研究所論集』（三〇）：一七一―一八八。

UNISDR, 2005, Hyogo Framework for Action 2005–2015: Building the Resilience of Nations and Communities to Disasters. World Conference on Disaster Reduction. 18–22 January 2005, Kobe, Hyogo, Japan.

山口弥一郎、一九三七、「屋号による集落の一考察――岩手県九戸郡宇部村久喜」『地理学評論』六：一―一一。

――――、一九四三、『津波と村』恒春閣書房。（再録：二〇一一、石井正己・川島秀一編／山口弥一郎著『津波と村』三弥井書店。）

――、一九六二、「民俗学の応用価値論」『民間伝承』二六（三）。（再録：一九七一、山口弥一郎『民俗学の話』文化書房博文社、二二―三一頁。）

――、一九六四、「津波常習地三陸海岸地域の集落移動（二）」『亜細亜大学誌諸学紀要』一二：六六―八五。

――、一九六六、「津波常習地三陸海岸地域の集落移動（五）」『亜細亜大学教養部紀要』一：一五七―一七八。

――、一九七一、『民俗学の話』文化書房博文社。

――、一九七二a、「東北地方研究の心の支え」『山口弥一郎選集月報』四：三―八。

――、一九七二b、『山口弥一郎選集――日本の固有生活を求めて 東北地方研究 第六巻（凶作と津波）』世界文庫。

――、一九八四、『体験と民俗学』文化書房博文社。

――、一九九一、『東北地方研究の再検討（地の巻）』文化書房博文社。

――、一九九二、『東北地方研究の再検討（人の巻）』文化書房博文社。

柳田国男、一九三三、「郷土研究と郷土教育」『郷土教育』（二七）。（再録：一九九八、「国史と民俗学」『柳田國男全集 第十四巻』筑摩書房、八三―一〇二頁。）

――、一九四一、『食物と心臓』創元社。

第10章　地方都市社会論の構築に向けて——「伝統消費型都市」概念再考

武田俊輔

1　はじめに——地方都市社会研究の空白

本稿の目的は、戦後日本の都市社会学の初期において見られた地方都市社会論に立ち返って、その意義を改めて問い直すとともに、現代日本における地方都市を分析する上でのその批判的な再構築について、一つの可能性を提示しようとするものである。

都市社会学・地域社会学の分野において、城下町・商家町といった近代以前からの歴史的基盤を持つ地方都市についての研究蓄積、ことにその社会構造について分析するための理論的な枠組みの構築は十分になされてきたとはいえない。試みに地域社会学・都市社会学のさまざまなアンソロジーや講座をみれば、そのことは了解されよう（鈴木ほか編 1985；似田貝監修／町村ほか編 2006；古城監修／新原ほか編 2006；岩崎・矢澤監修／玉野ほか編 2006；奥田編 1999；蓮見編 2007）。

そうしたテーマの周辺化は、戦後日本の地域社会の開発政策や都市化の進行といった状況を背景とした、それらの分野の成立過程と関連している。一九六〇年代以降の日本の都市社会学はシカゴ学派のアーバニズム論を土台とし、村落共同体的連帯感や所属感から切り離された「市民意識」や「コミュニティ意識」の可能性を問う、「市民意識と市民的連帯の学」として都市社会学はその地歩を固めていった(松尾 2015: 249-50, 280)。このアプローチはその後、一九七〇年代の都市社会学の主流となったコミュニティ論に引き継がれていく(松尾 2015: 282-4)。こうした規範的な視点からの研究の進展は一方で、さまざまな「有り得たかもしれない都市社会学」(有末 2007: 4)の可能性を失わせていくことになったが、歴史的来歴をふまえた地方都市の伝統的な社会構造は、そうした失われたテーマの一つであった[1]。

一方で地域社会学の文脈においては、高度経済成長期における政府と資本とが一体となった開発政策の進展のなかで、それが農村や都市にどのような変動と問題をもたらすのかについて実証的に明らかにし、理論化を目指していった(西山 2006)。国家の強力な支援体制のもと実施される開発政策のメカニズムを分析し、それがもたらす環境や生活の破壊に対抗する地域主体としての住民運動や革新自治体の社会的基盤、階級構成を探るというのが地域社会学の主流となった研究であった。そうしたなかでは外部からの介入で弱体化していくという位置づけにある、近代以前からの歴史や伝統的な社会構造そのものを主軸とした都市社会分析が行われるべくもなかったであろう。

そうしたなかで近年、前近代以来の歴史を持つ都市を対象とし、そこでの生活組織や文化的背景に目配りした形での研究や論集もいくつか刊行されている。収録されている個々の論文それ自体は興味深い一方(たとえば佛教大学総合研究所編 1998; 鯵坂・小松編 2008; 杉山・山口 2016 など)、それらの論集が全体として地方都市の構造そのものを理論的に描き出したものとはいいがたい。近年の論集として、藤井和佐・杉本久未子らの「成熟地方都市」論は(藤井・杉本編 2015)、「むら」あるいは「まち」の「歴史・文化的蓄積、エートスや共同性への維持志向」という地域社会の「基層」と、都市社会的な「時代的変化やそれへの対応」という「上層」とを併せ持つ地域社会の「豊かさ」という重層性から、近世以来の歴史を持つ地方都市の社会構造をとらえようとしていて興味深い（藤井 2015: 9）[2]。しかし、その二重性を、地方都市を描き出すための枠組みとして体系化するという点では不十分さが残る。

ここまで述べてきたように、都市社会学・地域社会学における地方都市社会論は、個別の地方都市に関するモノグラフ以上の十分な展開をみていない。しかしながら、戦後日本の都市社会学の出発点においては本来、そうした都市のありようについての関心が強く見られたはずである。奥田道大は、そうした「伝統消費型都市を対象地とした都市の社会構造の総合的分析」が一九六〇年代後半にはゆらぎだし、テーマはメトロポリス型の大都市社会へと移行したと都市社会学の展開を総括している（奥田 2004: 36）。そうした六〇年代以前の都市社会構造論の可能性に立ち返って、地方都市を分析する枠組みをいかに構築できるか。本稿の意図はそこにある。

2 「伝統消費型都市」類型と「聚落的家連合《しゅうらくてき》」論——都市社会学の失われた分析枠組み

そうした地方都市の社会構造を明確に描き出したものとして、倉沢進による「伝統消費型都市」類型が挙げられることに疑いはあるまい。シカゴ学派に依拠し「市民意識と市民的連帯の学」へというテーマから戦後日本の都市社会学を主導する倉沢だが、その最初の著書『日本の都市社会』（倉沢 1968）において、それぞれの都市の形成過程と関連させた都市類型論を提示し、徳島市を事例としてこの概念を説明した。それはかつて城下町・門前町・宿場町といった機能を持ち、近代化以降はホワイトカラー層が勤める行政機関や大企業の支店あるいは地元資本がそこで働く消費者に商品を提供する商業者を中心とした都市として発展してきた、大規模な産業を持たない都市である（倉沢 1968: 50）。

もう一方の類型である産業型都市においては、主として近代的産業技術にもとづく新しい社会構造、すなわち資本家・経営者・高級官僚を除けば、ホワイトカラー層と産業労働者群が圧倒的な比率を占める。特にホワイトカラーには、夫婦中心・平等的家族、近隣・地域社会への無関心、完全に分離された家庭と職場といった都市的な生活様式が見られる。それに対し、特に伝統消費型都市では自営業者層と職人層、すなわち伝統的生産関係に基礎をおく社会構造と生活様式が中心であり、家庭と職場が相接していて、伝統的な家族関係や近隣関係を維持している人びとの比率が高い（倉沢 1968: 65-7）。この都市の支配的な位置を占めるのは、主として商業部門を支配する旧名望家層である。それぞれがいくつもの事業に関連し、相互に商工会議所などの機関で接触し、ときには血縁関係で結ばれて上流社会を形成している（倉沢 1968: 88）。

そうした都市の旧名望家層を中心とした近隣関係は、在郷都市のなかの町方（商人町・職人町）を引き継ぐ「町内」社会を基盤としている。そこでは町内会・青年団・婦人会・消防団などの集団が社会統制の重要な機構となっており、祭礼や冠婚葬祭といった伝統的行事や地方選挙のような日常の生活慣行に重要な役割をはたしている。倉沢は後になって、津山市における火事の際の状況を事例にそうした社会のあり方を生き生きとした筆致で説明している（倉沢 1990: 11-5）。それだけの調査の蓄積があったものと見られるが、その背景にあったはずの共同研究の成果は公表されないままに終わっており（中筋 2006: 210）、それ以上の展開を見せなくなってしまう。

こうした旧名望家を中心とした町内社会の社会構造を分析する上でふさわしいのはシカゴ学派的なアプローチではなく、むしろ有賀喜左衛門が「都市社会学の課題――村落社会学と関連して」という論文で示した家連合論である（有賀 [1948]2011）。有賀は、戦前期より展開したみずからの村落社会学と同様の観点から、複数の「家」によって構成される「聚落的家連合」という地縁関係として都市を分析する視点を提起している。有賀は都市における「家連合」を、商家の本家・分家・別家から構成され「暖簾内」と呼ばれる「家々の結合が本末の系譜を辿る上下関係に結合」した「同族団」と、「系譜関係のない平等並立の関係に於いて結合」する「組」の二種類に分類する。そして同じ同族団の家に限らず他の同族や同族を持たない家との間での生活上の関係として「町内」「隣組」が構成され、さらに「町内」だけでは処理できない事柄を担当するための「町内連合」がその上部組織として存在するというしくみを通して、京都などの伝統的都市の社会構造を記述している（有賀［1948］2011：194-5）。そこでは新たに「町内入り、組入り」を行うことも、「本家の背景」、あるいは「町内の有力者又は町内の誰かを世話人と立て」ることで初めて可能となる（有賀［1948］2011：197-8）。現在でも地方都市の町内では、これに近いしくみが現在まで続いているところが見られる。

この有賀の視点にもとづいて分析を行った研究が、中野卓『商家同族団の研究――暖簾をめぐる家と家連合の研究（上・下）』（［1964］1978,［1964］1981）である。伝統的な商業都市である京都二条の同業街、そしてさまざまな業種の商業者たちによって構成された五條大和大路を中心的な事例としている。この膨大な著作においては、店の経営だけでなく日常生活全般にわたる共同として本家・分家・別家を含みこんだ商家の家連合の共同体である「暖簾内」、そして同族団でなく姻戚関係にもとづいた親類のネットワークの分析から、京都における「聚落的家連合」の歴史とそれが崩壊に至る過程が描き出される。

この分析において鍵になる概念が、家同士の「全体的相互給付関係」、すなわち「各戸間の一切の相互給付関係」であり、「生活行為の内面的な部分に及」ぶ「労力、物品、心情の総合的贈答」からなる関係を意味する（有賀［1939］1967：123）。中野が論じた商家の場合であればこれは、「店経営の面のみにとどまるわけではなく、これと不可分な、というより、これを不可分にその内側に組み入れているところの、日常生活の多面にわたる家々の経営の共同」である（中野［1964］1978：86）。それは「日常的接触における交際や相互扶助に、月並行事・年中行事、あるいは本家先祖をはじめとする同族物故者の法要、あるいは葬送、婚儀、その他の儀礼執行など、経済面だけでなく、宗教・儀礼・社交・娯楽の各面に見出され、また、これらすべてにわたってみられる本家の支配のもとにおける庇護と従属、またかかる諸同族の連合における政治の面においても、多面的に見出される」

（中野［1964］1978: 87-8）。そうした「近隣性」を持つ同族団内部の雇用の関係性や交際・相互扶助、たとえば年中行事・法要・葬儀・婚姻・儀礼・社交・娯楽といった生活の諸側面を手がかりに、中野は京都という都市の江戸期から戦後までの変遷を描き出していく。(3)

その後のこうしたアプローチの系譜として挙げられるのは松平誠であろう（松平 1983, 1990）。松平は江戸期後半の文化・文政期以降に農村をまきこんだ商品経済発展の渦中において成長した在郷町において成立し、それが変容しつつ現代に至った都市社会を「町内」と定義する。そうした「町内」は、町内と認知する家々の全員（奉公人層や裏店に住む借家人層のように、同じ地域に居住していても認知されない場合もある）が加入し共同しうる無性格性を持つ。そして土木・衛生・教育・防犯・祭礼・冠婚葬祭といった共同の事業を行い、商工業者の家集団からなる戸主中心の社会であり、協同的側面における戸主とその後継者の役割が極めて大きいとされた。ここで描かれているのは倉沢が描いた「町内」、そして有賀が論じた都市の聚落的家連合そのものである。(4) 彼はそうした家同士の関係性を都市祭礼に関する膨大な資料をもとに描き出したが、その主著『都市祝祭の社会学』（松平 1990）の後半以降、地縁・血縁と無関係な個人単位の開放的なネットワークによる「合衆型祝祭」に研究の焦点を移していった。また松平の仕事も都市人類学や民俗学、生活学に参照される中で、都市社会学でなく都市祝祭研究という文脈に位置づけられていくことになる。そうしたなかで近世以来の地方都市の社会構造を都市社会学として分析する系譜は、一九九〇年代には途絶えることになった。

近年、家を手がかりに地方都市空間を分析したものとして興味深い研究に、佐藤健二がみずからの父方・母方の家の歴史を素材に明治・大正期における高崎を分析した論文が挙げられる（佐藤 2015）。ここでは近在から近在の移住者たちが、親族ネットワークを活用しその後ろ盾を得て商家として家を立て、地域社会の公共圏としての商業者の中間集団の創設メンバーとなっていくというプロセスを追った上で、近代地方都市空間の特質が描き出される。

具体的には、①親族のネットワークを頼って他郷の出身者が都市に流入し定着していくという家の生存戦略、②絹物を手始めとした中継基地としての位置づけから、多様な消費財を扱う有力な小売りの商店を中心とする商店街としての発展、③軍隊による新たな需要の増加と鉄道がもたらした市街の変容といった論点が挙げられる。その上で、近代都市社会への転換点において生み出された、有力な実業家たちの中間集団のネットワークや学校が地方都市の人間関係を織り上げる契機となったことが指摘される。先に述べたように家を中心にした地方都市社会の分析の系譜も絶えて久しい。さらにそうした家を受け継ぐ自営業者たちの経営者団体、現在でいうなら商工会議所や青年会議所といった団体が地域社会に何をもたらしたかも、これまで十分に研究がなされてこなかった重要な論点である。(5) そうした家々や中間集団の役割と影響力に目配りした形で、都市のありようを記述していく必要があるだろう。

ここまで述べてきたような近世以来の地方都市をめぐる研究状況について、都市を「歴史に抗する社会」として位置づける中筋直哉は、以下のように総括している。倉沢の伝統消費型都市は国民経済や国民国家の内部機構として位置づけられたものである。したがって定義上、地域開発のような都市の外部からの産業化の動きのなかで次第に伝統消費型都市らしさを失い、全く別の社会に変化してしまうはずである。すなわち蓮見音彦・似田貝香門らが調査した福山市のように、そうした都市はそれと対比される「産業型都市」のような構造に変質してしまい、それによって伝統消費型都市という概念自体の有意味性が掘り崩されてしまうことになるというわけだ(中筋 2006: 201)。その意味では伝統消費型都市は必然的に解体へのストーリーをたどらざるをえないし、逆にあくまで伝統消費型都市の概念にこだわるならば、その内発的な都市化力、たとえば地場産業や在来型社会組織の歴史的展開にこだわる必要があるが、倉沢も含めその後の都市社会学者もついにそれは明らかにできなかったという。

しかしかつて「伝統消費型都市」と呼ばれたこうした都市のあり方は、国民経済の発展やその後のグローバル化といった外部からの変化の中で経済的に掘り崩され、消失してしまう存在としてのみ見るべきであろうか。たしかに、従来であれば商店の後継者となっていた人びとの多くがサラリーマンとなって郊外に新たな住まいを構え、また進学や就職を通して大都市へと移動していった。さらに郊外への大型商業施設の増加とともに、従来の「町内」社会を構成していた中心市街地の商店の経営が悪化し、また多くの地域でシャッター通り化が進んでいったこともしばしば指摘される。しかし、都市の伝統的な共同が産業化や移住者の増加といったさまざまな状況によって危機にさらされ、それまで保持していた共同が地域社会全体のなかでは少数派へと変化していっても、たとえば移住してきた人びとを排除・選別して受け入れ、また地理的に離れた地域に住んでいる出身者についてはその内部に含みこむ形で、「町内」社会という枠は観念として維持されてきた（松平 1990: 222-9)。

現在でも、たとえば京都の祇園祭を担う山鉾町においてはマンションの建設を阻止し、あるいはマンション住民のうち祭礼に対して熱心な一部のみを保存会に受け入れるといった限定をかける一方、地理的に移動した元の住民やその血縁については「通い町衆」として祭礼につなぎ止めることで、「家」の観念と「町内」とは維持され続けている（山田 2016: 67-74)。その意味で在来型社会組織は単なる縮小再生産にとどまらない形でその後も展開されてきた。むしろ倉沢が論じたような、町内会・青年団・婦人会・消防団などの集団をそのなかに累積させて社会統制の重要な機構なり、祭礼や冠婚葬祭といった伝統的行事や地方選挙のような日常の生活慣行に重要な役割をはたしているような町内社会が（倉沢 1968: 86-93)、産業化や郊外化、中心市街地の自営業者の経営難といった経済的状況にもかかわらず、継続されてきた要因こそを問う必要がある。以下では拙著（武田 2019）でとりあげた滋賀県長浜市の事例を手がかりとし、そこでの議論をふまえて考えていきたい。

3　全体的相互給付関係を維持させるメカニズム(6)

長浜中心市街地の概要

ここで滋賀県長浜市とその町内社会について説明しよう。長浜は羽柴秀吉が開いた城下町であり、その治政下で朱印地として税の免除を受けて商家町として発展した。徳川幕府成立後、長浜は彦根藩領となり、城郭は彦根に移されたが、その後も商家町、また北陸と京大阪をつなぐ港町・宿場町、門前町として発展した（長浜市史編さん委員会編 1999）。さらに周辺の養蚕地帯を背景に縮緬機業が盛んとなり、裕福な商人たちを中心に戦後に至るまでこの地域の経済的な中心としての地位を保ち続けた。そうした歴史ゆえに近世以来の町割りや、十三の山組と呼ばれる町内が現在に至るまで継承している。

その一方で、長浜は地域社会学やまちづくりといった分野の研究者からは、従来の中心市街地の自営業者（すなわち町内＝山組のメンバー）とは異なる、郊外の新興事業家層による革新的な観光まちづくりで名高い都市である（矢部 2000, 2001, 2006）。他の伝統消費型都市の例に漏れず、長浜でも一九七〇年代後半以降、町内と重なる中心市街地の商店街は郊外大型ショッピングセンターの出店計画（一九八八年開店）という状況に面して経済的に対抗が困難となり衰退した。そうした状況で、中心市街地の既存の担い手ではない（すなわち山組ではない）、郊外の非商業部門の経営者たちが中心となったまちづくりが行われていく。彼らが出資した第三セクター黒壁は、一九八九年にガラス文化を中心とした事業を興し、さらに空き店舗を地権者から借りては意欲ある自営業者に対して貸すことで、中心市街地の経済状況を劇的に活性化させた。コロナ禍前の二〇一九年には二〇〇万人を超える観光客を呼び込む、関西でも有数の観光地となっている(7)。

先送りされ続ける全体的相互給付関係としての都市祭礼

この近世以来の長浜の都市としての発展を背景として行われているのが、長浜八幡宮の長浜曳山祭である。この祭りは羽柴秀吉が長浜城主であった天正年間に長浜八幡宮の祭礼として十六世紀末に始まった太刀渡りという武者行列に由来し、後に秀吉がみずからの男子出生の際に町民に見舞った祝金をもとに、各町で曳山と呼ばれる山車を造ったとされる。十八世紀半ば以降には祭礼の中心は、曳山のうえで歌舞伎を演じるものとなり、現在まで引き継がれている。この祭りは先に述べた江戸時代の長濱五十二ヵ町に基盤を持つ「山組」という十三の町内によって行われており、現在に至るまで各町内の領域は、一部の脱退した地域を除けば基本的には変わっていない。(8)

山組は個々人ではなく、そこに居住する家単位で加入する家連合である。山組のメンバーとして正式に行事に参加するのは、各家の世帯主である男性とその息子に限られる。世代によって祭礼における役割が異なり、四十五歳前後までの若衆が花形となる狂言を担う一方で、七十歳前後までの中老は曳山の管理・曳行や祭礼の進行、また他の山組との交渉を担ったり、総当番《そうとうばん》と呼ばれる祭礼全体を統括する事務局に出席したりする。若衆の代表を筆頭、中老の代表は負担人と呼ばれ、山組全体を代表するのは負担人である。

山組は倉沢が述べる町内社会の特徴をよく示しており、多くの山組では現在でも、山組内に土地・家屋を所有している居住者・店舗の経営者が祭礼において中心的な役割を担う。現在では店だけを残して住まいを中心市街地の外に移す者も多いものの、町内に不動産を所有して祭典費を納め、また祭礼に労力を割いている家かどうかは、祭礼における名誉・威信の配分において重要な意味を持っている。昔から代々町内に居住していた家はそれだけ金銭的にも、また労力の面でも祭礼により貢献してきたとみなされ、その反対給付として祭礼においてより高い名誉・威信を得ることが多い。こうした名誉・威信は、長浜の場合はたとえば狂言の際にその家の息子が役者、あるいは山組を代表して八幡宮から御幣《ごへい》を受け取る御幣使に選ばれるか、また世帯主やその息子が重要な役職を任されるかどうかという形で示される。また、若衆の中で特に家の名誉・威信と結びついた役職として筆頭のほか、出番の町内が狂言を披露する際の順番を決める籤を引く籤取人、そして舞台上で黒子や鳴り物を担当する舞台後見といった役職がある。

ただし、こうした名誉・威信がどの家に配分されるべきかについては、人びとの評価は必ずしも一致するわけではなく、貢献度に対する評価とそれに対する名誉の配分をめぐっては、しばしば家同士の間でコンフリクトが発生する。

こうした同じ山組内部における競い合いと同時に、都市祭礼であるがゆえに複数の町内同士もまた相互に競い合う。競い合いの対象はもちろん狂言の出来そのものであるが、役者が長浜のメインストリートを練り歩いて見得を切り、その姿を観客に対して披露する夕渡りという行事、また祭礼直前の四月九日~十二日に各山組の若衆たちが籤取人を盛り立てて白無垢姿で長浜八幡宮と豊国神社に向かい、井戸で身を浄めた後に参拝する裸参りという行事は町内同士の対抗意識が最も顕著に表れる。裸参りでは各町内の若衆たちの練り歩きの格好良さや盛り上げの巧さをめぐって競い合うだけではなく、町内同士のすれ違いの際には挑発や喧嘩が発生する。四日間行われる中で、また三年前やそれ以前の過去の祭礼から引き続く山組同士の因縁のストーリーが語られる中で対抗意識が生まれ、それが祭礼の興趣として各町内でも盛り上がる。

こうした家同士や町内間の関係性は、世代を越えた全体的相互給付関係として分析することができる。ここでは家同士の関係に即して説明するが、毎回の祭礼において、祭りの責任者に当たる負担人や筆頭はそれぞれの家が町内の歴史の中で世代を越えてこれまで拠出してきた資金や人的資源に見合った名誉・威信を配分しようとする。たとえば、役者や籤取人、舞台後見をどの家から選ぶかについて苦心するのだが、その判断についてすべての家が納得することはまずない。自分の家から選ばれてもおかしくないと思っているにもかかわらず外された家はたまったものではなく、その家から筆頭の家に対して怒鳴り込まれる、付き合いが一世代にわたって絶えるといったエピソードはしばしば語られる。なかには憤りのあまり祭礼から離脱する家もないわけではないが、ほとんどそうしたことは発生しない。

その理由を考える上で重要なのは、全体的相互給付関係を成り立たせる祭礼は単にその一回の祭礼だけに限定されたものではなく、過去においても繰り返されてきたこと、さらには今後も引き続き継承されていくという長期的な時間軸を前提としたものだということである。祭礼に関わる家は絶えたり離脱したりしない限り、たとえ世代をまたぐことになったとしても、過去に供出した資金や労力といった資源の見返りをいつか獲得できる可能性は保持されるし、それを得られることで初めて上の世代の資源の供出は報われることになる。

実際、そうした本来受けられるはずであった（とその家の人びとが考えている）名誉・威信に対する執念は強い。息子が役者に選ばれて活躍したといった、名誉・威信を獲得した記憶は「いい思い出としてしか残ってないで、意外と軽い」一方で、「傷ついたり、叱られたり、憎しみ合ったりした部分」、すなわち名誉・威信を傷つけられたり悔しい思いをしたことは「根底でいつまでも残って」おり、「そこに打ち克とうとしてるわけではないけど、その部分がいつまで経っても決して拭えない」のだという(9)。

一例を挙げよう。ある山組で負担人を務めていた近世以来の家が町内のコンフリクトにまきこまれて、負担人の孫に当たるQ氏は役者に選ばれる機会を失ってしまったことがあった。その十六年後、若衆になったQ氏は籤取人に選ばれ、家としてはこのときの名誉をようやく取り返す機会を得た。Q氏は当時のことをこう語る。

実はおばあさん［負担人の妻でQ氏の祖母］、私の、［この年の］六月の一日に死んでるんですよ。三月の終わりぐらいかな。結構ちょっと容態が悪くなったんです、ちょっと命が危ないぐらいに。そのときに、うちのおばあさん何て言うたかいうたら、「私を祭りが終わるまで死なすな」って言われたんですわ。何をしてもええから絶対に死なしたらあかんと。そのときにおばあちゃんとしては、やっぱおじいさんのこのときのことが、たぶん嫁として自分の主人見てて、すごい悔しさがあったと思うんですわ。その自分の主人のあの姿見てて、だから自分の孫〔Q氏〕がその籤取〔人〕をするときに、やっぱ自分がそこで死んだらできんなるでしょう。だから、僕はこういうことが逆にあったし、家のこの負担人〔祖父〕のこともいろいろとありましたから、ちょっと人一倍たぶん祭りに対する継承していかなあかんっていう気持ちは強いと思います。(10)

もしQ氏の祖母が祭りの前に亡くなった場合、忌中となるためQ氏は籤取人を辞退せざるをえない。せっかく失われた名誉をようやく挽回する機会を得たなかで、それを決してふいにするわけにはいかないという執念をめぐるエピソードである。そうした悔しさや怨念が時間や世代を越えて引き継がれているというわけだ。「結局、役者で出たとかっていうの〔思い出〕はたぶんそこで終わる」というように、名誉・威信を得たという満足感以上に、むしろ逆に世代を越えた資源の供出に対する見返りを得られていないという、祭礼を通した家連合の全体的相互給付関係が満たされないこと、それを取り返さなくてはならないという思いが、祭礼を後の世代へと引き継がせる。

逆にいえば、祭礼がもし今回限りで次回以降継承されないのだとすれば、名誉・威信という見返りがいつか取り返せるという将来への期待を含んだ祭礼への、現在のコミットメントも意味をなさなくなってしまう。現在そして将来の祭礼ができなくなってしまえば、自分の家や町内が何百年にもわたって注ぎ込んできた資源は見返りがないままに終わってしまうし、自分の世代でそんな事態を引き起こすわけにはいかない。山組のある負担人は、「負担人は三年間、山蔵の鍵を預かるんですが、三年間は預かった瞬間から、ものすごくそれが重いですわ。単に失ったらあかんというだけの問題ではなくてね(11)」と、そうした歴史をふまえた祭りを継承する責任の重さを語る。そんな事態を避けるべく町内の人びとは祭礼に必要な諸資源を絶対に維持しなくてはならないし、もしそれらが不足したときには何としてもそれを獲得して、祭礼を継承しなくてはならなくなる。その意味で現在の祭礼を担う人びとは、世代を越えた全体的相互給付関係のシステムによって突き動かされる存在ということができる。

4　社会的ネットワーク拡大の駆動因としての全体的相互給付関係

そうであるがゆえに、戦後において長浜という都市がさまざまな困難、たとえばモータリゼーションによる商店街の経済的衰退、郊外化による人口減少といった祭礼をめぐる危機にみまわれるなかでも、町内の人びとは祭礼の継承に向けて尽力していった。戦後すぐの山組を構成する各家の経済力が衰えを見せた一九五〇年代から山組は、長浜市の産業経済部および長浜観光協会と交渉して、祭礼の観光資源化への協力と引き換えに必要な資金を調達するようになった。また、六〇年代以降になると市民向けの子ども歌舞伎観劇会を開き、それを観覧する権利と引き換えに、産業界や商店街連盟、連合自治会等の地域団体から協賛金という形で資金を調達するしくみをつくりあげた（武田 2019: 226–47）。

こうした資金面ばかりでなく、人的資源という面でも新たな調達のしくみを可能とするべくさまざまな形で山組は地域社会にネットワークを張りめぐらしていく。戦前期までは山組はその豊富な資金で周辺の農村部から祭りのシャギリ（囃子）の担い手を雇っていたが、戦後になってそれが失われるなかで、子どもたちを新たな担い手として育成していった。また、彼（女）らの祭礼当日の参加を可能とするために一九六〇年代以降、長浜市内の小中学校や教育委員会との間に協力体制をつくりあげた。それと引き換えに、学校での郷土教育に山組はさまざまな形で協力していく（武田 2019: 158–75）。

そして八〇年代以降になると、長浜青年会議所や長浜商店街連盟による自営業者間のネットワークを活用することを通じて、物的資源としての曳山の修理を可能にする曳山博物館建設の運動を立ち上げて長浜市と交渉した。

その結果、モータリゼーションが進むなかで経済的に衰退する中心市街地の活性化や集客と結びつける形で、その建設を市に認めさせた（開館は二〇〇〇年）。さらに市の文化財行政や文化庁からも文化財保護という形で修理のための資金を獲得するしくみを整えていった（武田 2019: 195-247）。

このように長浜の町内は長浜市行政・経済団体・自治会・学校といったさまざまなアクターに対して祭礼から得られる用益を供与する引き換えに、それらから資源を獲得するという協力関係を取り結び、ネットワークを広げていった。その駆動因は、地方都市の伝統的な全体的相互給付関係、家や町内の名誉・威信を何としても継承していかなくてはならないという動機づけである。松平は伝統的都市祝祭を成り立たせてきた町内の基盤が掘り崩されて選択縁にもとづく合衆的祝祭が中心になるとしたが、むしろ長浜の町内は伝統消費型都市の中核を脅かす外的要因に対応し、戦後になって新たに生み出されたネットワークを活用することで、その全体的相互給付関係を継続してきた。その意味で、伝統消費型都市の中心的な社会構造は、単に外部要因によって掘り崩されてその性質を失ってしまうに過ぎないという議論は正確とはいえないだろう。

このような伝統消費型都市を失われたものとしてみなす議論が説得力を持ってしまう背景には、（長浜は例外として）中心市街地のシャッター化や駐車場ばかりが広がる経済的な衰退状況があると思われる。しかしこのように、聚落的家連合としての町内とその全体的相互給付関係としての祭礼に関しては、実はそれはしぶとく生き続けている。たとえば同じ滋賀県の大津市の中心市街地は長浜とは対照的にシャッター通り化が進行し、商店街としての機能を失ってしまっている。その一方で、そこで家と町内を単位に行われる都市祭礼である大津祭については、（コロナ禍によって二〇二〇・二一年は中止されたが）長柄衆と呼ばれる外部のボランティア等の協力を得て脈々と継承されている。その意味で、聚落的家連合としてのあり方が、変容をこうむりつつも現在でも続いているのである。

地域開発と自治体による企業誘致による伝統消費型都市の社会構造の変容と産業型都市への転換、モータリゼーションや郊外化による空洞化、またグローバライゼーションに起因する産業型都市の空洞化のなかで、倉沢の都市類型論とともに伝統消費型都市という概念も用いられなくなっていった。しかしそうした経済面の視点のみで、この概念を過去のものとして捨て去るべきではないだろう。倉沢が伝統消費型都市の特徴として論じていたのは、町内社会とそれを構成する地域集団の近隣関係、生活慣行、生活様式であったはずだ（倉沢 1968: 62, 65-7, 86-93）。その観点から見れば、たとえばその領域の小売業が経済的に衰退していたとしても、伝統消費型都市の性質は失われていない。

この点は、外部から新たなまちづくりの担い手を得て多くの観光客を集め、経済的な活性化をはたしている長浜の状況についても同じことがいえる。長浜をはじめとした中心市街地の活性化とまちづくりについて研究を重ねてきた矢部拓也は、近世以来の山組と青年会議所を結節点とする郊外の非商業部門の事業家層を中心とした黒壁を対比し（矢部 2000: 60）、「価値観の異なる「新たなまちおこしの担い手」による、郊外からの中心市街地への進入過程」と位置づける（矢部 2006: 98-9）。いわば経済的な実力とネットワークを持つ新たな担い手による中心市街地の主役が交代したものとして、地方都市の姿は描かれている(12)。しかしこれを町内側から見てみれば、その所有する土地や店をみずからが経営せずにテナントとして外からの自営業者に貸し、郊外に自宅を構えるようになっていても、むしろそうした形で収入を得ることで、祭礼という全体的相互給付関係を成り立たせる文化的なしくみを脈々と継承してきたといえる。

さらにいえば、現在の長浜でテナントを借りている自営業者たちは必ずしも商店街や山組に参加していないわけではない。黒壁の中心メンバーの血縁も若衆としてある山組に参加しているし、筆者が二〇一二～一五年に参与観察していた山組では若衆として黒壁の社員が加入していた。また、二十名程度の若衆のうち半数は、テナントとして町内に店を構え、祭りにも参加するようになった人びとであった。中には郊外の事業者層が大半になった青年会議所の理事長の家に役者を依頼し、役者という地域社会における名誉と引き換えに、青年会議所の先輩後輩関係を活用した人的サポートや協賛金の調達を依頼するという山組さえある。むしろ黒壁や新たなまちづくりの担い手となった郊外事業者層を巧みに利用する形で、町内のありようは継承されているのである。その意味で、黒壁もまた町内がその全体的相互給付関係を継続していくために、結果的に広げた社会的ネットワークの一つとして位置づけることができる。

5　おわりに——地方都市社会論の構築に向けて

ここまで長浜を事例として、全体的相互給付関係を存続させるための祭礼というしくみがいかに町内という枠組みを再生産させてきたか、そしてそのために町内がさまざまなネットワークを張りめぐらして資源を獲得することを通じて、地方都市の社会関係がいかに生み出されてきたかについて見てきた。現在満たされていない給付が、将来達成されることを期待する形でこそ祭礼が継承されている以上、積み重ねられた歴史とそれをふまえた将来を含みこんだ形で、町内という枠組みを人びとは維持しようとする。その責任がそれぞれの家と町内にのしかかり、ネットワークを拡大することによる資源の獲得へと駆動させる。そのことは山組が位置する中心市街地の商店街の活性化をなしとげさせようとする駆動力ともなっている。黒壁やその関係者と長年にわたって協力関係にある山組の重鎮で、商店街連盟のまとめ役でもある人物は、黒壁をはじめとする長浜のまちづくりの歴史について以下のように語る。

　お祭りを続けていこうと思うと人がいるんですね。これは山車があったらできるっちゅうもんじゃないんです。膨大なマンパワーを要求されるお祭りです。だから地元に人がいなかったらダメなんですね。ここらへんにああいうお店〔外から進出したテナント〕が出てくる。そこに勤めてらっしゃる方がいる。それはそれで構わないんですけど、でも彼らは、要は、別にこんなもんどうでもいいと思てるわけですよね。別に祭りがあろうがなかろうが関係ないと思てます。

ところが僕らはちっちゃい時からずっと祭りやってますから、これを失うわけにはいかない。ということで、失わんためには祭りの担い手となる中小の商業者なのかサービス業なのか、あるいは職人さんなのか、そういうのがちゃんと食べていける町を作らなくてはならないというのが今の最大の課題です。(13)

黒壁に関する成功事例も含め、多くのまちづくりに関する成功譚は、いかにして商店街のある中心市街地を経済的に活性化させたかという語りになるだろう。そして仮に祭礼に関する話をそこでするとしたら、そうした経済的な成功があるからこそ祭礼が継承できているという順序になるはずだ。あるいは祭礼という文化が観光資源として活用され、その経済効果が重視される。いずれにせよ経済的な目的が先にあり、それが成り立つことで初めて祭礼は継承可能なのだという論理である。しかし、この語りから考えればむしろ、祭礼という全体的相互給付関係のサイクルを回すためにこそ、経済を成り立たせようとする動機づけも生まれるのであり、原因と結果はそこでは逆の関係にある。目的は祭礼を通じて全体的相互給付関係のサイクルを維持することであり、経済は手段に過ぎないのだ。

したがって長年にわたって商店街で店を経営してきた山組の人びとは、祭礼の準備期間やその最中、たとえかき入れ時であっても、店よりも祭礼を優先する。山組の観点からは「黒壁はなくなってもいいけど、祭りはなくなったら困る」というのが実感であり、「我々の長浜としてのアイデンティティは黒壁にあるんじゃなしに、祭りにある」のだ。もちろん「ちょっと〔黒壁が〕つぶれちゃうと本当にまずい」けれども、「どっちを失ってええかっていう二者択一を採るなら、迷うことなし」なのである。(14) 黒壁やそれによる新たなまちおこしの担い手が経済面で山組にとって大きな助けになっているのは間違いないし、それなくしては祭礼の継承はさらなる困難に陥っていたはずだが、それでもやはりそれは手段に過ぎない。そうした視点からみれば、経済面も含めてこの都市を駆動してきたのは家連合の全体的相互給付関係であり、それを核とする形での地方都市社会論の再構築がなされなくてはならないだろう。

【付記】

本稿はJSPS科研費227303、15K03852、16H02040、20K02113、および公益財団法人北野生涯教育振興会・二〇二一年度生涯教育研究助成金の成果の一部である。

【注】

（1）松尾浩一郎は都市社会学からの歴史性の排除について、都市社会学を主導した倉沢進が、「みずからの「都市化アプローチ」を非歴史的アプローチと位置づけ、根源的に歴史性を内包している概念である都市化を、直接に時間的推移や歴史的事象を扱わずとも解明し得る方法だと主張した」ことも影響していたと論じている（松尾 2015：291）。

（2）特に武田祐佳（2015）による第五章における城下町の町家活用に関する章には、そうした視点が顕著に見られる。

（3）ただし中野の議論は本家と分家、別家という本末の系譜をたどる上下関係にもとづく「同族団」に照準しており、系譜関係のない平等並立の関係の家同士の「組」について明確には論じていない。後述の松平誠が論じた祭礼を通じた町内に関する研究がむしろそれに当たる。

（4）松平自身も『祭の社会学』において、都市を考察する上での有賀の視点の重要性を強調しており、そのことに自覚的であったと思われる（松平 1980: 86-7）。

（5）管見の範囲では、嶋田吉朗（2015）はそうした例外的な研究の一つである。

（6）以下の詳細については、武田（2019）、特にその第四章・第十章を参照されたい。

（7）『朝日新聞』二〇一九年六月二十八日付（滋賀版）「七年ぶりに来街者二〇〇万人超える 黒壁が発表」（https://digital.asahi.com/articles/ASM6W44W6M6WPTJB007.html?iref=pc_photo_gagalle_bottom、二〇二一年八月三十日アクセス）。

（8）ただし、このうち長刀組（小舟町組）のみは歌舞伎でなく武者行列を披露する。

（9）筆者が若衆として参加しつつ参与観察していた山組であるA町の中老P氏からの聞き取りによる（二〇一六年十一月十六日）。

（10）B町の中老Q氏からの聞き取りによる（二〇二一年五月一日）。

（11）P氏への聞き取りによる（二〇一五年五月九日）。

（12）ただし矢部は山組側・商店街の側の動きを完全に無視しているわけではなく、一九九〇年代後半以降に、黒壁が世代交代した商店街の若手リーダー層とも協力してまちづくりを行っていった経過についても論じている（矢部 2001）。

（13）山組C町の中老R氏による、滋賀県立大学人間文化学部地域文化学科の学生に対するレクチャーによる（二〇一五年五月十三日）。

（14）山組C町の中老R氏による、滋賀県立大学人間文化学部地域文化学科の学生に対するレクチャーによる（二〇一五年八月十二日）。

【文献】


鯵坂学・小松秀雄編、二〇〇八、『京都の「まち」の社会学』世界思想社。

有末賢、二〇〇七、「都市社会研究の系譜と都市社会学の射程――何が見落とされてきたのか」『法学研究』(八〇)：一―二九。

有賀喜左衛門、[一九三九]一九六七、『有賀喜左衛門著作集 Ⅲ 大家族制度と名子制度』未来社。

――、[一九四八]二〇一一、「都市社会学の課題――村落社会学と関連して」有末賢・内田忠賢・倉石忠彦・小林忠雄編『都市民俗基本論文集 四 都市民俗の周辺領域』岩田書院、一六一―二〇七頁。

佛教大学総合研究所編、一九九八、『成熟都市の研究――京都のくらしと町』法律文化社。

藤井和佐、二〇一五、「「成熟地方都市」論に向けて」藤井和佐・杉本久未子編『成熟地方都市の形成――丹波篠山にみる「地域力」』福村出版、七―三二頁。

藤井和佐・杉本久未子編、二〇一五、『成熟地方都市の形成――丹波篠山にみる「地域力」』福村出版。

古城利明監修／新原道信・広田康生編集チーフ、二〇〇六、『地域社会学講座 第二巻 グローバリゼーション／ポスト・モダンと地域社会』東信堂。

蓮見音彦編、二〇〇七、『講座社会学 三 村落と地域』東京大学出版会。

岩崎信彦・矢澤澄子監修／玉野和志・三本松政之編集チーフ、二〇〇六、『地域社会学講座 第三巻 地域社会の政策とガバナンス』東信堂。

倉沢進、一九六八、『日本の都市社会』福村出版。

――、一九九〇、「町内会と日本の地域社会」倉沢進・秋元律郎編著『町内会と地域集団』ミネルヴァ書房、二―二六頁。

松平誠、一九八〇、『祭の社会学』講談社。

――――、一九八三、『祭の文化――都市がつくる生活文化のかたち』有斐閣。

――――、一九九〇、『都市祝祭の社会学』有斐閣。

松尾浩一郎、二〇一五、『日本において都市社会学はどう形成されてきたか――社会調査史で読み解く学問の誕生』ミネルヴァ書房。

長浜市史編さん委員会編、一九九九、『長浜市史 第三巻 町人の時代』長浜市役所。

中野卓、［一九六四］一九七八、『商家同族団の研究――暖簾をめぐる家と家連合の研究（上）』未来社。

――――、［一九六四］一九八一、『商家同族団の研究――暖簾をめぐる家と家連合の研究（下）』未来社。

中筋直哉、二〇〇六、「地域社会学の知識社会学」似田貝香門監修／町村敬志編集チーフ『地域社会学講座 第一巻 地域社会学の視座と方法』東信堂、一九二―二一二頁。

西山八重子、二〇〇六、「〈農村‐都市〉の社会学から地域社会学へ」似田貝香門監修／町村敬志編集チーフ『地域社会学講座 第一巻 地域社会学の視座と方法』東信堂、二七―四五頁。

似田貝香門監修／町村敬志編集チーフ、二〇〇六、『地域社会学講座 第一巻 地域社会学の視座と方法』東信堂。

奥田道大、二〇〇四、『都市コミュニティの磁場――越境するエスニシティと二十一世紀都市社会学』東京大学出版会。

奥田道大編、一九九九、『講座社会学 四 都市』東京大学出版会。

佐藤健二、二〇一五、「地方都市空間の歴史社会学――自身の家と郷土を素材に」内田隆三編『現代社会と人間への問い――いかにして現在を流動化するのか？』せりか書房、二九六―三一九頁。

嶋田吉朗、二〇一五、「経営者の結社活動から見る伝統行事の再興プロセス――青年会議所と飯塚山笠を事例として」『年報社会学論集』（二八）：一四八―一五九。

杉山祐子・山口恵子、二〇一六、『地方都市とローカリティ――弘前・仕事・近代化』弘前大学出版会。

鈴木広・高橋勇悦・篠原隆弘編、一九八五、『リーディングス日本の社会学 七 都市』東京大学出版会。

武田俊輔、二〇一九、『コモンズとしての都市祭礼――長浜曳山祭の都市社会学』新曜社。

武田祐佳、二〇一五、「町屋活用と地域づくり――城下町地区の取り組みから」藤井和佐・杉本久未子編『成熟地方都市の形成――丹波篠山にみる「地域力」』福村出版、一七七―二〇一頁。

矢部拓也、二〇〇〇、「地方小都市再生の前提条件――滋賀県長浜市第三セクター「黒壁」の登場と地域社会の変容」『日本都市社会学会年報』(一八)：五一―六六。

――、二〇〇一、「地方小都市の再生過程――滋賀県長浜市第三セクター「黒壁」を事例として」『法政大学多摩地域社会研究センター研究年報』(五)：五七―八一。

――、二〇〇六、「地域経済とまちおこし」岩崎信彦・矢澤澄子監修／玉野和志・三本松政之編集チーフ『地域社会学講座　第三巻　地域社会の政策とガバナンス』東信堂、八八―一〇二頁。

山田浩之、二〇一六、「新しい共同性を構築する場としての祭り――祇園祭にみる祭縁の実態」山田浩之編著『都市祭礼文化の継承と変容を考える――ソーシャル・キャピタルと文化資本』ミネルヴァ書房、四六―八一頁。

あとがき

本書は姉妹編となる『歴史編』と共に、佐藤健二先生が二〇二二年三月をもって、東京大学大学院人文社会系研究科・文学部を定年退職されるのを記念し、ゼミで教えを受けたメンバーが集まって執筆したものである。それぞれが先生の教えを糧とし、培ってきた主題や方法、資料との向き合い方をこうしてまとめることで、先生が東京大学における大学院教育を通じて残してこられたものが、そしてそれぞれが引き継ごうとした先生の知の作法の一端が、多くの読者に伝わることを願っている。

中にはこの『文化編』の目次や構成を見て、その内容の広範さに困惑する読者もいるかもしれない。『文化編』『歴史編』のいずれも、著者は佐藤先生を直接の指導教員にしていた者に限定されていないし、個々の執筆者が自ら挙げる専門分野も、「社会学史」「社会運動論」「都市社会学」といったように、必ずしも一般に「文化社会学」としてイメージされる内容だけにはおさまらない。さらに佐藤先生は大学院の社会文化研究専攻・社会学専門分野だけでなく文化資源学専攻も担当されていたため、『歴史編』『文化編』ともに、両方の出身者が執筆している。

編者の一人である武田が大学院ゼミに参加していた二〇〇〇年代前半には、住宅や音楽や衣服や戦争に関する歴史社会学的な研究の報告の一方で、陰陽道や近世の地歌舞伎衣装の分析、はたまた教室に埴輪を持ち込んで回覧しつつの考古学的分析など、実にバラエティ豊かな報告が毎回なされていたことを記憶している。自分ではどう考えたらよいやらさっぱり見当もつかなかったそうした報告について、佐藤先生のコメントを通じてその置かれた文脈や資料の意味、その研究の筋道や問いの可能性が灯火に照らされるように浮かび上がってくるのが常であった。たとえどれほどテーマは違っても、資料の読み方や解きほぐし方、認識を変える視点の置き方といった「方法」に即した普遍的なコメントに、毎回感じ入ったものである。そうした普遍性ゆえにこそ、関心も分野もバラバラな多くの院生がかくも惹きつけられ、ゼミに参加していたのであろう。

そこで示される「方法」は、各自のテーマや素材に合わせた形で未来への射程を示すようなコメントであり、体系化・抽象化されたものではない。むしろ具体的な対象に即した緩やかな「方法」がさまざまな形で示され、それをおのおのが時間をかけて心の中で咀嚼することを通じて、道を開いていったように思う。先生もまたそれぞれの時間のかかる成熟につきあい、そしてさりげなく手を差し伸べてくださった。

だから一見すると、この多様に見えるかもしれない論集のそれぞれは、それぞれがゼミや研究会の場においていただいた先生のコメントにじっと向き合いながら行ってきた、自分たちなりの知の実践である。何らかの理論的な統一性やテーマの共通性をもった教科書のような形になるものではなく、それゆえに分かりにくく見えるかもしれないけれど、佐藤先生に教えていただいたことは個々の具体的な対象に即した緩やかな「方法」や「作法」として、意識するかどうかにかかわらず確かにそれぞれに受け継がれている。さらに編者らの経験でも、佐藤先生が自分に対してしてくださったようなコメントを、いつの間にか学生たちに対してしている自分に気づいてハッとすることは少なくない。その意味で、東大において佐藤先生に私たちが教えていただいたことは確かに、社会学や文化資源学に限らずさまざまな分野において使いこなされる共有財産となっていくことだろう。

本書の企画については新曜社の髙橋直樹さん、伊藤健太さんのお手をわずらわせた。編者の怠慢ゆえに厳しいスケジュールとなってしまったにもかかわらず、綿密に情報を共有して進行をチェックし、一歩一歩刊行への道筋を示してくださった。また執筆者の皆さまには編者の無理なお願いにこたえて、力作を寄せていただいた。深く御礼を申し上げる。

そして年々ご多忙さを増していくスケジュールの中、私たちに貴重な時間を割いてご指導を賜り、本書に序文を寄せていただいた佐藤健二先生には最大級の感謝の思いをお伝えしたい。きっと私たちはこれからも先生の旺盛なご執筆の成果や、研究会等でのコメントに心躍らされ、蒙を啓かれ続けることだろう。そうした時間をさらに共有させていただけることを楽しみにしつつ、本書を結ぶことにしたい。

二〇二二年一月

出口剛司・武田俊輔

た行

な行

は行

索　引

富永京子（とみなが きょうこ）
立命館大学産業社会学部准教授。1986年生まれ。東京大学大学院人文社会系研究科博士課程修了。博士（社会学）。専門は社会運動論。主な業績に『みんなの「わがまま」入門』（左右社、2019年）、『社会運動と若者』（ナカニシヤ出版、2017年）、『社会運動のサブカルチャー化』（せりか書房、2016年）、“Protest Journey: The Practices of Constructing Activist Identity to Choose and Define the Right Type of Activism,” *Interface*, 12(2)など。

武岡 暢（たけおか とおる）
1984年、東京生まれ。専門は社会学（都市、職業）。立命館大学産業社会学部准教授。著書に『生き延びる都市――新宿歌舞伎町の社会学』（新曜社、2017年）、『歌舞伎町はなぜ〈ぼったくり〉がなくならないのか』（イースト・プレス、2016年）、“Sex Work”（*The Routledge Companion to Gender and Japanese Culture*, 2020）、共編著に『変容する都市のゆくえ――複眼の都市論』（文遊社、2020年）など。

三浦倫平（みうら りんぺい）
横浜国立大学都市イノベーション研究／都市科学部准教授。博士（社会学）。専門は地域社会学・都市社会学。東京大学文学部社会学研究室助教を経て現職。著書に『「共生」の都市社会学――下北沢再開発問題のなかで考える』（新曜社、2016年）、共編著に『変容する都市のゆくえ』（文遊社、2020年）、共著に『都市は揺れている』（東信堂、2020年）『東日本大震災と「自立・支援」の生活記録』（六花出版、2020年）など。

執筆者紹介（本文執筆順）

中筋由紀子（なかすじ ゆきこ）

東京大学大学院人文社会系研究科博士課程修了。現代日本の死の文化について社会調査を行い、また比較社会学、歴史社会学的な視点から研究を行う。2022年現在、愛知教育大学教授。主著『死の文化の比較社会学――「わたしの死」の成立』（梓出版社、2006年）、また共著「死と親密圏」『死生学(3)――ライフサイクルと死』（東京大学出版会、2008年）、「第三人称の死と関わる」『死別の社会学』（青弓社、2015年）ほか。

宮本直美（みやもと なおみ）

1969年生。東京芸術大学大学院音楽研究科音楽学修士課程修了、東京大学大学院人文社会系研究科社会学博士課程修了。博士（社会学）。現在立命館大学文学部教授。専門は音楽社会学・文化社会学。『教養の歴史社会学――ドイツ市民社会と音楽』（岩波書店、2006年）、『宝塚ファンの社会学――スターは劇場の外で作られる』（青弓社、2011年）、『コンサートという文化装置――交響曲とオペラのヨーロッパ近代』（岩波書店、2016年）他。

光岡寿郎（みつおか としろう）

1978年生まれ。東京大学文学部社会学専修課程卒業、同大学院人文社会系研究科博士課程修了。博士（文化資源学）。早稲田大学演劇博物館 GCOE 研究助手を経て、現在、東京経済大学コミュニケーション学部教授。専攻は、メディア研究、文化研究。著書：『変貌するミュージアムコミュニケーション』（せりか書房、2017年）、『スクリーン・スタディーズ』（共編、東京大学出版会、2019年）、『ポストメディア・セオリーズ』（共著、ミネルヴァ書房、2021年）など。

鄭　仁善（ちょん いんそん）

韓国釜山生まれ。東京大学大学院人文社会系研究科助教。専門は東アジア映画、映画政策、文化政策。ソウル大学大学院社会学専攻修士、東京大学大学院人文社会系研究科文化資源専攻博士課程修了。博士（文化資源学）。著書に『日韓インディペンデント映画の形成と発展――映画産業に対する政府の介入』（せりか書房、2017年）、共著に『コミュニティ土台の映像文化活性化方案研究』（韓国映画振興委員会、2020年）などがある。

原田　峻（はらだ しゅん）

立教大学コミュニティ福祉学部准教授。1984年、埼玉県生まれ。東京大学大学院人文社会系研究科博士課程満期退学、博士（社会学）。金城学院大学講師などを経て、2021年より現職。専門は地域社会学、社会運動論、NPO 論。著書に『避難と支援』（共著、新泉社、2019年、地域社会学会賞・日本 NPO 学会賞受賞）、『ロビイングの政治社会学』（有斐閣、2020年、地域社会学会奨励賞・日本 NPO 学会賞受賞）、『３・11後の社会運動』（共著、筑摩書房、2020年）など。

編著者紹介

出口剛司（でぐち たけし）

1969年大阪生まれ。東京大学大学院人文社会系研究科教授。主要業績：“Critical Theory and its Development in Post-War Japanese Sociology: Pursuing True Democracy in Rapid Capitalist Modernization,” Anthony Elliott, Masataka Katagiri and Atsushi Sawai eds., *Routledge Companion to Contemporary Japanese Social Theory: From Individualization to Globalization in Japan Today*, London: Routledge, 2012. “Sociology of Japanese Literature after the Great East Japan Earthquake: Analysing the Disaster's Underrepresented Impacts,” Anthony Elliott and Eric L. Hsu eds., *The Consequences of Global Disasters*, New York: Routledge, 2016. “Post-Truth Politics as a Pathology of Normalcy: Beyond Alienation and Narcissism in the Age of Globalization,” In *Fromm Forum* 23, 2019. 奥村隆編『作田啓一 vs. 見田宗介』（分担執筆、弘文堂、2016年）、アクセル・ホネット『私たちのなかの私――承認論研究』（共訳、法政大学出版局、2017年）『理性の病理――批判理論の歴史と現在』（共訳、法政大学出版局、2019年）。

武田俊輔（たけだ しゅんすけ）

1974年生まれ。法政大学社会学部教授。東京大学大学院人文社会系研究科博士課程単位取得退学。博士（社会学）。専門は文化社会学・地域／都市社会学・メディア論。主な業績に『コモンズとしての都市祭礼――長浜曳山祭の都市社会学』（新曜社、2019年、第５回日本生活学会博士論文賞、第13回地域社会学会賞［個人著書部門］、公益財団法人後藤・安田記念東京都市研究所第46回藤田賞）、『長浜曳山祭の過去と現在――祭礼と芸能継承のダイナミズム』（共編著、おうみ学術出版会、2017年）、*Japan's New Ruralities: Coping with Decline in the Periphery*（共著、Routledge、2020年）など。

新曜社

社会の解読力〈文化編〉
生成する文化からの反照

初版第１刷発行　2022年３月19日

編著者　出口剛司
　　　　武田俊輔

発行者　塩浦　暲

発行所　株式会社　新曜社

〒101-0051 東京都千代田区神田神保町3-9
電話（03）3264-4973(代)・FAX(03)3239-2958
E-mail　info@shin-yo-sha.co.jp
URL　https://www.shin-yo-sha.co.jp/

印刷所　星野精版印刷

製本所　積信堂

ISBN978-4-7885-1758-5 C3036